バーゼルⅢの衝撃

BASEL

日本金融生き残りの道

大山 剛
OYAMA TSUYOSHI

東洋経済新報社

はじめに

「グローバル金融危機」、あるいは「北大西洋金融危機」とも呼ばれる、米欧を中心とした世界の金融システムが大きなショックを受けてから、3年以上が経とうとしている（なお、過去に発生した他の金融危機とは区別する目的から、本書では今後2007年以降に米欧を中心に発生した金融危機を「北大西洋金融危機」と呼ぶ）。この間、ショック直後からみられた主要国による未曾有の金融財政政策出動も奏功して、金融ショックが主要国の金融システムやマクロ経済に与える影響そのものは、いったんは収束した。エマージング諸国の多くは、ふたたびかつての高成長の軌道に戻りつつある状況だ。

それでも、危機の余波はまだまだ続いている。中東のドバイに始まり、ユーロ加盟国のギリシャ、そして他の南欧諸国やアイルランドにまで及んだソブリン・ショックは、問題の側面が、「北大西洋金融危機」から「周辺国金融危機」へと、あるいは「民間金融危機」から「ソブリン金融危機」に変化しつつあることを示唆している。こうした危機がふたたび主要国の金融システムの安定を脅かす可能性を考えれば、問題が完全に収束したと考えるのは早計であろう。同時に、米国や欧州経済がデフレの淵に近づいているように、危機そのものが新たなフェーズに入りつつあるとの見方もある。

さらに、こうした余波とは、やや異なる余波もある。それは、金融危機を経験した当局なり政府が、二度と同じ失敗を繰り返さないようにと、新たな政策を導入することでもたらされる余波だ。これが今、世界の金融システムに対し大きなインパクトを及ぼそうとしている。米欧の政府・銀行監督当局や、主要国が集まり世界の銀行監督のルールを作るバーゼル銀行監督委員会（以下、バーゼル委員会）で今進められている議論の力点は、２００９年頃を境に、危機対応から、新たな危機を防ぐための体制構築に移っていった。つまり、今進行している危機を取りあえず食い止めることから、危機を起こした本当の理由や張本人を探し出して、これを是正したり、張本人を懲らしめるフェーズに移ったのである。具体的には、２００９年末に最初のドラフトがバーゼル委員会から公表され、２０１０年11月のソウル・サミットで最終的に合意された通称「バーゼルⅢ」や、米欧当局を中心に提案・実行されている、国際的に活動する金融機関に対する課税、円滑な破綻処理を目的とした銀行拠出による基金の創設や生前遺言作成の義務化、さらには自己勘定によるトレーディング取引の制限等がそれである。

こうした動きは、特に今回の危機で、通常の市民生活が大きく脅かされた米英、さらには欧州大陸諸国で顕著にみられるものだ。いわゆる、（市井の感覚を代表した）メイン・ストリート vs.（金融界の視点を代表した）ウォール・ストリートといった構図がそれだ。まったく自分たちの関知しない、一部の金持ちの野放図な商売のために、自分たちの住宅価格が大幅に下落し、給料も下がり、さらには仕事まで失う事態となれば、多くの市民、あるいは彼らを代表する政治家は、問題を突き止めて、これを是正しようと考えるのが自然であろう。自分たちの生活を恐怖のどん底に突き落とした原因が分かり、犯人がつかまらない限り、本当に安心した生活は送れないという気持ちは分かる。

こうした金融危機震源地発の、金融危機の原因究明と対策の提案は、単に自国内でのみ行われるのではなく、エマージング諸国を含めた世界の主要20カ国の代表が集まるG20やバーゼル委員会等、さまざまな国際的な会合を通じて、新しい「国際ルール」として提案されている。今回の危機が、「国際的」な金融危機である所以である。ただし、こうした解釈には強い異論も出されている。冒頭に示した「北大西洋金融危機」という言葉は、豪州の金融監督当局から出されたものなのだが、「北大西洋」という地域性を強調することによって、特に金融危機の範囲の限定を図ろうとしている。要は、米欧諸国で起きた問題が、他のすべての諸国の問題でもあるという、身勝手な問題の普遍化に対する抗議だとも言えよう。こうした抗議は、当然ながら、G20やバーゼル委員会等が提案している、新しい金融規制の議論にも結びつく。金融危機の震源地以外の国からみれば、単に米欧の目からみた身勝手な「公平な競争条件」を保つために、自国の金融システムに深刻な問題がないにもかかわらず、金融に係る規制を大幅に強化して、結果として自国のマクロ経済が窒息するリスクを冒すことはできないというものだ。また2010年4月のG20会合でカナダが示した、銀行へのグローバル課税論議に対する明確な反対は、規制強化そのものには反対しないものの、その方法

図表0-1　日米欧アジア金融機関の金融危機に伴う損失比較

（10億ドル）

	確定した償却損・引当額（2007.Q2—2010.Q2）	今後見込まれる償却損・引当額（2010.Q3—Q4）	累積損失率（%）
合　計	1,662	548	4
米　国	709	169	7
英　国	375	56	5.2
ユーロ地域	472	158	2.8
その他一部欧州	82	74	3.9
アジア	23	92	1.5
日　本	31	n.a.	n.a.

（出所）日本以外はIMF, *Global Financial Stability Report,* October, 2010, 日本は金融庁「FSF報告書における先進的開示事例を踏まえた我が国の預金取扱金融機関の証券化商品等の保有額等について」2010年9月に基づき著者が作成.

として、安易に課税を用いるのではなく、まずは（震源地国における）銀行監督体制を整えることが先ではないのかとの考えを反映したものだといわれている（The Vancouber Suns（2010））。

では、いったい日本はどうなのか。日本もたしかに、今回の金融危機の震源地ではない。金融危機後の欧米マクロ経済の急激な落ち込みから、日本のマクロ経済は未曾有の落ち込みを経験したものの、これはマクロ経済の問題であって、金融システムの安定の問題ではない。日本の金融システムはどうかというと、一部の大手金融機関が、米国で組成された証券化商品の償却損のために大きな損失を被ったり、景気の低迷から信用コストが全般に上昇したものの、それでも欧米の一部の金融機関が記録したような膨大な損失に比べれば、一桁程度違う水準で止まることができた（図表0－1）。このように考えると、日本も、豪州やカナダ、さらには他のアジア諸国同様に、「北大西洋金融危機」の震源地からは、遠く離れていたと言える。

それにもかかわらず、少なくともメディアから伝わる報道をみる限り、日本政府や金融機関が、国際的な規制作りの議論の場で、今回の危機の「北大西洋」性を強調しつつ、画一的な規制作りに対し高い次元から異論を挟む動きは聞こえてこない。これまで米英を中心とした国際ルール作りへの反旗という意味では、既述のとおり、豪州の監督当局トップによる「北大西洋金融危機」の命名やカナダ政府によるグローバル銀行課税に対する反対姿勢、さらにバーゼルⅢの根幹である所要自己資本比率の大幅な引き上げに対するドイツの強硬な反対等が、大きく報じられてきた。これに対し、非震源地国で最大の金融システムを持つ国である日本は、本来であれば、こうした国際的反論の最前列にいることが期待されるのだが、少なくともメディアの報道をみる限り、自らの銀行危機やその後の経験に基づく、グローバルな金融規制に関する自らの考えを積極的に示そうとしているようにはみえない。

もちろん、日本の監督当局は、今回のグローバルな金融規制作りの中で、相当程度日本の主張を通したことは想像に難くない。著者自身、2008年まではそうした場に居合わせていたわけで、金融庁や日本銀行をはじめとした当局の関係者が、バーゼル委員会等の国際的な議論の場で、いかに米英等のツワモノと伍しながら、議論が米英の意向のみを反映した勝手な方向に流れないように精一杯努力していることかは非常によく分かる。多分こうした現場レベルでの議論においては、私が勝手に想像する限り、国際的な舞台での派手な動きが目立つドイツ、フランスやカナダ、豪州以上に、日本の活躍が目立っているのかもしれない。

たとえば、日本経済新聞の2010年9月15日付記事（「動き出す新自己資本規制」）は、バーゼルⅢの交渉に当たった金融庁の河野正道総括審議官に対する、海外参加者の「これほど自国の主張を激しく展開する日本人をみたことはない」というコメントを紹介している。また2010年9月に公表されたバーゼルⅢの所要自己資本水準についても、米英と独仏の対立が決定的となる中で、最後に何とか両者を歩み寄らせ合意にまで到らせることができたのは、実は日本のある代表の発言のお陰だとも言われている。

ただ残念なのは、こうした事務方の努力が舞台裏のみに止まり、表の舞台にはあまり出てこないことである。そしてそれは、もはや事務方の問題ではなく、政府としての方針なり戦略の問題だと言える。日本は、この面での高次な戦略が、まったくないようにみえる（現在の日本政府に明確な国際戦略がないのは、何も「金融」の分野だけではないので、「戦略」の問題というより結局は、「政府としての機能」というより根本的な問題にまで行き着くのかもしれないが）。

仮に、現在その姿を現しつつある新しいグローバル金融規制が日本の金融機関に及ぼす影響が軽微ということであれば、前記のような（言葉は悪いが）のんびりした対応でも良いであろう。ただし、本当にそうであろうか。米英は、100年に一度と言われる深刻な金融危機を目のあたりにして、大恐慌以来の大幅な金融制度改革を成し遂げようとしているのである。そして同時に、これをグローバルなルールにまで昇華しようとしているのだ。これが、日本の金融機関に与える影響が軽微だとは、直感的に考えてもあり得ない話だ。たとえば、金融機関に求められる自己資本比率一つをとってみても、その水準は従来に比べ相当程度高くなる。この水準がバーゼルⅢが求めるように、現状の3～5倍になると、何が生じるか。それは、簡単に言えば「貸し渋り」である。銀行が有する資本の水準には限りがある。また資本市場からさらに調達しようとしても、日本の銀行のように、収益率が低い先に対して、気前良く資本を提供してくれる投資家はそう多くはない。一方で、同じ貸出に対し求められる資本の量が数倍になるとどうなるか。結論は明白で、規制を守るためには、貸出額を大幅に減らすしかないのである。これでは、将来の金融危機を防ごうという規制そのものが、そのデザインを一歩間違えば、新たな危機を引き起こしてしまうかもしれない。

このように、現在、グローバルな舞台で進められている規制作りは、たとえば米国においては、ウォール・ストリートに対するメイン・ストリートの反乱なのかもしれないが、日本を含む多くの非震源地諸国にとっては、ワシントンやロンドンからの（やや極端な言葉を用いれば）グローバル帝国主義の侵攻にもみえてしまう。これに対し、邦銀や日本の政府・監督当局がどう臨むのかは、今後20年の日本の金融のデザインを考える上で、非常に重要な問題となる。なぜなら、今回の新たな規制内容は、諸外国とは大きく異なるビジネス・モデルを長く維持してきた邦銀に対し、特に大きな影響を与える要素を内包しているからだ。換言すれば、邦銀がこれまでと同様の貸出を国内で行っていくことが難しくなることを意味する。またこれは金融の話だけに止まらない。日本がバーゼルⅢにどう対峙するかは、単にこの国の金融の形だけではなく、この国の経済の姿そのものを規定してしまうといっても過言ではない。日本独自の金融・マクロ経済構造を今後も維持するのか、あるいは独自のシステムはもう諦めて、グローバルなシステムに一気に同調してしまうのか。日本は今、その岐路に立たされている。本書の最終的な目的はまさに、この問題を議論することにある。

本書の構成内容はあらかじめ示すと、次のようになる。まず第1章「金融危機とは何だったのか」では、「北大西洋金融危機」という事象を今一度振り返り、それが、これまで世界各地で発生してきた金融危機と、どこが同じでどこが違うのかを示す。第2章「金融危機を解析する視点」では、北大西洋金融危機を、今度は、異なる次元別に要因分析した上で、このような大規模な金融危機の再発を防ぐためには、本来的にはどのような問題に対し、どのような優先順位で対処すべきであったのかを「白地に絵を描く」ように考える。第3章「バーゼルⅢとは何か」では、まず、今回の金融危機の震源地である米欧の当局が、この金融危機をどのように捉えているかを示した上で、こうした米欧の意向を踏まえバーゼル委員会が作成したバーゼルⅢの内容を概観する。第4章「バーゼルⅢの問題点」では、バーゼルⅢの大きな特徴である①所要自己資本の質と水準の大幅な引上げ、②金融規制の単純化／裁量余地の最小化、③リスク・スコープの拡大、④リスクの過小評価の是正、⑤バーゼルⅡのプロシクリカリティの緩和、⑥新規制のグローバル・ベースでの一律導入、のそれぞれに関し、批判的検討を加える。その上で、第2章で示した、あるべき金融危機対応の座標軸に沿いながら、著者が示す「あるべき対応」と「現実の対応」を比較対照し、その潜在的問題点を明らかにする。第5章「バーゼルⅢのインパクト」では、バーゼル委員会が公表したインパクト・スタディ結果に加え、金融機関の国際的業界団体であるＩＩＦ（国際金融協会）や日本銀行が公表した分析結果等に基づき、バーゼルⅢがマクロ経済や金融システムにもたらす潜在的インパクトを考える。最後に第６章「日本・邦銀に残された道」では、邦銀の視点に立って改めてバーゼルⅢを評価した上で、こうした現実や、邦銀が今後直面するであろうマクロ経済環境を踏まえつつ、日本の銀行監督当局や邦銀は、いかに上手くバーゼルⅢを利用しながら、今後の難局に対峙していくべきかを示す。

なお、当然ながら、本書で著した内容は著者の私見であり、所属する法人の公式見解ではないことをお断りしておく。

バーゼルⅢの衝撃――日本金融 生き残りの道【目次】

第4章 バーゼルⅢの問題点 185

第1章

金融危機とは何だったのか

1　今次金融危機のおさらい

まずは、今次金融危機のおさらいから始めよう。2009年初に世に出した自著『グローバル金融危機後のリスク管理』（金融財政事情研究会）を含め、今次金融危機の展開をクロノロジカルに説明したり、あるいはその背景を分析した著書やペーパーは、今や数え切れないほどある。もっとも、逆にこれだけ多いと、いったいどの書から手をつければよいのか、必ずや迷うはずだ。この第1章では、「今次金融危機」という言葉で総称される一連のストレス事象、すなわち、「サブプライム危機」、「パリバ・ショック」、「リーマン・ショック」、さらには「ギリシャ・ショック」をそれぞれ平易な言葉で解説する。その上で、こうした一連のストレス事象を、過去に起きたストレス事象と比べて、どのように捉えるべきかに関し、著者の意見を述べる。

2　サブプライム危機

「サブプライム危機」とは、米国の、通常の住宅ローンよりも質が劣るサブプライム住宅ローン市場において、2006年後半頃から顕現化したショックである。具体的には、2005年半ば頃以降に貸し出されたものに、貸出直後から、通常ではあり得ないような高い延滞率の上昇が発生し始めたのである。イメージとしては、保険会社がある病気に対し、一定の死亡率を想定して保険商品を売り出したところ、同病気の死亡率が突然異様に高まり始めたような事態に近いかもしれない。そして、このサブプライム・ローンは、貸し手がすぐに他の投資家に売り、買った投資家はさらにこれを切り売りして、一部は証券化商品に組み込まれたものだから、予想をはるかに上回る「延滞率上昇ショック」は、瞬く間にサブプライム・ローンそのものだけではなく、その一部が取り込まれている〝懸念がある〟すべての証券化商品にまで広がったのである。

それでは、この米国サブプライム市場とは、いったいどのような市場であったのか。この市場は、従来通常の銀行貸出にとっては貸出対象になりえなかった家計を対象とした貸出の市場であり、組成額ベースでみると、90年代半ば以降急成長し、95年の1000億ドル未満から、2006年には、6000億ドル超に達している。またその残高をみると、2006年末時点では1兆3000億ドル程度、住宅ローンの10％台前半を占めるようになった。また貸し手の主体は、銀行ではなく、ノンバンクであるというのも大きな特徴である。組成後の保有比率をみても、金融機関の比率は約3割程度に止まっている。

通常銀行にとって貸出対象にならないサブプライム貸出とは、要は、信用力が劣る人に対する住宅ローンということになる。2007年にIMF（国際通貨基金）から出されたワーキング・ペーパー（Kiff and Mills（2007））によれば、収入に対する債務返済比率（DTI）が概ね55％以上、あるいは不動産価値に対するローン額の比率（LTV）が85％以上のケースがほぼサブプライムに該当する。また別の切り口からみれば、消費者の信用力を示す一つの指標であるＦＩＣＯスコア（米国フェア・アイザック社が開発したもの）が６６０点未満のものが主な対象ということになる（江川由紀雄（２００７））。ＦＩＣＯスコアで勘案される情報は、借入口座数、過去の支払い履歴、借入残高、信用履歴、照会件数等である。なお、当初焦げ付いたローンの多くは、ハイブリッドＡＲＭ（Adjustable Rate Mortgage ―金利調整型）と呼ばれる、当初数年間（たとえば2年や3年）のみ低く抑えられた固定金利が適用され、その後は変動金利が適用されるローンや、当初数年間は元本返済が不要なＩＯローン、さらには当初数年間は顧客が支払額を選択できる（したがって、金利の返済額さえ下回り得る）オプションＡＲＭと呼ばれるローンが多かったと言われる。さらに２００５年頃から、収入等を記載した書類の提出を省略する、いわゆる no doc ローンと呼ばれるものも急速に増えていった（Kiff and Mills（2007））。

こうしたサブプライム・ローンは、２００６年後半以降市場に焦げ臭い匂いが広がるまでは、実は、その役割を高く評価する声が、特に政治サイドを中心に強くあった。なぜならば、このサブプライム・ローンこそが、米国の持ち家比率の飛躍的な増加（１９９５年／64％→２００５年／69％）に貢献したと考えられているからである。しかも、その中心が、これまで貧しくて住宅ローンにまで手を伸ばすことができなかったマイノリティや移民層だということであれば、これこそがアメリカン・ドリームの実現ということになる。さらに、もう一つの重要な点は、このアメリカン・ドリームの実現、あるいは持ち家比率の引き上げという米国の社会的政策が、金融技術革新という、もう一つのアメリカン・ドリームである企業家精神と市場主義によってもたらされたということだ。これほどまでに理想的な社会的政策と技術革新の「結婚」であったからこそ、その破局がみえてきても、誰もなかなかそれを敢えて指摘することができなかったというのが実態のようである。

サブプライム市場では、２００６年半ば以降より、２００５年半ば以降に組成された貸出の延滞率が急上昇するという事態が生じていた。たとえば、２００６年に組成されたローンの延滞比率は、Kiff and Mills（2007）によれば、組成後13カ月目で10％強（通常年は3～7％程度）に達した。また金利調整型のサブプライム・ローン残高に占める延滞・差し押さえが占める比率も、２００５年半ばの６％弱から、２００６年末には12％強まで急上昇している。もっとも、こうした市場の変調が広く認識され始めたのは、ＨＳＢＣの米国法人の子会社がサブプライム・ローンに対し多額（17億６０００万ドル）の引当を積むと同時に、同市場からの撤退を決めた２００７年2月頃のことである。この時期には、他にもたとえば、米ノンバンク大手のNew Centuryも大幅な引当増を発表し、その後4月には破綻する事象も発生している。そして、同年3月には、ようやく当局も動き出した。同市場における貸出規律の低下に対し、米国の銀行監督当局が異例な警告を発したのである。

Kiff and Mills（2007）によれば、実は２００３年までは、大半のサブプライム・ローンが、ファニーメイやジニーメイといったＧＳＥ（Government Sponsored Enterprise の略で、暗黙の政府保証を受けつつ、貸出業務を行う特殊銀行。日本の住宅金融支援機構に近い存在）の購入対象である、それなりに質の高いローン（prime conformingと呼ばれるもので、ローンに上限や厳し目の

図表 1-1　組成年ごとに見た延滞率の推移（プライム・ローン）

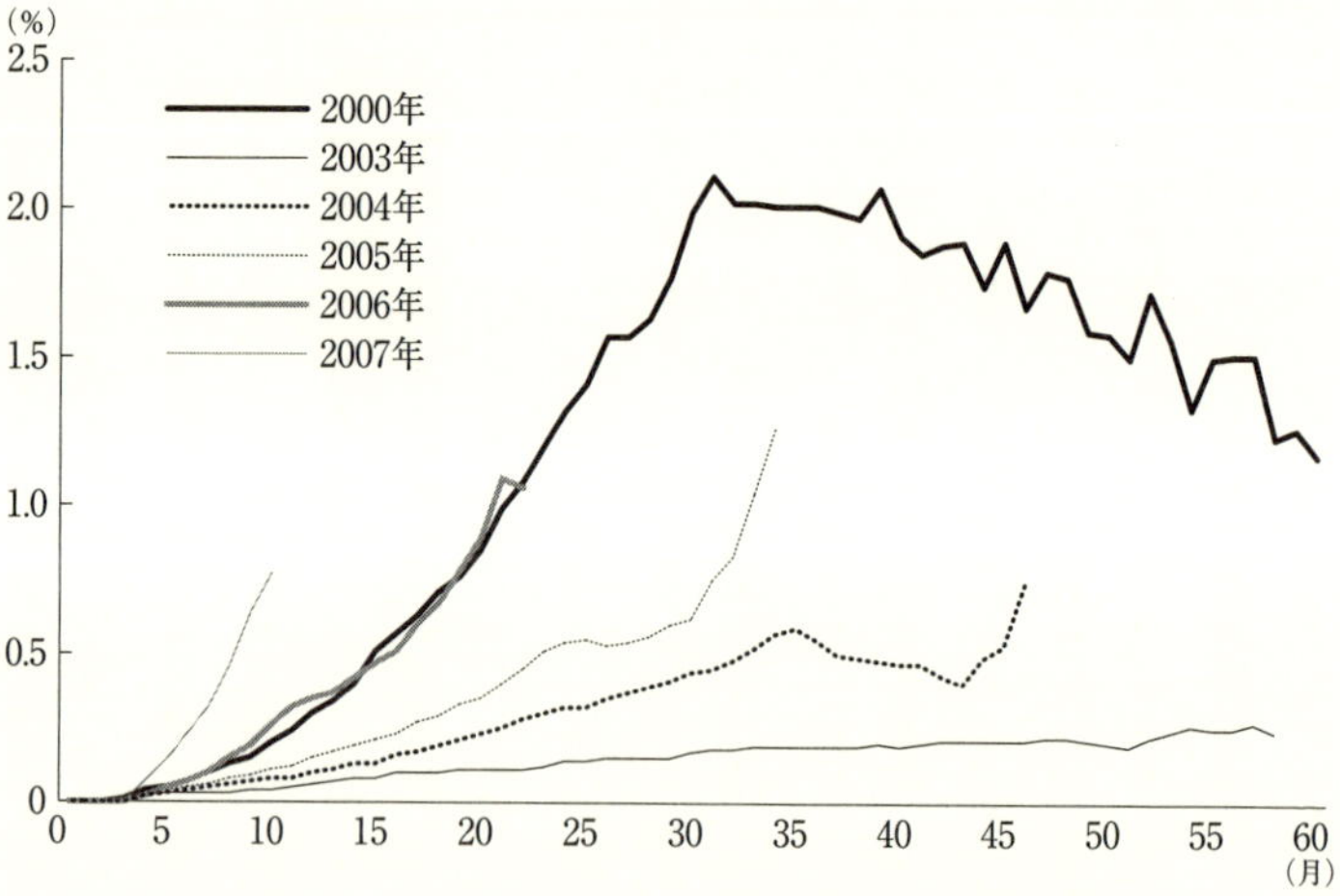

（出所）IMF, *Global Financial Stability Report,* April, 2008に基づき著者が作成.

DTI、LTV比率が課されていたり、所得証明書類の提出がなされているものを指す）であった。それが2006年にはこの比率が一気に半分弱にまで低下している。それでは、なぜ、このような「質の低下」が突然生じたのか。

この要因としては、①過去における住宅価格の上昇に伴い前記要件が軽視されるようになった、②会計スキャンダル等から、規模縮小が要請されたGSEが購入ローンの残高絞り込みを迫られる中で、この部分を金融イノベーションに基づき民間が補完していくことを後押しする雰囲気が強かった、等が挙げられている（三菱東京UFJ銀行（2006））。また、サブプライム危機が生じた要因としてKiff and Mills (2007) は、①住宅価格の急速な上昇と2006年頃からの上昇の鈍化、②高利回り商品に対する機関投資家からの非常に強い需要、を挙げている。たとえば、実際に、利回りを追求する投資家の旺盛な需要を背景に、サブプライム・ローンを裏付けとした証券化商品の発行額は、2007年前半にかけて大幅に増加している。また2007年以降は、単にサブプライム・ローンのみならず、プライム・ローンの延滞率も上昇し始めた（図表1－1）。

3　パリバ・ショック

パリバ・ショックとは、「サブプライム問題」によるショックが覚めやらぬ中、証券化商品に対する投資家の不安を一気に煽《あお》った事件を指す。具体的には、フランスの大手金融機関であるBNPパリバが、傘下ファンドが扱う商品の基準価格を投資家に示したり、同ファンドの償還に応じること等を、2007年8月9日に突然停止したのである。これに伴い、証券化商品に対する市場の不安は一気に増したのだ。同時にこの時期、格付機関による証券化商品に対する格下げも相次いだ。こうした一連の動きが、米国のサブプライム・ローンという、当局による十分な監督もなされてこなかった、もともとジャンクを想起させるような特殊な市場の問題を、これまで急速に成長してきた金融市場の重要な部分を担い、多くの欧米の一流金融機関が深く関与してきた証券化市場全体の問題、あるいはグローバルな金融市場の問題へと転化させてしまったのである。

それでは、いったいなぜ、ジャンク市場の崩壊が、欧米の多くの一流金融機関を巻き込む、保守本流の問題にまで転化してしまったのか。以下ではその転化の経緯をより詳しくみてみよう。

サブプライム・ローンの延滞率上昇、及びこれに対する引当の増加やノンバンクの破綻等で、2007年前半には一時緊張が増した米国金融市場も、その後はいったん落ち着きを取り戻す。ただし、同年の6月中旬には、ベア・スターンズ傘下のヘッジファンドに大きな損失が出たこと、さらには同ファンドにレポ取引を通じて信用を供与していたメリルリンチが担保処分に動き出したことが広く報じられた結果、証券化市場にふたたびショックが走る。これらヘッジファンドが主に投資していたのは、サブプライム・ローンを証券化したサブプライムRMBS（住宅不動産向けサブプライム貸出を裏づけとした証券）、あるいはこれをさらに証券化したCDOと言う商品であった。

サブプライム・ローンを証券化した商品の価格下落により、多くのヘッジファンドが破綻、あるいは資産処分の必要に迫られることとなる。結果的に、裏付け商品の市場流動性が限られる中で、市場価格の急落、あるいは傘下のファンドの資産を買い上げる形で、欧米の大手金融機関のバランスシートが膨らむこととなった。さらに2007年7月には、今度は格付機関が、主に2006年中に発行された多くのサブプライムRMBSに対し、いっせいに格下げ、あるいは格下げ方向での見直しを行なうことが公表され、これを契機としてサブプライムRMBSの価格が一段と急落した。格下げは、夏場までは06年組成のBBB格以下のトランシェが中心であったが、秋以降は、04年や07年組成分のほか、上位格付のトランシェにも影響が広がり、格下げ幅も大きくなっていった。その影響はさらには、サブプライム以外の住宅ローン等を組み込んだ商券化商品にも広がっていく。

このように、市場における一部メジャー・プレーヤーの疑心暗鬼的行動に始まり、格付機関の市場後追い的な格付けの大幅変更が、サブプライム・ローンをベースとした証券化商品価格の急落、さらには同商品を有するファンド等の経営危機を招いたのが２００７年7月までの状況であった。奇妙なもので、疑心暗鬼にかられた市場は、自らの不安を正当化するような「権威」からのお墨付きを求める。一方で、「権威」の一つである格付機関は、自らの判断の誤りに対する非難を避けたいがために、市場の「不安」に追随する。このように、市場と格付機関は、何ら新しい情報が得られたわけでもないのに、互いの現実認識の拠り所を求めて、一緒になって価格下落のスパイラルを囃《はや》したてた。

２００７年7月までの、サブプライム・ローンを裏付けとした証券化商品の価格下落という状況に、ちょっとした転機が訪れたのが7月末であった。この時期に、ドイツの小規模金融機関であるＩＫＢドイツ産業銀行が、サブプライム関連投資で大きな損失を出したことが伝えられる。この事件は、損失額の規模こそ小さかったものの、サブプライム問題を基点とした一連の事象の中で、初めて銀行監督当局の監督に服する「銀行」の経営危機であったという点で、大きな衝撃であった。さらに、それが、大西洋を越えた欧州の金融機関であったという意味で、ふたたび市場に大きな緊張をもたらした。まさに、これまでは米国という場所のサブプライムというジャンク市場に「隔離」されていたと思われた病原菌が、いつのまにか大西洋を越え、さらに銀行監督当局という「先進的衛生当局」が整備する、クリーンだと思われた環境の中で発病してしまったのだ。この後、8

月中旬には同様の理由により、同じくドイツで、ザクセン州立銀行が経営危機に陥ることとなる。あの、銀行監督に対し厳格なイメージを持つドイツに、病原菌が蔓延してしまったのだ。

このタイミングで、フランスの大手金融機関であるBNPパリバが、2007年8月9日に、店頭で販売している同行傘下ファンド運用（サブプライム・ローン関連商品を組み入れ）の一部投資信託に関し、適正な時価算出が難しくなったことを理由に、日々の基準価格の算出、募集、解約、返金を一時停止することを発表したのである。パリバとしてみれば、適正な市場価格を見つけることが難しい中で、致し方ない措置であったのであろうが、市場側は、この分野でこれまで「広く患者を受け入れてきた一流の病院でさえ」（マーケット・メイクをしてきた大手行でさえ）、ついにその責任を放棄するくらい、患者の病状は悪化していると捉えてしまった。

また同時期の2007年8月上旬には、これまではファンド等を中心とした金融機関が主に売買する証券化市場に止まっていた病原菌の発病が、ついに経済の心臓である短期金融市場にまで転移してしまった。短期金融市場とは、金融機関の資金の過不足を調整する場であり、まさにマクロ経済・金融の「心臓」にも例えられるものだ。この心臓が病に冒され出したのだ。

いったいこの時期、短期金融市場に何が起こったのか。米国の短期金融市場の一つの大きな特徴は、MMF（Money Management Fund、投資信託の一種で、公社債やCP〈コマーシャルペーパー〉、CD〈譲渡性預金〉等の短期金融商品を中心に運用され、安全性と流動性に優れているもの）等のファンドが大きな資金の出し手だということだ。この点が、主に銀行や証券会社のみによって構成される日本の短期金融市場とは異なるところである。このMMF等のファンドは、銀行等に比べればリスク性資産に対し深い理解を有しているわけではなく、基本的な安全資産による運用を心がけると言われている。平和な大草原が大好きな羊の群れ（＝MMF）のようなものだ。そして、この羊の群れのどこかに、狼（＝サブプライム・ローン等を裏付け資産とする証券化商品）が隠れているとの噂が出回った。

具体的には、ABCP（Asset Bakced Commercial Paper、売掛債権等の金銭債権等を担保財産として特別目的会社〈SPC〉により発行されるコマーシャルペーパー）への最大の投資家であったMMF等が、元本毀損の可能性を怖れて、いっせいに米国短期国債等へ運用資産をシフトさせたのである。こうした発行体のサブプライム関連資産保有に係る疑心暗鬼や格下げから、ABCPのスプレッドが急拡大すると同時に、ABCPの買い手が付かない状態が出現した。一方ABCPに対し流動性補完ファシリティを供与していた金融機関（特に欧州系）は、流動性の供給に加えて、傘下ファンドからの資産の買い戻しに伴う自らのバランスシートの意図せざる拡大や、カウンターパーティ・リスクに対する市場の意識の高まり等もあって、極端な流動性逼迫《ひっぱく》（特にドル資金の調達困難化）に直面することとなった。羊の群れを脅かしてしまったがために、これまで羊に助けられてきた人間までもが、その生計に窮するようになったのだ。

こうした流動性不足に対し、ECBやFEDをはじめとした主要国の中央銀行は、8月上旬以降、従来の枠組みを超えた機動的な金融調節によって大量の資金供給を行なうことや、米欧の中央銀行間でドル資金を融通するスワップ協定を結ぶことで、対処する。それでも2007年9月には、サブプライム・ローンにはまったく投資していなかったものの、住宅ローンに特化しつつ市場資金調達（住宅ローンの証券化等）に過度に依存したビジネス・モデルが仇《あだ》となって、英国のノーザン・ロック銀行が資金繰りに窮し、結局実質破綻してしまう（なお、BOEは当初、前記の中央銀行間の協調的行動に加わらなかった）。

前記の影響はさらにABCPに止まらず、米国におけるCDO（Collateralized Debt Obligation、金融機関の貸出債権の証券化商品〈CLO〉や社債の証券化商品〈CBO〉の総称）に加え、CLO（前述参照）やCMBS（Commercial Mortgage Backed Securities、商業用不動産〈オフィスビル、ショッピングセンター等〉とその担保ローンを裏付けとするモーゲージ証券）、さらには欧州のRMBS（Residential Mortgate Backed Securities、住宅ローン債権を裏付けとするモーゲージ証券）等証券化市場全体にまで及んでいった。これらの裏付資産には当時、パフォーマンスの明確な悪化が生じていたわけではないが、良好なクレジット環境時のデータをベースに格付やリスク評価がなされていたというRMBSとの共通点が注目された結果、このような事象に至ったと考えられる。羊の群れは、草原の中に狼が隠れていても、分からなかったのである。そうであれば、単に気付かないだけで、岩陰や薮の中、あるいは隣の羊の陰にさえ、狼が隠れているかもしれない。こうなると、今考えられる一番安全だと思われる場所に止まる以外、何もできなくなってしまう。そうした中で、証券化業務での保証業務を手掛けていた米国モノライン（米国において、金融保証業務のみを行う保険会社。従来は主に地方債等の保証業務を手掛けてきたが、近年ＣＤＯをはじめとしたストラクチャー商品に対する保証を急速に拡大してきた）の業績悪化懸念や、これを契機とした（モノライン保証への依存度が高い）地方債市場でのスプレッド拡大、さらにはファニーメイやフレディマックといったＧＳＥが発行する債券のスプレッド拡大も、２００７年後半からみられるようになった。

グローバル化された世界では、情報が世界中にあっという間に伝播し、途上国も含め、皆が一様に豊富な情報に基づき投資の判断ができる。さらには、皆が一様の情報を共有することで、ちょっとした高低差があれば水が流れるように、資本の収益率がちょっとでも高い先に向かって、世界の資本が一気に流れ込んでいく。そして、その水の中に黒いインクを垂らしたときのように、証券化商品に紛れ込んでいる不良資産や、市場の不安そのものが、あっという間に世界中に伝播するのである。実際、前記のような証券化市場における調整は、瞬く間に国際金融市場全般に広く波及していった。これは、①証券化市場の悪影響を受けた結果としてのリスクの見直しや、②金融市場や金融機関の信用供給能力タイト化がもたらすマクロ経済への下押し圧力に対する市場懸念の広範化、によるものである。

具体的には、米欧において、社債の信用スプレッドや企業のＣＤＳスプレッドが低格付物を中心に拡大した。こうした動きは、２００８年に入って以降、米国景気の悪化の影響が徐々に広まる中で、ますます強まるようになる。さらに、金融機関の損失が予想に反し四半期ごとに拡大していったのも、2007年後半以降の動きである。また、株式市場が調整色を強めたほか、ドル安傾向の鮮明化に伴い、円キャリートレードの巻き戻しも鮮明となった。また実物資産の相対的透明性に着目した市場の流れを受けて、商品市況の高騰が生じたのも、2007年夏場のこの頃だ。

2007年末にかけて大手金融機関の評価損が出尽くし、いったんは落ち着くかと思われた金融危機であったが、その後も金融機関の損失は拡大し、中央銀行による大量資金供給で一時的に沈静化することはあっても、不安の芽が消えることはなかった。2008年3月には、流動性の高い商品に対してまで、流動性確保を急ぐ金融機関の動きから売り圧力がかかり、これが結果的にこれら商品の市場流動性低下、ひいてはレポ市場の麻痺をもたらし、金融機関がふたたび厳しい資金流動性制約に見舞われることとなった。結果的にこのときに、米国大手投資銀行のベア・スターンズの経営が行き詰る（NY連銀が救済）。その後は、2008年3月~5月にかけて実施された、各国中央銀行による相次ぐ流動性供給拡大策や、金融機関の自己資本増強の動きにより、情勢はやや落ち着くが、5月中旬以降はふたたび、米国における景気悪化懸念や住宅価格の低下、さらには金融機関の信用悪化懸念等が再燃化し、さらにモノラインやGSEに対する不安も再燃した。

なお日本でも、海外投資家比率の高い一部国債市場取引において、2008年3月以降、これら投資家のポジション調整の煽りを受けて、大きな価格変動がみられた。特に、15年変動利付国債の価格が理論価格対比で割安な点に着目して造成されたポジションが、ヘッジファンドのポジション調整の結果一気に巻き戻しに遇い、理論価格からの乖離幅が一段と拡大するといった事象が生じた。

4 リーマン・ショック

リーマン・ショックとは、２００７年の「サブプライム危機」や「パリバ・ショック」によって、狼の影に完全に怯《おび》えきった羊の群れに対し、政策当局の判断ミスにより、ライオンを放ってしまった事件だと言える。具体的には、米国発の金融不安が次第に深刻化すると同時に世界に広がる中で、２００８年９月初に、米国大手投資銀行であるリーマン・ブラザーズの破綻を米国当局が許容したことが、金融市場にパニックを起こしてしまった。この結果、欧米における多くの大手金融機関が破綻すると同時に、グローバル・マクロ経済も急激に縮小する。以下ではその展開を、より詳しくみてみよう。

２００８年前半に米国で拡大したGSE不安に対しては、７月末にようやく米国議会がGSEに対する資本注入案を可決することで、何とか同不安を乗り切ることができた。もっとも、このGSE不安は、投資家をリスクに対し過度に敏感にさせ、これが今度は、米国の金融機関の中でも、とりわけレバレッジの高い投資銀行の財務に対する不安を増幅させる。その結果９月中旬には、わずか一週間ばかりの期間に、米国第４位の投資銀行であるリーマン・ブラザーズの（投資適格格付を維持したままの）破綻、第３位のメリルリンチのバンク・オブ・アメリカによる救済合併、さらには第１位と２位のゴールドマン・サックスとモルガン・スタンレーの銀行持ち株会社設立（FRB

の監督傘下に入る）という、一大金融再編が生じる。さらに同時期に、前記金融機関のリスクの引受け主体でもあった米国最大の保険会社であるＡＩＧも実質的に破綻し、政府救済を受けることとなる。こうした流れの中で、米国では、ついにワコビア、ワシントン・ミューチュアルといった大手銀行の実質破綻（それぞれウェルズ・ファーゴ、ＪＰモルガンに吸収される）にまで事態が深刻化した。

結局、こうした状況を今から振り返って考えれば、米国の投資銀行という、ある意味でもっとも米国的で獰猛《どうもう》な市場プレーヤーが、グレート・モデレーション（米国において90年代初頭から２０００年代後半まで続いた景気の長期拡大局面）という蜜を十二分以上に吸い上げようとして躓《つまず》いてしまった事象がリーマン・ショックであったと言える。問題の根が深い点は、これだけ世界を代表し、米国のみならず、世界経済に対しても大きな影響を及ぼし得た米国の投資銀行という業種が、「銀行」の名前から連想する米一般市民や諸外国からの期待に反し、ほとんどまともに監督されてこなかったということである。その点は、多分、ＡＩＧやモノラインといった保険会社も、同様の問題を孕《はら》んでいる。そして、さらに問題を深刻化させたのは、そうした影響の大きさを、米国の当局自体が十分に把握してこなかったことだ。

このうち、特にリーマン・ブラザーズの破綻は、当局救済という事前予想を覆すものであっただけに、銀行間市場における不安（具体的には、カウンターパーティ・リスクに対する意識）を急速に高め、ターム物取引（約定日に取り組み翌営業日に決済を行う「翌日物取引」に対し、取組日・

決済日を自由に設定できる取引を「期日（ターム）物取引」と呼ぶ）の市場流動性枯渇を導いた。当時の政策当局の判断理由について、バーナンキ議長は議会発言（Bernanke（2010））で、リーマン・ブラザーズ破綻に伴い顕現化し得るシステミック・リスク（ある金融機関の破綻が決済不履行等を通じ、他の金融機関の連鎖的破綻を招き、金融システム全体を不安定化させるようなリスク）の大きさは認識していたが、単純に同先に流動性を供給する手段を持ち合わせていなかったと供述している（以下参照）。当局としては不可抗力であったと言いたいのかもしれない。

（２０１０年４月20日に開催された米国下院の金融サービス委員会におけるＦＲＢ・バーナンキ議長の発言）

"The Federal Reserve fully understood that the failure of Lehman would shake the financial system and the economy. However, the only tool available to the Federal Reserve to address the situation was its ability to provide short-term liquidity against adequate collateral."

「ＦＲＢとしては、リーマンの破綻が金融システムや実体経済に大きな悪影響を与え得ることは十分に理解していた。もっとも、その時点でＦＲＢが事態改善のために利用可能であった手段は、適切な担保を対価とした短期の流動性供給に限られていたのである」（著者訳）

34

Bernanke, Ben 2010. *Lessons from the failures of Lehman Brothers*, Before the Committee of Financial Services, U.S. House of Representatives, Washington, D.C. より引用。

換言すれば、当局としては、少し前から癌の症状を発見していた（リーマンの問題に気づいていた）が、癌の進行は余りに早く、発見時点ですでに手遅れであったというのである。もっとも、人間と金融機関が異なるところは、人間は癌の進行に対し最終的にはなす術がないのに対し、金融機関は、出す金を惜しみさえしなければ、一時的に不治の病から救うことも可能だということだ。

取引規模が巨大になると同時に、取引関係がグローバル化し複雑化した金融機関は、とてつもなく大きな影響を社会に与えてしまう。だからこそ市場は、相当大きな費用が生じても、政府の負担により、延命のための手術がなされると期待するのだ。この期待が、世の中では「モラル・ハザード」と呼ばれ、銀行監督当局からは忌み嫌われているのだが、一方でその発生は、死亡（破綻）を許容した場合に生じる社会的コストの代理変数だとも言える。米国当局は、癌の存在を認識しつつ、巨額の費用を用いた腫瘍除去手術を拒否したわけだが、これがもたらした混乱の代償は余りに大きかったと言える。

モラル・ハザードの発生を防ぐためには、大きく分けて二つの方法がある。一つは、事前にモラル・ハザードが発生しないような制度設計を行うことである。これはまさに現在、グローバルで議論されているものであり、たとえば、一番単純な例としては、一定規模を上限に、金融機関の規模を制限してしまう、あるいは規模に応じて異なる規制を求めるというものがある。もう一つは、すでにモラル・ハザードが発生している中で、その市場期待を「裏切る」ことで、市場期待を修正する方法である。後者がリーマン・ショックの際に採られた手法なのだが、当然「裏切り」の代償はとてつもなく大きくなる。特に今回の混乱は、米国一国のみの問題ではなく、グローバルの問題にまで及んでいる。この点で、米国当局の政策決定には、外部性（米国が敢えて負担する必要のない海外諸国への悪影響）の要素が非常に強く存在している。そういう意味で、民間金融機関のモラル・ハザードを抑制しようとした米国当局の政策判断自体に、「海外に波及する悪影響には敢えて目をつぶる」（少なくとも、こうした外部性に米当局は責任を持たない）という別の意味でのモラル・ハザードがあったとも言えるのではないか。

リーマン破綻後の市場大混乱という事態に直面し、米国政府も金融システムの安定化に向けて政策を総動員することを余儀なくされる。不良債権の買い取りや公的資本の注入まで視野に置いた金融安定化法案は、合意寸前に至りながら、9月29日には下院で否決されてしまうという予想外の展開となったものの、その後10月3日には、なんとか無事に修正案が可決された。この「緊急経済安定化法」では、当初は、不良資産の買い取りに最大7000億ドルが用いられる予定であったが、その後、金融機関等への公的資本注入が決まり、これに要する額が増えるに従い、ここで用意された資金の大半も金融機関等への公的資本注入に用いられることとなる。この結果、リスク性資産の一部の買い取りは、政府ではなく、中央銀行であるＦＲＢが乗り出すこととなった。また政府は、不良資産の直接買い取りの代わりに、金融機関が有する不良資産を分離させたうえで、そこから将来生じるさらなる損失に対する保証を行なうことになる。

このような夏場以降の金融混乱の余波は、当然ながら米国のみに止まらず、欧州や、さらには日本をはじめとしたアジアにまで及んだ。まず各国の短期金融市場の流動性がふたたび枯渇してしまった。リーマン・ブラザーズの破綻に伴い、米国短期金融市場における重要な資金の出し手であるＭＭＦの運用姿勢も極端に保守化した。公的セクターが発行する債券にいっせいにシフトしたことがその一因である。この結果、銀行間での資金調達金利の急騰が各地で発生する。これは特に、米銀の信用不安を背景に、ドル資金のやり取りにおいて顕著に現れた。特に、ドル建て証券化商品への投資を拡大する過程で、米国のＣＰ市場に資金の調達依存度を高めていた欧州系の金融機関は、深刻なドル流動性不足に直面することとなった。

これに対し、日本銀行を含む主要国の中央銀行が共同で、さらなる安定化策を打ち出す。資金供給の拡大に加え、日本銀行をはじめとした一部中央銀行は、ドル資産を担保とした自国通貨の貸出や、ドルの貸出を始めたのである。もっとも欧州では、実際に多くの金融機関が資金繰り難から、公的機関による救済を受けることになった。２００８年８月にデンマーク第10位の銀行であるロスキルド銀行が破綻したのに続き、９月には英国の大手銀ＨＢＯＳがロイズＴＳＢに身売りされると同時に、中堅銀行のブラッドフォード・アンド・ビングレーが部分国有化された。さらにベルギーに本拠を置く同国最大の金融機関であるフォーティスや大手銀のデクシアが、ベルギーと周辺国の当局からの公的資本注入を受ける。このほか、アイルランド、アイスランドの金融機関も当局からの救済を受けることになる。

大手行への公的資本注入の動きは、英国が２００８年10月7日に、大手行に対し年末までに５００億ポンドの公的資本を注入すると決定したことで、大きな流れとなる。この後、ドイツやフランス等の他の欧州諸国に加え、既述の通り米国も大手行に対しいっせいに公的資本を注入することを決定した。また同じ時期、欧州諸国では、併せて預金保険の付保対象預金の上限も引き上げられた。英国が10月3日に3万５０００ポンドから5万ポンドに引き上げたほか、ドイツ、アイルランド、デンマークでは、全額保護まで打ち出した。

その後、２００８年末にかけて、非震源国である我が国やエマージング市場を含む、すべての主要国マクロ経済は急速な同時悪化をみた。これに対応して各国中央銀行は、矢継ぎ早の金融大幅緩和（米国ＦＲＢは、12月16日にゼロ金利を導入）を実行し、世界の多数の主要大手行への半ば強制的な公的資本注入が行われた。さらに米国では、ノンバンクや自動車等一部基幹産業にまで公的支援が拡大（米国ＦＲＢは事業会社発行ＣＰや住宅ローン担保証券の直接買い取りを開始）された。比較的影響が小さいと考えられていた我が国でも、急速な円高や海外需要減を背景に景況感が急速に悪化し、中小企業を中心とした企業信用の収縮も深刻となってきた。こうした中で、日本銀行も、12月19日には、ふたたびゼロ近くにまで金利を下げると同時に、ＣＰ等のリスク性資産の買い取り

（銀行経由）や、その後銀行保有株の買い取りの再開も決定した。また、政府も、金融機関を対象とした公的資本注入の枠組みを大幅に拡充すると同時に、日本政策投資銀行を通じたＣＰの買い取りや、銀行保有株の買い取りの再開を決定した。

5　ギリシャ危機

今次金融危機はリーマン・ショックの後、大手金融機関への公的資金の注入や、マクロ経済刺激のための各国による思い切った財政支出の拡大等が奏功して、２００９年半ば頃にはいったん収束する。同時に、最初は中国をはじめとしたエマージング諸国、そして２００９年末頃から、米国や日本でも急速な経済回復が始まるようになる。もっとも、そうした中で、２００９年の後半にはドバイ・ショックが起こり、さらに２０１０年の前半にはギリシャ危機が起こったように、その余波は、米国という震源地からは移りつつも、まだまだ続いていた。ドバイ・ショックとは、先進国金融機関からの多額の借り入れに依存しつつ、大規模な金融センター・不動産開発を行ってきたドバイの政府系企業の資金繰りタイト化、及びその後の銀行に対する債務返済繰延要請が引き起こしたショックである。

一方ギリシャ危機は、２００９年10月にギリシャで成立した新政権が、同国の財政赤字の計数に大きな誤りがあり、実際にはそれまで公表していた３％をはるかに上回る10％超であることを発表

図表 1-2　欧州各国の 10 年物国債のスワップ・スプレッドの推移

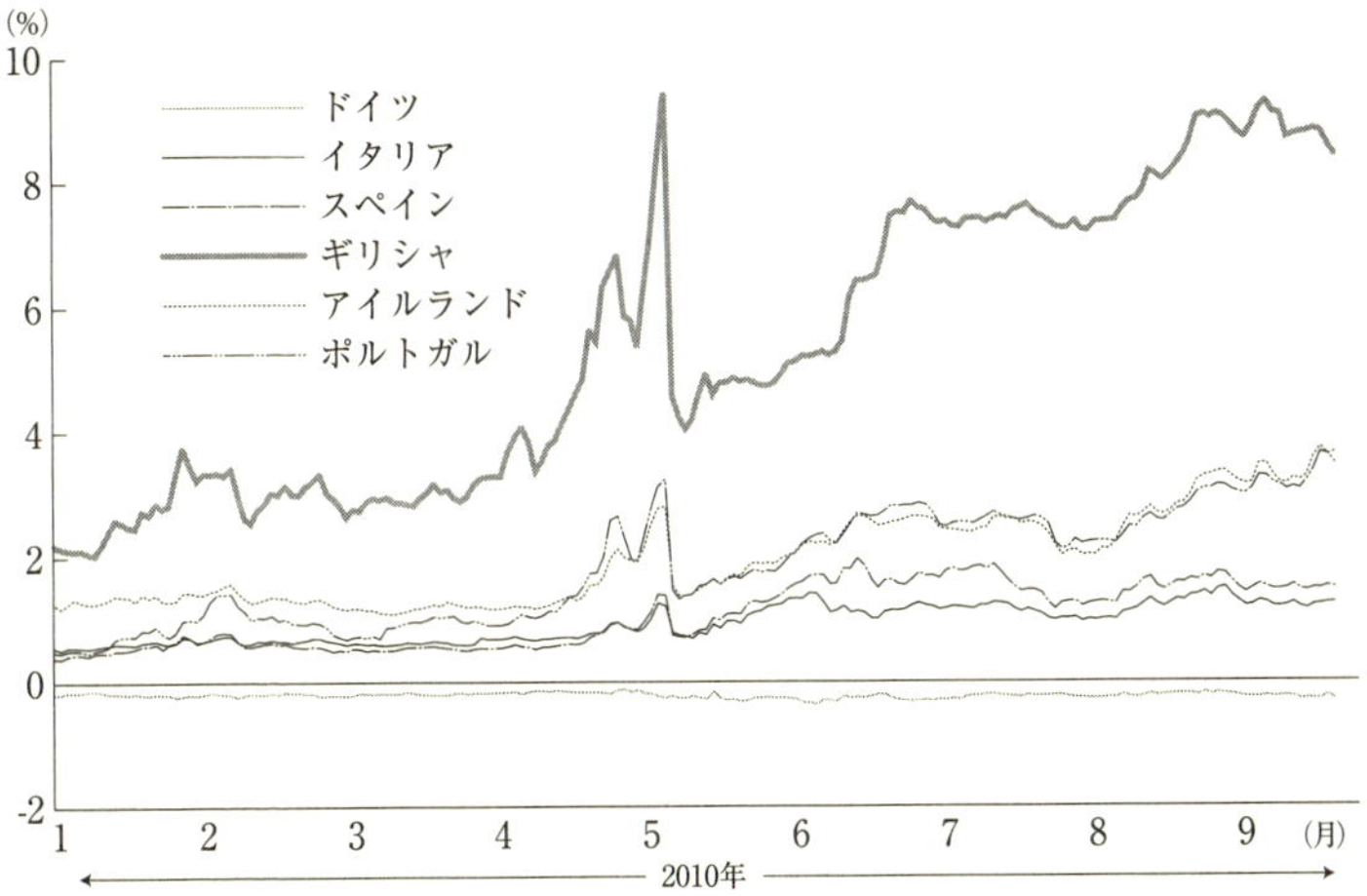

（出所）IMF, *Global Financial Stability Report,* October, 2010に基づき著者が作成.

したことに端を発している。これまで半ばバイブルのように信じられてきた公的機関（それも、一応ユーロ加盟国の政府である）による公表計数に、いきなり（微調整というよりは粉飾に近い形で）裏切られたのであるから、市場が受けたショックは当然ながら甚大なものである。それは、格付機関による格付の裏切り、あるいは米国当局によるＴＢＴＦ（Too Big To Fail。余りに資産規模が巨大であったり、あるいは取引が世界中の金融機関との間で複雑に広がり、このため、破綻した場合の金融システムやマクロ経済に与える余波が甚大で、当局が救済せざるを得ない（と少なくとも市場が想定する）金融機関を指す）政策の裏切りに近いものかもしれない。結果として、ギリシャは当然のこととして、他の似たような経済状況（すなわち大幅な財政赤字、ＧＤＰ対比で積み上がった国債発行残高、輸出ベースの脆弱性）にあるユーロ加盟国（ポルトガル、アイルランド、スペイン、イタリア）にまで余波は及ぶ。

具体的には、2010年5月頃にはギリシャ国債の対ドイツ国債スプレッドが900bp（ベーシス・ポイント）まで拡大し、市場におけるギリシャのデフォルト、ユーロ離脱という議論が真剣味を帯びてくる（図表1－2）。同時に、大きな財政赤字を抱えるポルトガル、スペイン等南欧諸国を中心とした他のユーロ加盟国にもその余波が及ぶ。こうした事態に対し、まずECBは、新たな金融不安の発生を防ぐために、金融市場における資金調達が極端に困難化した南欧諸国の銀行に対し大幅な流動性供給を行った。そのプロセスでは、ECBが従来持つ適格担保の最低格付基準の方針を変更して、ギリシャ国債には適用しないとしてまで、ギリシャ国債の担保としての適格性を維持する措置を取っている。一方、EU側は、ドイツの反対等があり、ギリシャに対する金融支援決断に二の足を踏んでいた。もっともこれも、遂に2010年の5月には、IMFと共同歩調をとることで、ギリシャへの最大5000億ユーロの金融支援を行うことで合意に至る。さらに7月には、EU域内での銀行監督に責任を持つCEBSが、域内の金融機関に対する不安を一掃するため、域内の主要金融機関を中心にマクロ・ストレステスト（中央銀行や銀行監督当局等が中心となって、マクロ経済に対し一定のストレスがかかった状況を想定した上で、その中で個別金融機関の資本や金融システム全体の安定性がどこまで損なわれるかを確認するもの）を実施すると同時に、その結果を公表し、自己資本の不足行には公的資本が注入されることとなった。

もっともその後も、アイルランドの格下げをきっかけに、アイルランドやギリシャ、ポルトガル、さらにはスペインやイタリアのソブリンのＣＤＳスプレッドが拡大した。アイルランドの場合は、ギリシャとは異なり、不動産バブルの崩壊に喘《あえ》ぐ過大な金融セクターの救済のために投じられた財政資金が、今度は財政赤字の大幅拡大という形でソブリン・リスクに転化したものであった。２０１０年10月末には、ギリシャ危機時に設けられた「欧州金融安定化メカニズム」に代わる恒久的な財政支援制度として、欧州版ＩＭＦを設けることでＥＵ首脳会議は合意したが、債務履行に窮した国の国債保有者には一定の負担が求められるのではないかという市場の懸念もあって、アイルランド国債は売り込まれる。結局アイルランドは、２０１０年11月21日に、ＥＵ、ＩＭＦに対し金融支援を要請した。

第2章

金融危機を解析する視点

1　異なる次元別にみた金融危機の要因分析の必要性

第1章で振り返ったように、北大西洋金融危機と呼ばれる金融危機は、長い期間にわたる、ダイナミックに変化するさまざまなフェーズを持った金融危機だと言える。金融危機の要因を分析した研究はすでに数多いが、そのうち、たとえば、金融危機の分類に係る先駆的ペーパーであるDavis(2003)やIMFが2008年9月に出したWEO(World Economic Outlook)(IMF(2008))等は、複数の異なるフェーズに分けた上で、金融危機の要因を特定化することの重要性を説いている。つまり、たしかに金融危機にはいろいろな要因が存在するけれども、それが単に危機の引き金を引いたものなのか、それとも、その引き金が引かれるのを待っていた、より奥に控えた構造的なものなのか、さらには、一見構造的にみえたものをさらに導いたようなものなのかで、その内容は大きく異なるからだ。たとえば、ある自動車事故の場合、直接の原因がスピード違反だったとしても、その背後には、スピード違反を厳しく取り締まらない警察、スピードを出したくなるような自動車会社のCMの流行、スピードの加速を促す自動車の販売、スピード違反を想定しない道路の設計等、さまざまな要因があるかもしれない。またさらにその背後には、時速制限の完全遵守がマクロ経済に与える悪影響(流通速度の低下)の懸念、警察の強化や道路等インフラ整備を妨げる財政赤字の拡大、あるいは景気回復の主役である自動車会社に対し物を言いにくい雰囲気、等があるかもしれない。

ちなみに、次元を分けると言ったが、たとえば複数ある要因のうち、どちらがより本源的か（すなわち高い次元の問題か）は、次のようなリトマス・テストを行ってみれば分かるものだ。すなわち、「仮に要因Ａが解決されていれば、要因Ｂによる問題は起きませんか」と問うのである。この問いに対し、「はい」であれば、ＡはＢに対しより高次な要因であり、逆に「いいえ」であれば、ＢがＡに対しより高次な要因である可能性が出てくる。

こうした異なる次元の要因を区別することは、特にその対応策を考える上で重要である。なぜならば、直接的な要因に対してのみ対策を立てても、まったく同じ事故は防げたとしても、似たような事故の発生は防げないからだ。たとえば前記の例でみれば、スピード違反への対処という意味では、スピード違反撲滅キャンペーンのようなものを実行する、あるいは特定の期間のみ警察による取り締まりを強化することも考えられる。もっとも、より本源的な要因を解消しない限り、こうした効果の持続が限定的であることは、すぐ分かるだろう。このように、問題の根本的な解決を図るためには、より本源的な次元にまで遡った上で、その問題解決を図ることが重要となる。

もっともその一方で、実際の問題への対処は、より直接的な要因への対処となりがちである。なぜなら、そのほうが、一般の人には分かりやすいからである。同時に、同じような事故の再発を、とりあえずは防ぐという目的にはかなっているからである。この二つの理由は特に、政策対応に当たる当局や、これを監視する政府、政治家にとっては重要である。彼らにとって致命的なことは、将来的に同じような要因に基づく深刻な事故が何度も起こることではなく、（それほど深刻ではなくても）「同じような事故」がすぐさま生じることなのである。そういう意味で、当局や政治家が置く問題対処のプライオリティは、それをさらに監視する一般の人々の、記憶力（将来ある問題が生じた際に、過去にも同じような要因に基づく問題が生じていたのになぜ適切な対応が行われなかったのかを問う能力）や分析力（直接的な要因のみではなく、より本源的な要因を把握する能力）に強く依存していると言える。残念ながら、メディアや学者等がしっかりとした啓蒙をしなければ、一般の人々の記憶力や分析力が、政治家や当局をより一層本源的な問題対処に向かわせることはないかもしれない。

本章では、今次金融危機に対する異なる次元ごとの要因分析を行うことで、こうした危機への対処策として、本来いかなる策が期待されるべきなのかを考えてみたい。その上で、第3章で紹介する、現在グローバル当局が取ろうとしている政策と比較することで、第4章では、こうした政策の問題点を炙り出したいと思う。

2　北大西洋金融危機を構成する各サブ危機の役割

第1章でみたとおり、2007年のサブプライム危機を契機に発生した北大西洋金融危機は、いくつかの異なるフェーズに分けることができる。この点をしっかり区別しないで、今次金融危機の要因を分析しようとしても、無数の要因の羅列が始まるだけで、これではなかなか今次金融危機の本質をつかむことができない。先行研究の例をみても、たとえばDavis（2003）やKindleberger（1978）は、（キンドルバーガー等多くの経済学者が提唱する）「金融脆弱性理論」に従えば、金融危機は、何らかのポジティブなショックをきっかけにして、信用の拡大や資産価格の上昇が自己増殖的に進む形で金融システムの脆弱性が拡大し（キンドルバーガーがdisplacementと呼ぶもの）、これが今度は、ネガティブなショックを契機に巻き戻しにあい、最終的に本格的な金融危機に発展していくことを指摘している。つまり、大きな危機には通常、危機のトリガーを引く突発的な事象がある一方で、その後の危機の展開は、トリガー事象のタイプにかかわらず、より本源的な不均衡要因によって、自律的に展開していくという考え方である。

こうした視点から、今回の「北大西洋金融危機」という事象を概観した場合、同危機をさまざまなサブ危機事象（サブプライム危機やパリバ、リーマン・ショック等）が集まる「群」とみなし、それぞれのサブ危機の背後にある要因を探ると同時に、それぞれのサブ危機が全体の危機の中でどのような役割を果たしたかを解明することが重要となる。その役割に注目すれば、今次金融危機に含まれる一連のサブ危機に対しては、次のようなフェーズ名を与えることができるのではないか。

トリガー・フェーズ：サブプライム危機

金融危機本格化フェーズ：パリバ・ショック

政策対応が危機の一層の深刻化を煽ったフェーズ：リーマン・ショック
他国の不均衡問題のトリガーに転化するフェーズ：ギリシャ危機

なぜ前記のようなフェーズ分けとなったのかは、第1章における説明でも概ね理解できると思うが、その点を以下ではより詳細に説明する。また、これも後述するが、前記のフェーズ分けは、過去の一連のストレス事象（特に日本における金融危機や、米国の不均衡と他の危機との関係）を分析した結果にも基づくものである。これまで世界中で起きた数多くの危機をみていると、まずは危機のトリガーを引く事象が生じるが、そうした事象が「危機」という深刻なフェーズに至るには、やはり金融のシステム自体に構造的な問題を抱えていて、それまで隠されていたこうした問題が一気にハイライトを浴び、これが一気に是正されるという事象が起きている。こうした構造的な問題を、著者は「本源的な問題」と表現しているが、この本源的な問題の是正のプロセスそのものが、「危機」だということもできる。そして、これはケース・バイ・ケースであるが、こうした「危機」への当局の対応のまずさが、危機の一層の深刻化を招くケースもある。また、ある金融危機が他の危機のトリガーとなるケースは非常に多い。

なお、本章の最後で述べるように、実は本源的な問題の背後にも、よりディープな本源的な問題が隠れていることが多い。それは、それぞれの国のマクロ経済の不均衡であり、さらには、主要国間でのグローバル・ベースの不均衡である。ここまで源流を遡ると、問題の規模が大きくなり過ぎて、少なくとも金融危機の対策という視点から、真剣に考える人は少なくなってしまうが、もっとも上流に位置する本源的な問題であるならば、これを解決しない限り、結局また危機が起きてしまうことになる。この問題は、本章の最後に議論する。

3　サブプライム危機の要因

北大西洋金融危機は、言うまでもなく、サブプライム・ローンという、米国というローカルな市場において、ノンバンク中心に組成されたローンにおける貸出規律の低下、及びその結果としての延滞率の急上昇から始まることとなる。これが、今回の金融危機のトリガー役を果たしたわけだ。このサブプライム危機に関し、指摘されている要因は主に次のようなものである。

①ノンバンクに対する監督の不全
②ＧＳＥスキャンダルを契機とした官から民へのローン組成のシフト
③証券化に伴うオリジネータのモラル・ハザード
④スコアリング・モデルへの過大な依存
⑤長期にわたる金融緩和と不動産バブルの発生
⑥住宅所有世帯を増やすという社会政策の後押し

このうち、⑤、さらには③、④は、今次金融危機のすべてに関わる非常に本源的な要因であるが、①、②は、サブプライム危機に特有な要素だと言える。こうしてみると、その背後には、大きな危機に繋がる本源的要因が隠れていたものの、直接的な要因自体は、誰がどうみても「これでは仕方がないよな」と思わせるような、明らかな（スキャンダル紛いの）問題であった。だからこそ、サブプライム危機が発生した際には、誰しもが、米国においては相応に深刻な問題ではあるものの、これがまさか、主要国全体の、銀行システムという金融システムの根幹を揺るがすような問題にまで行きつくとは想像しなかったのである。実は、これはかつて、日本でみられた事象でもある。1990年代の前半に顕現化した、「住専問題」がそれだ。大手金融機関が、不動産向け貸出に対する総量規制を逃れる抜け道として作ったビークル（＝住専）が、当局による十分な監督を受けない中で、不動産バブルに後押しされ、ほとんど貸出先の財務の内容やプロジェクトの質をみないまま、貸出競争に走り、バブル崩壊後には結果的に多大な不良資産を残してしまった構図は、サブプライム危機そっくりだ。

今から振り返っても、サブプライム危機が、結果的にその後に展開する、あれほど大きな金融危機に繋がるという結果を、当時、監督当局も、金融機関も導き出せなかったのは、ある意味で仕方がなかったのかもしれない。たしかに、サブプライム危機を起点に、「演繹的」にその後の事態の展開を考えた場合、サブプライム・ローン問題の特殊性の強さから、それが世界の金融システムの根幹まで揺るがす問題になるとの議論は立てにくかった。仮にそのような主張をする人がいても、直感的な理由以外、他の人を納得させるようなロジックは持ち合わせていなかった。

当時、政策当局者や金融機関に欠けていた視点は、世界の金融システムにはより深刻な不均衡の問題が存在しており、サブプライム・ローンの問題自体は、その不均衡から生じた一つの小さな吹き出物であると同時に、市場が大きな不均衡の問題を認識しこれに恐怖を覚える上での一つのトリガーに過ぎないという視点であったと言える。これは、世界に大きな不均衡が存在するという前提に立つ、まさに「帰納的」な視点だと言える。この視点に立つ限り、サブプライム・ローン問題が演繹的に、その後の世界的な金融危機に繋がっていく必要はないのである。サブプライム・ローン問題が果たす役割は、市場に対し、市場が怖れるべき、大きな不均衡が世界経済に存在していると信じさせるだけで十分なのだ。したがって、それは必ずしもサブプライム・ローン問題でなくても良いということになる。この点、これはあくまでもイフ（if）の問題となってしまうが、仮に2003～04年にGSEのスキャンダルが発生しなければ、もしかしたら、あれほどの野放図な貸出がサブプライム・ローン市場でなされることはなく、たとえば2007年のように一時的な延滞率の上昇が生じたとしても、それが「危機」と言われるような大きな事象には繋がらなかったかもしれない。もっとも、だからといって、今回のような大きな金融危機が生じなかったとは言い切れない。繰り返しになるが、トリガーの役割は、あくまで市場に問題の存在を気付かせる（あるいは信じさせる）点にあるからだ。そうした役割を担えるような潜在的にスキャンダラスな事象は、他にも沢山あるかもしれない。こうした考えは、「帰納的」な視点（換言すれば、最終的に発生した事象（A）を「必然」とみなし、そこから、それ以前に生じた事象（B、前触れ的事象）を振り返る視点）から出てきても、「演繹的」視点（Bの発生があって、初めてAも発生するという視点）からは決して出てこない。

4　パリバ・ショックの要因

サブプライム・ローンの問題は、２００７年の夏に発生した「パリバ・ショック」によって、国際的な攪拌《かくはん》性を増すと同時に、証券化市場という、より米欧における金融システムの根幹に近い部分にまで及んでしまう。同時に、市場の疑心暗鬼が、中央銀行の危機対処能力の不全も手伝って、金融機関の流動性危機に結びついたのも、このフェーズの特徴である。このフェーズにおける危機の要因としては、主に次のようなものが挙げられる。

①（モラル・ハザードを惹起《じゃっき》する）証券化市場の問題
②格付機関の問題
③（公正価値会計を中心とした）会計制度の問題
④ＶａＲ（バリュー・アット・リスク）等のリスク計量化手法の問題

⑤一部金融機関の流動性リスクに対する脆弱性
⑥中央銀行と銀行監督当局の連携の不備、及び中央銀行による流動性危機時における流動性供給手段の欠如
⑦長期にわたる金融緩和と不動産バブルの発生

①〜⑥は、このフェーズの危機の特徴をよく顕した要因であり、サブプライム危機に比べれば、各国の金融システムにおける普遍性が高いという意味で、より高次の要因だと言える。さらに言えば、米欧におけるこれまでの経済の急成長を支えてきたビジネス・モデルそのものの枢要を担うメカニズムの問題という意味で、はるかに深刻なものである。ただし一方で、①〜⑥は、米欧の金融システムにはよく当てはまる一方で、たとえば日本をはじめとしたアジア・太平洋地域における金融システムにはあまり該当しないという意味でのローカル性は引き続き存在する（これが、今次金融危機を「北大西洋金融危機」と呼ぶ所以でもある）。なお、過去の似たストレス事象としては、我が国における90年代半ば以降の銀行危機が深刻化したフェーズを挙げることができる。証券化やオリジネート&ディストリビューション・モデル（従来のように組成した貸出を、そのまままいつまでも銀行のバランスシートに残しておくのではなく、すぐさま、証券化等の技術を用いて、広く投資家に販売してしまうビジネスを指す。これにより、銀行は、組成・販売等のプロセスで手数料を稼げる一方、自らのバランスシートからは貸出が外れ、貸出に係るリスクもなくなるため、これに

必要な資本を積む必要もなくなる）とは大きく異なるものの、当時の日本の金融機関も、それまでの長きにわたる日本経済の高成長を支えてきた、リレーションシップ・バンキング（あるいはメインバンク制度）や、株や不動産価格の恒常的上昇に支えられた金融機関のリスク吸収機能が一気に否定されたのである。そういう意味では、このイベントが、その後のマクロ経済への影響に結びつく序章だと捉えることができる。

5　リーマン・ショックの要因

次のフェーズは２００８年の夏に訪れる。それが「リーマン・ショック」である。これは、従来ＴＢＴＦだと信じられてきた、米国の大手投資銀行の一角を占めるリーマン・ブラザーズの破綻が、当局によって「許容」されてしまったことに端を発する。結果的に、世界の金融市場は極度の信用不安（リスク回避状態）に陥り、流動性危機から、大手商業銀行を含む多くの金融機関の破綻の引き金を引いてしまう。同時に、こうした不安や株・不動産等の資産価格の急落が、特に米国のリスク性投資や消費者心理の不安に火をつけ、米国個人消費や設備投資が大きく落ち込むことで、あっという間にグローバルなマクロ経済の大幅な落ち込みにまで発展していく。このフェーズにおける危機の要因としては、パリバ・ショックで挙げたものに加えて、主に次のものを挙げることができる。

①TBTF概念の突然の変化と、これに伴う信用不安への対処
②国際的な破綻処理体制の未整備
③米国投資銀行に対する監督の不備
④モラル・ハザードをもたらす報酬体系、ガバナンス体制

前記をみれば分かるとおり、リーマン・ショック以降のストレス事象の要因は、どちらかというと〝官製〟のものである。当局の側からみれば、TBTF概念の存在そのものがモラル・ハザードの産物であり、これは明らかに民間の問題と映るのかもしれない。もっとも実際には、TBTFの「存在」を当局が許容したこと自体が問題の始まりなのであり、その「存在」を許容しておきながら、その「破綻」まで許容するということは、結局「TBTFの破綻に伴うショック」まで政策判断として許容したことに繋がる。当局の言い訳としては、「リーマン破綻のインパクトがそこまで大きくなるとは思わなかった」というものかもしれないが、いずれにしても、市場があれほど怖れる中で、それを現実化してしまったのだから、相当罪の重い「問題の過小評価」あるいは「認識不足」であったことは間違いない。さらに言えば、リーマン・ショックの影響は単に米国内だけでなく、海外にも広く及んだのだが、この部分は米国当局にとっては、直接の責任を求められるわけではない「外部性」に属する部分である。したがって、結果的に米国当局にも、「取り敢えず海外で

のショック・インパクトには目を瞑《つむ》り、国内のショック・インパクトを上回るモラル・ハザード是正効果（より直截《ちょくせつ》的には、貪欲な投資銀行をTBTFとして救ったとの政治家からの攻撃回避）が期待できれば「OK」といった〝モラル・ハザード〟が生じていたのかもしれない。

前記の要因は、見方によっては、相当程度の罪の重い政策判断ミスだとも言える。ふたたびifの問題に戻るが、仮にこの政策判断ミスがなければ（すなわち、政治家からの攻撃覚悟で、当局がリーマンの救済に乗り出していれば）、これほど深刻な金融危機に到ることもなかったと仮定することも、あながち無理ではないのではないか。あのとき、米国の政策当局が、政治家から来るであろう攻撃を敢えて覚悟して、世界金融危機の回避のために、リーマン・ブラザーズ救済という手段を取っていれば、もしかしたら、世界の金融システムはこれほどまでの深い傷を負わずに正常化し、さらに世界経済の回復基調も1年ほど早まり、２００９年初頃からは始まっていたかもしれない。

著者にとって不思議なのは、今次金融危機の深刻さに関し、前記のような比較的明快な政策判断ミスが深く関与していたにもかかわらず、こうした政策判断ミスを無視した上で（あるいは所与〔?〕と判断した上で）、新しい監督体制作りが進んでいる点だ。この点は、後に詳述するが、こうした当局の問題を無視した上で、すべてを市場や金融機関の責任に押し付けることは、問題の所在を的確に把握しこれに効率よく対処する上で大きな問題を孕んでいる。さらに、そこまで明快な政策ミスをするとは思われない他国の監督当局にとってみれば、こうした政策ミスを「所与」とした上での体制作りは、非常に不条理な対応とみえても仕方がないかもしれない。

このリーマン・ショックであるが、ＴＢＴＦ概念が変わり市場を極度の信用不安状態に陥れたという意味では、やはり我が国の銀行危機における97年以降のフェーズとよく似ている。すなわち、それまで不倒神話のあった都銀や長信銀の一部や、４大証券会社の１社が破綻したときがそれである。ただそのときでも、たとえば長銀や山一の破綻が、国際的な波及を招かぬように、当時の銀行監督当局は細心の注意を払って準備をし、海外当局との連絡を密に取りながら、適切なタイミングを見計らって破綻を許容した。外部性が海外当局からのピア・プレッシャーによる形で内部化していた当時の日本と、世界的なガバナンスの頂点にある存在として、内部化の余地などなかった米国当局の違いといったところであろうか。

6　ドバイ・ショックやギリシャ危機の要因

ドバイ・ショックについては、先進国のバブルが崩壊した後、そのバブルの延長線上にあった周辺国のバブルも崩壊したという、比較的分かりやすい特徴を持つショックであった。同じようなバブル崩壊はすでに、米国を起点にして、英国やアイルランド、スペイン、さらには東側のラトビアや他の東欧諸国でも発生していた。もっとも、ドバイの異なるところは、オイルマネーによるベイルアウト期待（すなわち、石油輸出により潤沢な資金を持つ、同じアラブ首長国連邦の構成国であるアブダビによる救済期待）と、情報不足に伴う不透明性というところにあった。状況の相似性という点では、バブル崩壊の連鎖という点に焦点を当てれば、ブラック・マンデー後のブラジルにおける債務返済のモラトリアム宣言（ＩＭＦ（２００９ａ））や、米国での金融引き締めへの転換の結果としての長期金利の急騰の後に94年に発生したメキシコ危機が挙げられる。また、ベイルアウト期待に着目すれば、それはまさにリーマン・ショックでみられたＴＢＴＦ概念の突然の変化と同じものと言えるかもしれない。以上を要因として整理すれば、次のようになる。

①北大西洋金融危機に伴う投資家のリスク回避現象
②過剰債務
③債務者に係る情報の不足に起因する不安の伝播
④ベイルアウト期待の突然の変化

一方ギリシャ危機には、今次危機における過去のフェーズでもみられたような「不信の連鎖」が大きく影響する一方で、それ以外の要因も重要な役割を果たしている。見方によっては、北大西洋金融危機は単にトリガーの役を果たしたに過ぎず、危機全体の構図としては、まったく別のイベントに属しているとみることもできるかもしれない。以下、その要因をまとめてみた。

①北大西洋金融危機に伴う投資家のリスク回避現象

②ギリシャ政府の財政赤字隠ぺい
③ギリシャ政府が抱える巨額の財政赤字（フロー・ベース、ストック・ベース双方の視点から）
④グローバル・ベースでみた財政赤字の拡大
⑤ユーロ加盟国の財政規律維持を促す機能の不十分性
⑥ユーロ加盟国の経常収支不均衡を調整する機能の欠如
⑦ユーロ加盟国間における財政調整機能の欠如

第1章で指摘したように、ギリシャ危機の第一の要因は、今次金融危機で市場が非常にリスクに対し敏感になっている中で、ギリシャという国家が、粉飾決算をすることで市場を裏切り、その結果ギリシャの財政赤字が非常に巨大であることが発覚したことである。市場にとってみれば、後者の規模もさることながら、前者が喚起した「不信」も非常に大きかったと思われる。いかに経済規模が小さいとはいえ、ギリシャは先進国なのであり、さらにれっきとしたユーロ加盟国なのである。そうした国が、財政赤字という国家統計を大幅に粉飾していたのだから、ギリシャに留まらず、そうした疑いの目が他国に及んでもおかしくない。特に、今次金融危機では、リスク・エクスポージャーの大きな部分が、金融機関から政府にシフトしているのである。その政府のガバナンスに問題があるとすれば、（他にどこに持っていくかという問題があるにしても）市場は投資先を再考するのが普通である。以下、この点をもう少し詳しく考えてみよう。

既述のとおり、ギリシャ危機の特徴の一つは、民間から国の債務への、市場の関心のシフトだと言える。今次金融危機では、その危機を乗り越えるために、これまでみたこともないような規模の財政支出が短期間のうちに世界の主要国において実行された。これは結果的に、不均衡のリスクが、民間サイドから、公的サイドにシフトしたことを意味する。公的サイドが民間サイドと異なるのは、債務の返済手段として、徴税権等いくつかの有力な手段を持ち合わせていることである。ただしこれとて、常に有効にワークするわけではない。特に民主主義国家にとっては、徴税権の行使は、特に不況期においては至難の業である。短期的な負担の大きさに耐えかねて、デフォルトを宣言する誘惑に駆られることは、これまで多くの南米エマージング諸国でみられた現象だ。また、仮に国家であっても、資金の調達先が主に海外である場合、投資家のホームバイアスがない分、資金の逃げ足は速くなる。したがって、仮に金融危機の一時的なインパクトが、国側の吸収により抑制することができても、今度は国側の財政収支が市場から持続可能だとみなされなければ、新たな危機を誘発する可能性が高まることとなる。

今次金融危機では、危機対応により、主要国の財政赤字はほぼ例外なくすべての国において大幅に悪化している。そうした中で、すべての国のソブリン・リスクが上昇するという事態はあり得ない。各国中央銀行の超金融緩和策の継続から、国際的に資金は大幅に余剰なのであり、仮にすべての国の国債市場からこうした資金が逃避したとして、それがたとえば商品市場や金市場、さらに財市場等で吸収できるかというと、それは無理である。結局は、ソブリン市場も相対比較ということになり、この場合、一番重要になるのが、国内の資金のみで財政赤字を埋めることができるか否かという経常収支の問題となる。これは全世界でみれば、ゼロサムなので分かりやすい。そういう意味では、日本のように、ギリシャを大幅に上回る国債残高対ＧＤＰ比率となっている国でも、むしろ危機の顕現化時には海外からの逃避資金が集まりやすい国もある（もちろん、未来永劫というわけではないが）。一方で、ユーロ加盟国以外でも、経常収支赤字幅の大きい、たとえば英国や、さらに米国までも、ソブリン・リスクからはまったく無縁ではいられないという状況が生じている。

ギリシャ危機は、その一方で、欧州ならではの別の側面も有している。それが「ユーロの呪縛」である。要は、同一通貨を導入した結果、それぞれの加盟国の経常収支の不均衡を通貨価値の変動によって調整することができなくなる。そうした中で、膨大な財政赤字ファイナンシングを海外に依存している一部加盟国が、同一通貨という意地を通す、あるいは見栄を張るために、（経常収支赤字を削減するための）超緊縮策を受け入れることができるか否かといった問題である。本来であれば、同一通貨の導入に伴うコストは、同一通貨導入圏における統一的財政政策の運営により緩和されるはずである。すなわち、ドイツに比べ、ギリシャのように輸出競争力のない国は、ドイツの納税者に依存した、財政給付により助けられることが期待される。日本の例でいえば、北海道経済が東京の納税者によって助けられている構図である。北海道の財政が急に自立を求められたならば、それこそ独自通貨を導入し、円に対し大幅減価した通貨レートを設定せざるを得ないであろう。

こうしたユーロの呪縛は、理論的には昔から識者の頭の中にはあったのであるが、「欧州統一」

という政治的スローガン（これは、マイノリティを中心とした低所得階層における住宅保有比率の引き上げという米国の掲げた社会政策が、サブプライム危機を引き起こした構図と似ている）と、「ユーロ・バブル」（東西ドイツ統一に始まり、ユーロ導入によって、ユーロ圏の潜在成長力が飛躍的に高まったとの考え）の影響により、これまでは余り目立たなかった。EUが各加盟国に求める財政規律（財政赤字比率をGDPの3％以内に収めるというもの）を、独仏の主要国が平気で破るようになった2007年時点においても、まだまだ「ユーロの呪縛」の矛盾が問題化することはなかった。それが、一連の金融危機により市場のセンチメントが異常に神経質になる中で、ギリシャの「粉飾」によって、一気に再認識されたのである。

こうした事象への市場の反応は、サブプライム危機以降の展開（「3・サブプライム危機の要因」参照）と同様に、「演繹的」（ギリシャ危機に伴う直接的被害が他国に及ぶことで、危機の輪も広がるという視点）というよりは、「帰納的」（ギリシャ的問題は、他の南欧諸国にも存在し、これが早晩顕現化するという視点）であったと言える。それというのも、仮にギリシャであれば、将来的にデフォルトを回避することは難しいというロジックを構築しやすいが、たとえば国債残高比率の低いスペインについては、なかなか近い将来におけるデフォルトのストーリーまで描くほどの悪材料が揃っていないからである。それでも、「統一的財政政策による不均衡是正システムなき中での、統一通貨導入の問題点」に焦点を当てた上で、同システムがいつか、特に輸出ベースが脆弱な南欧諸国の不均衡拡大、ひいてはユーロ圏からの離脱を招くとの「仮想結末」を置くことはできるかもしれない。そして、その結末への市場のコンセンサスが増えることで、足許の状況とは切り離された「帰納的」行動がもたらされた。

前記のコンセンサスはまた、過去の似たイベントの存在によって、一層強められた。たとえば、90年代初頭のポンド危機、あるいはＥＭＳ危機と呼ばれるものがそれである。当時はまだ、ユーロという統一通貨導入までには至っていなかったが、為替レートの変動幅を一定のレンジ内に止める、いわゆるクローリング・ペッグ制度が英国を含む欧州主要国の間で始まっていた。もっとも当時も、加盟国間での政策調整の枠組みがない中で、通貨ペッグに伴う不均衡が拡大してしまった。具体的には、東西ドイツ統一後の財政支出拡大からインフレ懸念に悩むドイツの思惑が金融政策を支配する一方で、景気低迷から英国やイタリアでは金融引き締めが取りにくい状況にあり、結果的に、政策協調の失敗を見透かした市場が英国やイタリアの通貨に対し攻撃を仕掛け、結局市場が勝った（要は、英国やイタリアが、ＥＭＳからの離脱を余儀なくされた）歴史がある。

7　もっともディープな本源的要因

以上、今次金融危機の展開を、異なるフェーズごとに、それぞれの要因という視点から眺めてみた。全体の流れを通じて一つ言えることは、ギリシャ危機を除けば、今次金融危機の一番奥深い所に、米国における長期にわたる金融緩和、そしてその結果としての経常収支赤字の拡大という要因があり、これ自体は今回に限らず、これまでの長い歴史の中でも繰り返し、米国や、さらには日本や南米をはじめとした他の国におけるバブルの発生とその崩壊のリズムの重要な部分を規定してきたということである。

もちろん、経常収支不均衡の調整は、単なる金融危機の「結果」と捉えることもできるかもしれない。実際米国の経常収支赤字の対GDP比率をみると、金融危機に伴うマクロ経済の急減速から、2006年時点の6・0%から2009年には2・6%まで大幅に改善している。もっとも、グリーンスパン（Greenspan（2010））や多くの識者が主張するように、学者や当局の世界の間では、経常収支赤字に代表されるマクロ経済の不均衡が、世界で起きた多くのストレス事象のもっとも深い所にある要因だと考えられている。それはまるで、地底奥深く、二つのプレートがぶつかり、一つのプレートが地下に潜りこむのに引きずられて他のプレートにひずみができ、このひずみを解消するに伴って地震が起きるのと似ている。金融危機の視点で考えれば、「ひずみ」がマクロ経済の不均衡となり、地震が金融危機の勃発ということになる。

この点に関しては、たとえば図表をみると分かりやすい（図表2－1）。同図表は、過去40年間の歴史の中で、米国の金融危機をはじめとしたストレス事象と、経常収支赤字に代表されるマクロ経済の不均衡が、いかに密接に関係していたかを示すものだ。米国の経常収支赤字の対GDP比率は、過去40年間において、3回ほどピークを記録している。一回目は、1970年代後半であり、これは70年代初頭のオイルショックとその後のインフレ経済によってもたらされたものだ。この不

図表2-1　米国の経常収支／GDP比率の推移

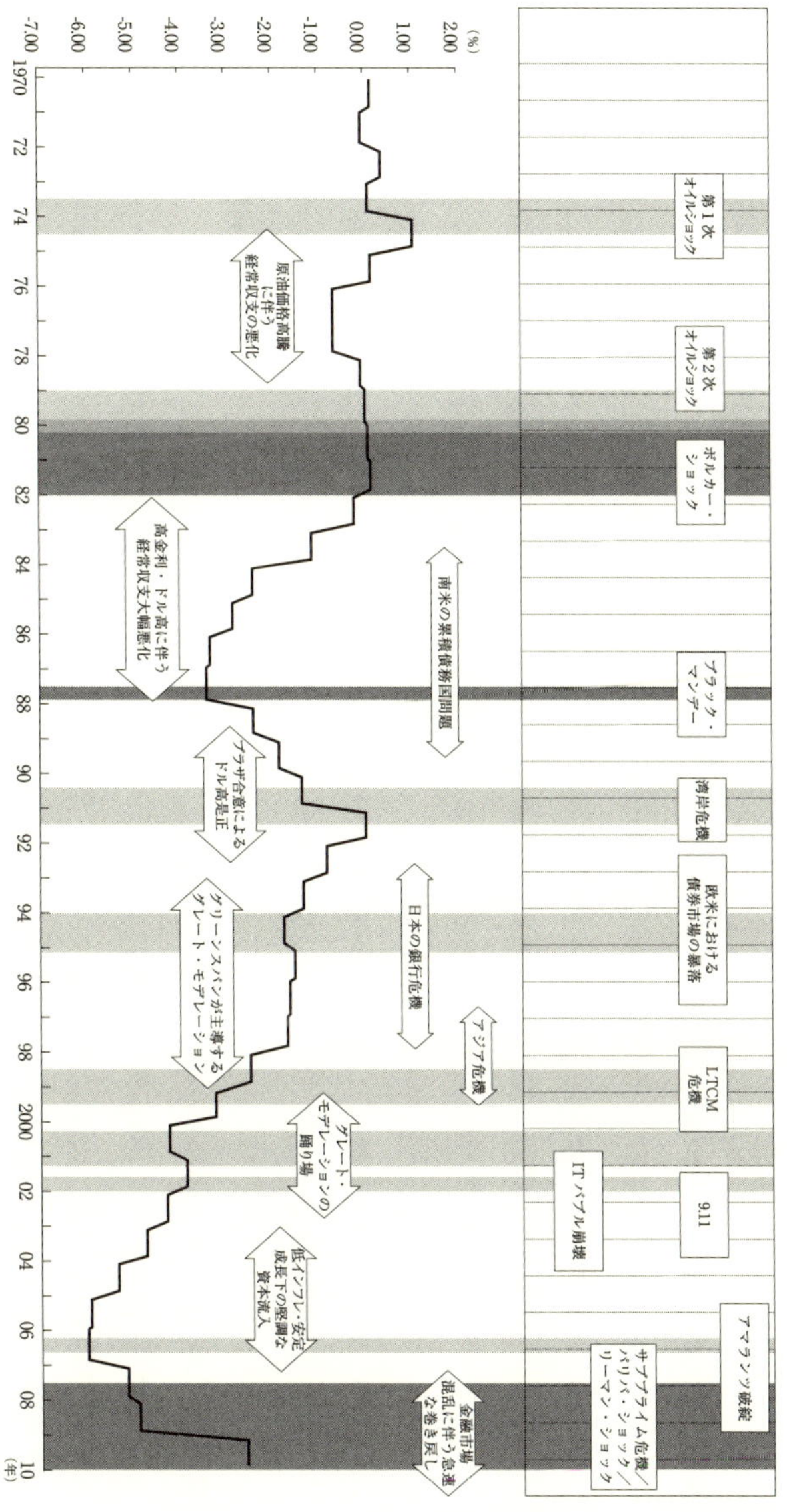
第1次オイルショック
第2次オイルショック
ボルカー・ショック
ブラック・マンデー
湾岸危機
欧米における債券市場の暴落
LTCM危機
9.11
ITバブル崩壊
アマランツ破綻
サブプライム危機／パリバ・ショック／リーマン・ショック
原油価格高騰に伴う経常収支の悪化
高金利・ドル高に伴う経常収支大幅悪化
南米の累積債務国問題
プラザ合意によるドル高是正
日本の銀行危機
グリーンスパンが主導するグレート・モデレーション
アジア危機
グレート・モデレーションの踊り場
低インフレ・安定成長下の堅調な資本流入
金融市場混乱に伴う急速な巻き戻し
(%)
2.00
1.00
0.00
-1.00
-2.00
-3.00
-4.00
-5.00
-6.00
-7.00
1970
72
74
76
78
80
82
84
86
88
90
92
94
96
98
2000
02
04
06
08
10
(年)

均衡を是正したものは、市場というよりは、どちらかというと政策であった。1979年に登場したボルカーFRB議長が始めた、量的引き締めを主体とした新しい、そして強力な金融引き締め政策が、急激な金利の上昇と一時的な景気下押しというコストを伴いながらも、ベトナム戦争以来米国経済を苦しめていたスタグフレーション、さらにその背後にあった構造的な不均衡状態を解消へと向かわせた。もっとも、当然ながらその過程では、金融危機に近い、大きなストレスがマクロ経済や金融システムに加わった。

第二のピークは、1980年代後半であり、ボルカー議長が確立したマクロ経済の健全なバランスを土台に、ドル高高金利政策を重要な要素とする不均衡拡大型政策、いわゆるレーガノミックスにより、マクロ経済が長い好況を謳歌した後訪れた。1987年に起きたブラック・マンデー（米国における株価の暴落を起点に、世界各国の株価の暴落が始まった事象）である。この事象自体、米国のドル高是正政策に関する米国と西ドイツの政策協調に関する不和が直接的な原因とされている。ブラック・マンデーは、世界恐慌を引き起こした1929年の株価暴落の再来かと言われたが、政策対応の早さもあって、銀行を含む金融システム全体への波及には至らなかった。またこの事象や、その前に主要国間で交わされたルーブル合意もあって、米国の経常収支赤字の対GDP比率はその後急速な改善に向かっている。

第三のピークは言うまでもなく2007年であり、90年代初以降の、グリーンスパン前FRB議長によって演出された、いわゆるグレート・モデレーションと呼ばれる長期好況によってもたらされた。グリーンスパン前議長に言わせれば、その背後にはさらに、ベルリンの壁崩壊と冷戦の終結がもたらした長期金利の低下トレンドがあるということになるが、この点に関する学者の議論はまだ分かれている（たとえば Greenspan（2010）参照）。そして言うまでもなく、この拡大し切った不均衡を是正したのが、今次金融危機になる。

なお、図表２－１をみても分かるとおり、不均衡が破裂するポイント（経常収支赤字の対ＧＤＰ比率）が常に同じ水準にあるわけではない。大きな調整が生じた過去３回のピークをみると、初回は１％弱、二回目は３％強、そした三回目は６％程度というように、次第に大きくなる傾向にある。これに対する一つの解釈（あるいはバブルが崩壊する以前の段階で、不均衡を正当化するためによく用いられてきた議論）は、金融イノベーション、さらには金融政策の高度化によって、より大きな一時的な不均衡をサポートする技術なり制度が備わったというものだ。すなわち、経済の不安定化や金融不安を未然に防止する金融政策があり、さらに長期にわたる負債に係るリスクを安全で効率的に投資家が分かち合う金融技術があれば、以前はバブルや不均衡ということで、いつかは是正の憂き目にあった負債水準も、将来にわたり持続的に支えることが可能になるという考えである。

仮にこうした現象（すなわち「不均衡」とみなされる水準の変化）が実際に生じ得るのであれば、不均衡の規模だけをみても、金融危機の蓋然性を当てることは難しくなるであろう。一般に、アジア危機以降国際機関や学者を中心に研究が活発化した金融危機の早期警戒指標の作成は、まさにこの不均衡の規模をベースにして、金融危機の蓋然性を測ろうというものだった。ところが、許容できる不均衡の規模が時代とともに変化するのであれば、こうした指標の開発は難しくなる。実際、ＢＩＳ（国際決済銀行）のエコノミストが最近公表したペーパー（Borio, Claudio and Drehaman（2009））も、データ不足も手伝って、未だに有効な早期警戒指標ができていないことを認めている。またグリーンスパン（Greenspan（2010））も、金融危機の発生のタイミングを当てることは不可能に近いと述べている。このように、経常収支赤字に代表される不均衡の規模は、その巻き戻しの過程で生じる金融危機の規模や深刻さ（リスク管理的視点からいえば、損失の大きさ、あるいはseverity）を測る上では非常に有用である一方、それがいつ起きるのか（リスク管理的視点からいえば、損失発生の蓋然性、あるいはfrequency）を測る上では、あまり有用ではないのかもしれない。

このようにみると、今次金融危機に関し、２００８年までＦＲＢの議長職にあったグリーンスパンに責任があるかどうかは、なかなか微妙なところである。それというのも、米国における経常収支赤字比率の拡大は、たしかに何らかのトリガー事象が発生しバブル崩壊にまで行きつけば、そのインパクトはとてつもなく大きくなるが、一方で、トリガー事象を上手く回避できる限りにおいては、米国の経常収支赤字比率は、もしかしたら、まだまだ拡大する余地があったかもしれないからだ。実際、80年代のバブル崩壊時に達した不均衡水準と同じような水準に到達した２０００年代初頭時点で、米国ではふたたびＩＴバブルの崩壊が生じたわけであり、これはもしかしたら、米国の経常収支赤字比率を大幅に巻き戻す可能性をもったイベントであったのかもしれない。もっとも、これに対しグリーンスパン議長は、早期の金融緩和によって、この危機を非常に上手く切り抜けることに成功した。逆に、このとき、グリーンスパン議長が事態の乗り切りに「失敗」していれば、その際の調整はそれなりに苦しかったかもしれないが、その後になって、今次危機のような「世紀クラス」の調整まで、もたらすことはなかったかもしれない。

また、今回の危機は、サブプライム危機、投資銀行の途轍《とてつ》もないレバレッジ拡大、さらにはリーマン・ブラザーズの破綻を許容するという、他国の政策当局者からみれば、とんでもないような政策判断ミスを、これでもかと積み重ねた上で発生したものである。ふたたびifの話となるが、仮にグリーンスパン議長が再任されて、前記の問題に対し早期に対処していれば、もしかしたら今回も、2000年代初頭のように軽い巻き戻しだけで済み、米国は今頃ふたたび、未踏の経常収支赤字比率に向かって進みだしていたかもしれない。難しいのは、前記をもって、グリーンスパン議長には罪がないとみなすのか、あるいは、より「罪深い」とみなすのかという点だ。「罪深い」理由は、万人がグリーンスパン議長のように、危機をくぐり抜ける能力に長けているわけではない中で、政策判断ミスが火をつけてしまう干し草を、一所懸命いつまでも積み上げておいてよかったのかという問題である。この問題に対する解は、今でも誰も持ち合わせていないのではないか。

なお、前記の点は、国際的な不均衡の元凶ということになれば、米国の問題となるが、各国の不均衡というレベルで考えれば、主要国のすべての中央銀行にも当てはまる問題でもある。インフレ・コントロールを目指した主要国の中央銀行は、90年代以降、明らかにこの戦いに勝利したわけだが、結果として、水面下に潜行して累積するようになった不均衡は長期間放置され、あるとき、何らかのトリガーをきっかけに突然破裂するようになってしまった。

こうした問題を考えるに当たって、最近、米国の雑誌であるＴＩＭＥが面白い記事（TIME, October 25, 2007）を掲載していた。記事は米国の金融危機とは何ら関係のないものである。それは、米国カリフォルニア州の山火事を扱った記事だ。米国のカリフォルニア州で最近、毎年のように深刻な山火事が発生している。特に２００７年に発生したものは規模が大きく、２０００以上の住宅を焼き尽くし、１００万人以上の住民が一時的に避難を強いられた。この火事の一つの原因に関し、前記記事は以下のように記している。

私たちが、火災について、よりスマートになろうとしているときでさえ、私たちはしばしば、かえって事態を悪化させることをしている。米国の森林局では、１００年以上にわたり、人口密集地域の近くで山火事が発生すれば、どのような程度の火災であっても、すべて消火する方針を維持してきた。こうした努力は、人口密集地域がカリフォルニア内で広まるにつれ、一層強化される傾向にある。こうした方針は、通常の住宅地の環境に慣れ親しんだ者にとっては、当然の方針だと言える。消防署の仕事とはつまり、火災が人々の家財に被害をもたらす前に、火を消すことである。もっとも、偉大なる西部の森林では、必ずしも物事が人々の考えるように進むわけではない。皮肉なことに、すべての小さな山火事まで消火してしまうことは、逆に稀にしか起きないが、いったん生じるとすべてを焼き尽くしてしまうようなメガ級の山火事が発生する可能性を高めてしまうのだ。なぜなら、小さな山火事は、本来、積もりすぎた植生をときどき整理するという重要な働きをしてくれるからである。積もりすぎた植生は、古新聞の山をキッチン内に積み上げておくことに似ている。いったん火災が発生すれば、そこは勢いよく燃え上がるのを待つだけの場所となる。「これらの、より大規模で、より深刻な山火事は、あらゆる山火事を消すという方針の、意図しなかった結果だともいえます」と、カリフォルニア大学の環境学者であるリチャード・ミニックさんは指摘する。「どちらかといえば、あらゆる山火事を消火しようという方針は、むしろ社会を危険に近づけていると言えるのです。（以下省略）」（著者訳）

前記の文章のうち、米国森林局を中央銀行、小規模の火災をインフレや不景気、そしてメガ級の火災を金融危機と置き換えてみると、興味深い。残念ながら、米国森林局同様、主要国の多くの中央銀行にも、小さな山火事を許容する勇気はまだ備わっていないのでないか。仮に当時のグリーンスパン議長が、必死になって、小さな山火事（これも今からみればの話であって、当時としては相当大規模な山火事であった）を消火しようとしても、これをだれも決して非難することはできなかったはずだ。

8 米国以外で生じた金融危機の一般的な構造

これまでは米国で発生した、不均衡是正の結果としてのストレス事象ばかりをみてきたが、他国で発生したものはどうであろうか。金融危機に類するものは、過去においても、欧州、アジア、南米、そして日本においても何度も生じている。これらには何らかの共通する要素があるのであろうか。

こうした金融危機の分析と、共通要素に基づく分類等は、すでに多くのアカデミック分野での研究がある。たとえば、Davis (2003) は、定性的情報をベースに、銀行、市場価格、市場流動性の三つのタイプに金融システム危機を分類し、これをさらに、グローバル化、通貨危機、個別金融機関、資産市場、商品価格、規制緩和等の関連から、細かく分類している。またＩＭＦ（２００８）では、過去におけるさまざまな金融危機を、客観的指標に基づき、特定化すると同時に分類化し、その後の景気の推移との関係を分析している。ここでの危機の基本類型は、主に銀行システムに関わるもの、主に証券市場システムに関わるもの、主に為替市場に関わるものの三つであるが、先述の Davis の分類と非常に似通っている。

著者自身の考えも大きく異なるものではないが、過去40年間に世界中に発生したストレス事象をみていて、以下のようなパターンが比較的多いことに気付いた。

①資本自由化・規制緩和・成長期待等を背景とした資本流入がバブルの生成・崩壊をもたらすケース（アルゼンチン危機（２００２年）、ＬＴＣＭ危機（１９９８年）、ロシア危機（１９９８年）、アジア危機（１９９７年）、メキシコ危機（１９９４年）、ブラック・マンデー（１９８７年）、累積債務国問題（１９８２～89年）等）
②マクロ経済の成長力の下方屈折、あるいはイノベーション等による上方屈折幻想がバブルの生成・崩壊をもたらすケース（北大西洋金融危機（２００７年～）、ＩＴバブルの崩壊（２０００年）、日本の銀行危機（１９９７～98年））
③金融制度の自由化が、監督当局の不慣れも手伝って、金融機関間の競争激化を通じて、バブルの生成・崩壊をもたらすケース（北大西洋金融危機（２００７年～）、日本の銀行危機（１９９７～98年）、北欧の銀行危機（１９８８～93年）、豪州の銀行危機（１９８９年）、米国のＳ＆Ｌ危機（１９８０年代、及び１９９０年代初）、英国のセカンダリーバンクの破綻（１９７３～74年）等）
④固定為替制度が対外収支や財政の不均衡を拡大し、これが是正されるケース（ギリシャ危機（２０１０年）、アルゼンチン危機（２００２年）、ロシア危機（１９９８年）、ポンド危機（１９９２年）等）
⑤供給ショックが突然大きな不均衡を形成し、これが是正されるケース（第一次石油ショック

（1973年）、英国危機（1975年）、第二次石油ショック（1978〜79年）、ボルカーショック（1979〜81年）等）

前記はあくまでも本源的要因に着目した分類である（したがって、トリガー事象自体はさまざまである）。また、一つの事象が複数の要因を兼ね備えていることもある。たとえば、①資本自由化・規制緩和・成長期待等を背景とした資本流入がバブルの生成・崩壊をもたらすケースは、④固定為替制度が対外収支や財政の不均衡を拡大し、これが是正されるケースと重なりあって悪化するパターンが多いというのが著者の考えだ。

このようにみると、今回、欧米を中心に発生した金融危機も、そのスケールの大きさは別として、本源的要因に限ってみれば、過去に起きた金融危機と比べ必ずしも特殊ではないことが分かる。既述のとおり、それはトリガー事象を含めて、日本の銀行危機に非常に似ている側面を有しているほか、他にも似たような要因で起きている金融危機はたくさんあるのだ。

なお、さきほどの図表2－1では、米国の経常収支赤字の対GDP比率が、米国自身の金融危機のパターンをよく示していることを述べたが、実はこの図表は、米国の不均衡の推移が、単に米国のみならず、他国の金融危機の発生にも大きな影響を及ぼしている可能性を示している。すなわち、米国の不均衡がピークに達している時点で大きなストレス事象が米国で発生し、これを契機に不均衡が縮小することは先に述べた。その後この不均衡は一定期間縮小に向かうものの、ある時点を境にふたたび拡大に向かっている。たとえば、それは82年以降のドル高・高金利政策の時代であり、92年以降のグレート・モデレーションの時期である。さらに、94年頃からはいったんは横ばいとなった不均衡が98年頃からふたたび急速な拡大に向かい始めている。実は、米国の不均衡が是正から、ふたたび拡大へと転換しているこの時期以降に、他国におけるバブル崩壊が頻発しているのである。

たとえば、82年以降の転換期には、メキシコのデフォルト宣言（1982年）に端を発し、その後10年近くの間続いた南米を中心とした累積債務国問題が起きている。また92年以降の転換期は、まさに日本において銀行危機が本格化した時期で、これもその後10年近い年月を経てやっと収拾している。さらに、98年以降の転換期には、アジア危機が生じている。このようにみると、一つの仮説として、一体化した世界経済の中では、米国の不均衡縮小プロセスでは他国のバブルが発生し、逆に米国でふたたび不均衡が拡大し始める局面では、他国で膨らんだバブルが破裂するという可能性が考えられる。南米の累積債務問題についても、70年代後半からの世界の主要銀行を中心とした活発なペトロマネーの還流がそのバブルを押し上げ、一方で80年代初から開始したドル高・高金利政策により、世界の資本をふたたび米国に惹きつけたことが、その崩壊につながったとみることができる。同様に、日本のバブルも、80年代後半において、米国の不均衡を縮小させるプロセスの中で、日本に対し内需拡大のプレッシャーを掛けたことがその大きな要因だとみることができる。日本のバブルの崩壊自体は89～90年頃から始まるが、その加速度化を助けたのが、米国に始まるグレート・モデレーションだという解釈も可能であろう。最後に、今次金融危機で米国の不均衡も急速に縮小したわけだが、過去の歴史に学ぶ限り、この過程でバブルを急速に生成している国が、今度米国の不均衡が拡大に転じる時期に、金融危機を起こす可能性が高い。それが中国なのか、ブラジルなのかはよく分からないが、こうした非常にディープな本源的要因に着目しながら、金融危機の発生を考えることも重要である。

9　西部大森林の法則に学ぶ危機への対応策

さて、以上のような特徴を持つ今次金融危機を振り返った後、こうした危機を今後も繰り返さない方策を考えなければならないとしよう。この場合、いったいどのような方策が考えられるだろうか。以下ではまず、現在世界で議論されている方策を一切無視して（換言すれば、国内政治的、あるいは国際政治的な制約を一切無視して）、白地に絵を描くイメージで、望ましい方策というものを自由に考えてみたい。

前記でみたように、今次金融危機は、非常にディープな本源的要因としては、経常収支赤字比率に代表される米国経済の不均衡（あるいは世界経済の不均衡）が存在していると考えられる。これを、ここでは仮に、カリフォルニア大火災の記事に倣って、「西部大森林の問題」だとしよう。その次の次元には、金融機関に対する監督体制や金融機関がプレーするゲームのルールや環境を定める、金融システムのデザインの問題がある。これをここでは、「カリフォルニア州行政の問題」と考える。最後に、そうした中で、個々の金融機関がどのように振舞うべきかという問題がある。これをここでは「カリフォルニア住民の問題」と置くことにしよう。

まず「西部大森林の問題」であるが、この問題に対する回答は、もちろん「不均衡の是正」ということになる。もっとも、ここで新たに問題となるのが、「不均衡の定義」と、「持続不可能な不均衡の規模」である。不均衡の定義に関しては、最近米中間で（あるいは、かつて日米間で）議論になったように、米国の経常赤字が悪いのか、中国の経常黒字が悪いのかによって、不均衡是正のためのアクションの主体が異なってくる。この点、一般論でいえば、経常赤字を出している国がアクションを起こすべきというのが、通常の概念としてはしっくりくるのであろう。ギリシャの経常赤字に対し、ドイツが経常黒字削減で対応すべきとか、さらに米国であっても、アルゼンチンの経常赤字に、米国の対アルゼンチン経常黒字の縮小で対応すべきとの議論は通常聞かれない。そういう意味で、米国のみが特別扱いされる一つの理由は、「米国民の稀に見る貪欲な消費意欲が世界経済を引っ張っている」からなのかもしれない。ただし、そうとはいえ、返済できない借金を負ってまで消費することが望まれているわけではない。一方で、世界経済が発展するためには、「米国以外の消費者も貪欲に消費すべき」という議論ももっとものように聞こえるが、この貪欲な消費意欲に倣おうとして結局バブルのみが生じてしまった80年代末の日本経済をみても分かるとおり、消費のパターンを短期の政策で変えることは難しい。ということになれば、やはり、経常収支赤字国が主体的な形で不均衡の抑制に臨み、結果として世界需要がその分縮小しても仕方がないと考えるのが、自然ではないか。

次に、不均衡の規模の問題であるが、これも一筋縄ではいかない難問だ。既述のとおり、米国の経常収支赤字比率の推移をみても、趨勢としては拡大しているようにもみえる。もっとも、仮に過去における米国の経常収支赤字比率と、その巻き戻しに伴うショックの大きさを考えれば、たとえば87年のブラック・マンデー、あるいは2001年のITバブル崩壊時の水準（経常収支赤字比率＝3％程度）は許容範囲であっても、これを超えると要注意で、少なくとも今次金融危機のような水準（経常収支赤字比率＝6％程度）は許容できないと考えるのが自然ではないか。そうであるならば、米国、あるいは他の主要国の金融政策、さらには財政政策の運営も、経常収支赤字比率、あるいは経常収支黒字比率に一定のキャップを付した上で、同キャップに近づいた段階には、同キャップ超過状況を回避するような方向に向けることが考えられるのではないか。

因みに、著者が本書の執筆を漸く終えようとしていた2010年10月末に、当時開催されたG20会合において、米国が突然、対GDP比率でみた経常収支不均衡に係る数値目標（水準は4％）の設定を主張したと聞いてやや驚いてしまった。前記の主張は、まさにそのような数値目標の導入であったからである。ただし、米国の主張が、どちらかというと自国の景気対策や為替レートの是正（特に中国の人民元の対ドル切り上げ）が目的であったのに対し、本書での主張は、金融危機の再発防止が目的である点には留意する必要があろう。

次に「カリフォルニア州行政の問題」である。今次金融危機において目立った金融システム・制度上の不備は、さまざまな意味での「モラル・ハザード」、あるいは「モラル・ハザードを管理するシステム」であったと言える。金融の世界には、さまざまなモラル・ハザードの誘因が存在する。代表的なものとしては、大規模金融機関に生じるＴＢＴＦ（too big to fail）、つまり破綻した際の金融システムやマクロ経済に与える影響が大き過ぎて潰せないないことから生じるモラル・ハザードが挙げられる（なお、このＴＢＴＦは、最近では、後に紹介するSifis、すなわちsytemically important financial institutions〈すなわち、当該金融機関の破綻がシステミック・リスクを顕現化させる先で、結果として当局がその破綻の許容に二の足を踏む先〉と同義で用いられることも多い）。また必ずしも大きな金融機関ではなくても、預金保険によって預金の価値が保証されていれば、多少思い切ってリスクをテイクをしても、預金者はどうせ気にしない、というモラル・ハザードは生じる。さらには、リスクに係る情報の非対称性（リスクを一時的に引き受けた金融機関の、リスク・トランスファー先に対する情報の優越性）から生じるモラル・ハザードもある。

このように金融という世界は、自然にたくさんのモラル・ハザードが生じてしまう業界なのだ。それというのも、金融業にはモラル・ハザードの源泉である負の外部性（自らの行為によって、自らには帰属しない損失が生まれる場合、これを負の外部性と呼ぶ。たとえば、公害等が一つの例として挙げられる）に対応するような正の外部性も存在するからだ。たとえば、ＴＢＴＦの破綻がもたらすシステミック・リスクの顕現化は負の外部性である一方で、ＴＢＴＦの存在が経済のグローバル化や結果としての世界経済の高成長を支えてきたと見ることもできる。同様に、預金取扱金融機関に対する預金保険による保証は、当該金融機関に過大なリスクテイクを促すことになるが、一方で、これにより預金者による取り付け騒ぎを最小限に抑えることで、金融システムあるいは決済システムの安定性が保たれるというメリットがある。

前記で指摘したような負の外部性を適切にコントロールするためには、金融システムのデザインにおいて、金融機関に負の外部性の発生を抑えるような動機付け、つまり誘因整合性の考慮が欠かせない。いろいろな手段が考えられるが、仮に当局に、金融機関がテイクしているリスクを見抜く能力が十分備わっている場合は、その見抜いた結果を、金融機関に対する何らかのペナルティ（たとえば、業務改善命令や可変型預金保険料等）として課すという方法があろう。そのほか、（仮に市場が当局よりも、より多くの情報をより適切に処理する能力がある場合は）市場による評価の取り込みや、経営者の一部の報酬体系を当局的視点と合致したものとすることも考えられる。ただし、基本的には、まずは当局による金融機関が有するリスクの評価能力があって、この水準に応じて、金融機関の規模や活動の自由度が決まってくると考えるべきであろう。

前記の考え方から導かれる、今次金融危機を踏まえた対策は大きく次の二つである。すなわち、一つは、銀行監督当局の能力を何らかの尺度を用いて透明化し、これを高めること。もう一つは、仮に、金融機関が取っているリスクが、その取引の複雑性や活動のグローバル性から、前者で測った監督当局の能力では十分に把握できない（結果としてモラル・ハザードの問題が深刻化してしまう）ということであれば、監督当局の能力に応じて、取っているリスクを削減させる、許容される取引の内容を単純化させる、金融機関の規模自体を小さくする、あるいはグローバルな取引を縮小させる、というものである。

最後に、「カリフォルニア住民の問題」であるが、今次金融危機で問題となったのは、リスクテイクに係る態勢（ガバナンスや報酬体系等）であり、さらには、テイクしたリスクの量的把握や管理手法であったと言える。たしかに、マクロ経済の不均衡が解消され、さらに監督当局によりしっかりとした金融システムや金融規制が構築されれば、大きな金融危機といった事象はまず起こらないであろう。さらに、前記のような金融システムは、金融機関への適切なインセンティブ付けを通じて、自然に個々の金融機関の行動の適切化を促すことが期待される。ただしその一方で、金融システムの構築のみでは、必ずしも十分にコントロールできないガバナンスやリスク管理の問題が残ることもたしかである。どんなに立派な法律や制度ができたとしても、その網目をかいくぐるような金融機関は必ず出てくるし、そうした悪意までなくても、不注意が結果的に法律や制度の意図に反するような方向に金融機関行動を導くこともある。さらに、当局が構築しようとする金融システムや規制そのものが、個別金融機関のガバナンスやリスク管理態勢の高度化のレベルに応じて決まってくる面もある。個別金融機関の内部でこうした体制が整備されていれば、監督当局がなすべきことも、これを前提に、大きな方向感のみを導くものになるであろう。逆にこれができていなければ、監督当局が個別金融機関に求めることは、より個別具体的となり、極端な場合は「箸の上げ下ろし」まで注文を付けてくることになる。

今次金融危機を経て、個別金融機関に一番求められる点は、やはり過度なリスクを追い求め過ぎないようなガバナンスの確立であり、報酬システムをはじめとしたインセンティブ体系の見直しであろう。その上で、リスク管理体制の見直しが求められるわけだが、やはりその中心は、ストレス事象への対応と、経営の道具としてのリスク管理の確立だと言える。ストレス事象への対応は、これまでリスク計測や評価の中心的な役割を担ってきたＶａＲという手段が今次金融危機のような事象に対しては無力であったとの認識を踏まえた上で、いかに大きなストレス事象のみに焦点を当て、これを適切に評価し、さらにはその評価に応じてどのように行動するかを決める、一連のプロセスの確立が重要となる。これは言い換えれば、いかに「ストレス・テスティング」を高度化するかという問題である。

経営の道具としてのリスク管理の確立も重要な課題だ。いかに立派なリスク管理体制を構築していたとしても、言葉は悪いが、リスク管理部門のおもちゃ、あるいは単に監督当局を満足させるだけのために終わっていては、何の意味もない。今次金融危機でも、欧米の大手金融機関は、その直前まで、「世界最高峰」のリスク管理を誇示し、たしかにその考え方や技術には目を見張るものがあった。しかし、蓋《ふた》を開けてみれば、結局経営は、そうした世界最高峰のリスク管理をそもそも経営の道具としては認めていなかったことが明らかになった。こうした事態を回避するためには、なぜ経営が、現在金融機関が用いているリスク管理を経営の道具として用いないのか、その理由を明らかにした上で、最終的には、経営陣が、経営戦略の道具として用いることができるようなリスク管理を確立する必要がある。これが、最後に残された「カリフォルニア住民の課題」だと言える。

第3章

バーゼルⅢとは何か

～問題意識と内容の分析

1　米欧当局の問題意識

本章では、いわゆるバーゼルⅢと呼ばれる、今次金融危機に対するグローバル監督当局の規制上の対応をみるが、その前に簡単に、こうした規制対応の前提条件となる、危機の震源地にあった欧米当局の問題意識を確認しておこう。なぜならば、この問題意識こそが、規制対応の方向性を決めているからである。

まず今次金融危機の要因であるが、欧米の政府や監督当局はこれをどうみているか。政府高官の発言等を聞いている限り、最大公約数的な考えは次のようなものではないか。つまり、収益追求に目が眩《くら》んだ金融機関による過剰なリスクテイクが、今回の金融危機を引き起こしたというものである。さらには、一部の大きな金融機関が、強欲に無理なリスクを取りさえしなければ、こんな金融危機は起きなかったというものである。これはたとえば、２０１０年1月下旬にスイスのダボスで開催された恒例の世界経済フォーラムにおいて、フランスのサルコジ大統領が口にした次の言葉に代表されているのかもしれない。

「いかがわしい金融機関の行為を社会はもうこれ以上許すことはできない」（著者訳）
（"indecent behaviors will no longer be tolerated by public opinion"）

TIME（2010）*A Changing Order*, TIME magazine, February 15, 2010より引用

ＴＩＭＥ（2010）によれば、サルコジ大統領はその演説の中で特に、金融機関が追求した「過大な利益」と「経営者のリスク管理能力とはまったく無関係な報酬パッケージ」を問題視したという。さらに同じ会議では、金融機関からでさえ、同じような辛辣な言葉が聞かれている。

「これだけ多くの者に対する損害を、これだけ少数の者がもたらしたことが、かつてあったであろうか」（著者訳）

（“Seldom, have so few done damage to so many” Josef Ackermann, the CEO of Deutsche Bank）

TIME（2010）*A Changing Order*, TIME magazine, February 15, 2010より引用

これは、かつての英国の首相であるチャーチル氏が１９４０年に、対ドイツ戦争で勇敢に戦う戦闘機パイロットを評して発した次の言葉を模したものだ。

「これだけ多くの者の運命が、これだけ少数の者の戦いに依っていることが、かつてあったであろうか」（著者訳）

（“Never was so much owned by so many to so few”）

チャーチル首相の言葉自体は、英国の空軍をせん滅しようとするナチとの戦いの勝利が、今後の第二次世界大戦の戦局を大きく左右する一方で、こうした戦いが、少数のパイロットの果敢な戦いによって支えられていることを賛辞すると同時に、国民士気の鼓舞を目的に発せられたものだ。かたや、ドイツ銀行のCEOの言葉は、逆にいかに少数の銀行が、世界をひっくり返すような大きな損失を出したかを表現したものであり、その内容はまったく逆だ。もっとも、スケールの大きさと国民感情への影響の大きさという意味で、非常に的を射た表現かもしれない。

こうした感情は、日本人である我々にとっても非常に理解できるものである。日本の90年代の金融危機の際には、税金を用いて大手金融機関等を救済する考えは、国民の猛烈な反対の声を前に、最後の最後まで実現させることができなかった。一般の国民の目からは、なぜ、これまで自らの利益だけを考え、実際贅沢三昧を繰り返していた金融機関が苦境に陥ったからといって、これを自分たちが払った血税で救わなければならないのか、という疑問は当然湧いてくる。そういう意味では、今次金融危機で、欧米の国民、政治家がみせた反応は何ら不思議ではなく、監督当局の問題分析も、彼らがそれを本当に信じているかどうかはともかく、どうしてもそのような国民感情をベースとしたものになりがちだ。

もちろん悪いのは金融機関だけではない。その金融機関の行き過ぎたリスクテイクを見逃してきた、監督当局にも責任があるということは欧米でも問題になっている。簡単に言ってしまえば、監督当局に最初から悪意があったわけではないだろうが、結局、当局の監視や規制は甘過ぎたというものだ。今次金融危機の主犯はあくまでも個別金融機関であるが、比較程度の軽い共犯として、監督当局にも罪の償いを求めるといった感じであろうか。

こうした問題意識、あるいは問題分析から導かれる金融危機への対策は、いかなるものとなるか。それは、金融機関による過剰なリスクテイクを許さないような規制の強化であり、具体的には、以下のような点の是正を迫るものだ。

◆国民的・政治的不満を強く反映したもの

・経営者等に対する高額報酬
・ＴＢＴＦに起因するモラル・ハザードの是正
・政治家や国民からの監視を難しくする複雑な規制（バーゼルⅡ）の改善

一方、バーゼル委員会や各国の金融機関の監督当局等、リスク管理あるいは金融機関監督の専門家は、前記の問題意識に従いつつ、専門家という視点から、次のような点を、今次金融危機を引き起こした具体的な問題点として指摘している（それぞれに関する詳細は後に議論する）。

◆個別金融機関の問題点

・今回大きな損失を出した証券化取引やトレーディング取引等に係るリスク管理や制度の問題点
・金融機関の流動性リスク管理の問題点
・金融危機を乗り切るという視点からみた場合の、所要自己水準の低さや自己資本の質の低さ

◆制度・監督の問題

・単に個別金融機関の状況のみではなく、一国の金融システムの健全性という視点から問題をモニタリングし、これを是正する、いわゆる「マクロプルーデンス体制」の欠如

前記をみると、一部に当局の問題を指摘するものがあるものの、大半は個別金融機関の問題点であることが分かる。また、2010年の5月には、バーゼル委員会（Walter（2010））が、今次金融危機を必要以上に拡大してしまった要因として、以下の点を指摘している。

◆個別金融機関の問題

・高すぎたレバレッジと、不十分な水準・低い質の資本

・不十分な信用リスク管理や流動性リスク管理を背景とした過剰な信用の供与
・不十分な流動性バッファーと極端な長短ミスマッチに基づくビジネス運営
・不適切なリスク・ガバナンスと、長期的視点からの健全性を重視したリスク管理を促すインセンティブの欠如

◆制度・監督の問題

・［規制や金融機関行動に］内在するプロシクリカリティ（景気サイクルの増幅をさらに増すような特性）を緩和するという視点からみた場合の、資本バッファーの不適切性
・過大なシステミック・リスクの存在とＴＢＴＦ問題の緩和に資するための銀行監督の不適切性

このようにバーゼル委員会の今次金融危機に対する問題意識は、その前に掲げた政治家や国民の問題意識、さらには危機発生当初から当局が指摘してきた問題とほぼ同じであることが分かる。たとえばＴＢＴＦの関連では、明らかに銀行監督にも問題があったことを認めているが、それ以外は概ね、個別の金融機関の不適切な行動や不適切な準備に、今次金融危機の原因、つまりは責任があるという整理になっている。

最後に一つ強調したい点は、前記に示した問題、すなわち欧米の当局が、今次金融危機の原因として重視する問題を是正するための方策は、単に問題が生じた国・地域にのみ適用するのではなく、

問題が危機として顕現化しなかった国・地域も含めてグローバルに適用しようとしている点である。

その理由に関しては、いくつかが考えられる。たとえばそれは、欧米の金融機関同様、どこの国の金融機関も潜在的には収益追求に目が眩むものであり、たまたま今回は欧米で問題となったが、将来は他の地域でも問題となるかもしれないというものだ。多分公式の考えとしては、こちらが強調されているのかもしれない。もっとも著者は、これと同時に、以下のような考え方も実は大きな影響を及ぼしていると考える。それはつまり、（今回の危機震源地である）欧米以上に金融監督が進んだ国はない、との暗黙の仮定である。こうした意識が、特に日本を含めた非震源地国で強いほど、欧米が決めたルールに従っておくのが無難だとの考えが、（特に強い抵抗感を覚えることなく）自然に頭の中に入ってくる。

最後に、実利的な理由としては、欧米当局の視点からみれば、仮に今次金融危機の問題が欧米固有の問題であったとしても、自分たちの金融機関が国際競争上不利になることを防ぐためには、非震源地国を含めて、新しい規制を課すことが望ましいといった事情も挙げられる。さらに、やや穿《うが》った見方をすれば、仮に新しい規制の導入が国際的な課題ということであれば、本来であれば責められるべき震源地国の監督当局の責任も、少しは薄らぐということなのかもしれない。

2　バーゼルⅢとは

それではいったい、バーゼルⅢと呼ばれる規制はどのようなものなのであろうか。実は、バーゼルⅢは単なる俗称で、バーゼルⅡの後、バーゼルⅢという新しい後継の規制が作られたわけではない。バーゼルⅡでさえ、その作成から実施まで10年以上を要しているのであるから、新しい規制をこれだけの短期間で作り上げることは不可能である。したがって、バーゼルⅢと呼ばれているものは、バーゼルⅡの大々的な補強ということになる。正確にいえば、バーゼルⅡ＋αといったところだ。ただし、不思議なことに、最近ではバーゼル委員会自らが、好んでバーゼルⅢという言葉を使うようになっている。これは公的な機関が公式に使う用語としては異例なことだ。邪推すれば、それだけバーゼル委員会の中でも、バーゼルⅡという言葉に対する拒否反応が強まった証左なのかもしれない。

このバーゼルⅢの骨格となっているのが、バーゼル委員会が2009年12月に対外公表した二つの市中協議文書、すなわち「銀行セクターの強靭性の強化」と「流動性リスクの計測、基準、モニタリングに関する国際的枠組み」ペーパーである（その後2010年7月にはパブリック・コメントを踏まえた改定案が公表された）。また所要自己資本の水準や段階的導入のスケジュールは、バーゼル委員会が2010年9月に公表したプレス・リリース「中央銀行総裁・銀行監督当局長官グループがより高い国際的な最低自己資本基準を発表」の中で明らかにされた。このほか、2009年7月に公表された「バーゼルⅡにおけるマーケット・リスクの枠組みに対する改訂」や「トレーディング勘定における追加的リスクにかかる自己資本の算出のためのガイドライン」も含めて、より広義な規制内容をバーゼルⅢと呼ぶこともある。これらがすべて、今次金融危機で明らかになった問題に焦点を当てた、現行バーゼルⅡの補強策であると考えれば、こうした広義の見方の方が適切であろう。本書でも、以下バーゼルⅢと呼ぶ場合は、広義の定義を採用することとする。

これら規制案や導入のスケジュールは、2010年11月にソウルで開催されたG20サミットで最終合意された（なお、バーゼルⅢの詳細を示すバーゼルⅢテキストは2010年12月16日にバーゼル委員会より公表されている）。またこれと同時に、さらにシステミック・リスクに焦点を当てた、大規模金融機関に対する追加的資本賦課等についても、2011年央を目処に詳細を決めることで合意がなされた。

実際の実施については、トレーディング勘定に関する規制見直しや、一部の証券化商品の扱いの見直しの実施が2011年末から、また本丸の新資本・流動性規制の実施は、2013年から2019年に掛けて徐々に実施するスケジュールとなっている。自己資本の参入制限に関しては、一部（2013年1月1日をスタートとする）10年間のグランドファザリングが認められており、そういう意味でバーゼルⅢの完全実施は、2024年初からということになる（図表3－1）。

実施に際してのこうした慎重姿勢の裏には、金融機関に対し強硬な姿をみせるという政治的な要

図表3-1　バーゼルⅢの実施スケジュール

	2011年	2012年	2013年	2014年	2015年	2016年	2017年	2018年	2019年
レバレッジ比率	監督上のモニタリング期間		試行期間2013年～17年 各銀行による開示開始2015年					第1の柱への移行を視野	
普通株等Tier 1最低水準			3.5%	4.0%	4.5%	4.5%	4.5%	4.5%	4.5%
資本保全バッファー						0.625%	1.25%	1.875%	2.5%
普通株等Tier 1最低水準と資本保全バッファー			3.5%	4.0%	4.5%	5.125%	5.75%	6.375%	7.0%
普通株等Tier 1資本からの段階的控除				20%	40%	60%	80%	100%	100%
Tier 1最低水準			4.5%	5.5%	6.0%	6.0%	6.0%	6.0%	6.0%
総資本最低水準			8.0%	8.0%	8.0%	8.0%	8.0%	8.0%	8.0%
総資本最低水準と資本保全バッファー			8.0%	8.0%	8.0%	8.625%	9.25%	9.875%	10.5%
グランドファザリング			10年間（2013年開始）						

流動性カバレッジ比率	観察期間開始				最低基準導入				
安定調達比率		観察期間開始						最低基準導入	

（出所）日本銀行「金融システムレポート」2010年9月に基づき著者が作成．

請から大変厳しい規制を沢山作ったものの、一方でこれがマクロ経済に及ぼすネガティブな影響がよく分からない中で、一気にすべてを実施することに、多くの国や監督当局が懸念を覚えたことが挙げられる。特に金融危機の震源地である英米スイスは、金融規制論議の最前列に構えながら、できるだけ早い規制の実施を主張する一方で、非震源地国の日本やカナダ、豪州、さらに景気の回復が思わしくなく、今またギリシャ危機という新たな危機に悩まされている欧州の大陸諸国（独、仏）は、早期の実施に対し懸念を示したと言われている。こうした主要国間の意見の違いが、強硬な規制の枠組み自体を変えないものの、その実施は様子をみつつ、ゆっくりと実行するとの妥協に結び付いたと考えられる。

それにしても不思議なのは、米国である。自らが率先して厳しい規制を導入、実行するのは良いのであるが、その前に国際間で導入が合意されたバーゼルⅡの実施はいったいどうするのであろうか。形の上では、主要国の中でもっとも遅く２００９年から実施していることになっているが、その進捗状況の話は一向に聞こえてこない。またトレーディング勘定に関する規制の見直しも、当初は米英が中心となって２０１０年末からの実施を強硬に決めたにもかかわらず、これが無理だと分かると、今度は勝手に２０１１年末まで実施を遅らせたのだから、身勝手にも程があるというものだ。それでも、米英の主張には、なかなか逆らうことができないというのが、国際政治・経済のルール作成現場の現実であり、日本としてはこうした現実を見据えた対応が必要となる。

それでは、以下からは、バーゼルⅢの内容を概観することとしよう。バーゼルⅢの内容は、一般的には次のような六つの項目に分けて紹介されているケースが多い。

◆資本・流動性規制に係るもの

①所要自己資本の増加、資本の質の純化
（ア）コア Tier 1 概念の導入
（イ）資本からの控除項目の増加
（ウ）所要最低水準の引き上げ
②リスク・カバレッジの拡大
（ア）カウンターパーティ・リスク（ＣＶＡ）
（イ）システミック・リスク
③レバレッジ比率の導入
（ア）リスク・センシティブ〝でない〟規制の導入（他の規制を補完）
④プロシクリカリティの抑制
（ア）配当等の社外流出の抑制による資本蓄積の促進
（イ）マクロ経済状況に応じた所要資本バッファーの調整
⑤流動性規制の導入
（ア）流動性カバレッジ比率、安定調達比率の導入

⑥外部格付への過度の依存の見直し
（ア）負のインセンティブの是正

◆トレーディング勘定取引等に係るもの

⑦トレーディング勘定に係るリスク計測の保守性の強化
⑧証券化商品取引に係るリスク計測の保守性の強化
⑨追加的デフォルト・リスク計測手法

前記を簡単にまとめれば、次のような論点に集約されると思われる（一部重複）。

（ア）自己資本の量と質の強化―①
（イ）流動性バッファーの増強―⑤
（ウ）リスク・カバレッジの拡大―②、⑦、⑧、⑨
（エ）銀行監督の「限界」を強く意識した規制の強化―③、⑥
（オ）マクロ的視点を意識した規制の強化―②、④

以下では、この分類に沿いながら、バーゼルⅢの概要をみてみよう。

3　バーゼルⅢの概要①
――所要自己資本の増加、資本の質の純化

バーゼルⅢの最大の眼目は、この所要自己資本の増加といっても過言ではない。しかも、従来に比べ、一段と限定された純度の高い資本しか含まないコアTier 1（バーゼルⅢ上の正式名称は「普通株等Tier 1」であるが、広く通称として用いられている「コアTier 1」という用語を本書では用いることとする）という概念が導入されたのである。純度が高いとは、すなわち、経営危機時に損失をすぐに吸収できるということであり、基本は、利益準備金と普通株式のみということになる。ここには、これまでTier 1資本を構成してきた、いわゆるハイブリッド資本は入らない。さらに、この資本から、いざというときに機動的に活用できない資産に見合う部分が、控除項目として取り除かれることにもなった。

従来の資本の定義と新しい資本の定義を簡単に見比べたのが図表3－2であるが、これをみても分かるとおり、バーゼルⅡ下でもっとも重要な資本概念であったTier 1資本と、バーゼルⅢ下でもっとも重要な資本概念となったコアTier 1資本とは大きく異なり、後者がかなり限定的な内容であることが分かる。このコアTier 1資本のみに限ってみれば、バーゼルⅡでは、最低4％の水準が求められていたTier 1資本の大半を占める必要があったため、実質2％がこれまでの最低

図表 3-2　従来の自己資本と新しい自己資本の定義の比較

自己資本の構成（現在）

基本的項目（Tier 1）のうち主要な部分	・普通株（普通株転換権付優先株を含む）及び内部留保
上記以外のTier 1	・上記以外の優先株 ・優先出資証券
補完的項目（Tier 2）	・劣後債、劣後ローン ・土地再評価差額金の45%相当額 ・その他有価証券評価差額金45%相当額 ・一般貸倒引当金（リスク・アセットの1.25%まで）、等

Tier 1（または自己資本全体）からの控除項目	・その他有価証券評価損 ・のれん、営業権 ・繰延税金資産（純額）（Tier 1の20%を超える部分）* ・自己株式 ・他の金融機関（国内預金取扱金融機関）及び連結外の子法人等への出資（ダブルギアリング）、等

業務の継続を前提とした損失吸収力の確保

基本的には破綻時の損失吸収力の発揮が前提

自己資本の構成（バーゼルⅢ）

基本的項目（Tier 1）のうち主要な部分（普通株式等）	・普通株及び内部留保（その他包括利益を含む）
上記以外のTier 1（その他Tier 1）	・優先株 ・その他の商品は高い損失吸収力を持つものに限定（条件を明確化）
補完的項目（Tier 2）	・一部の優先出資証券、劣後債、劣後ローン（銀行の破綻時に、預金者や一般債権者に劣後して損失を吸収することが明確なものに限定。ステップアップ金利の付いた商品は参入不可。） ・一般貸倒引当金

原則として普通株式等から控除される項目	・その他有価証券評価損 ・のれん、営業権＋その他の無形固定資産 ・繰延税金資産（純額）（普通株式の10%を超える部分） ・自己株式 ・ダブルギアリング ・連結外金融機関に対する10%以上出資分（普通株式の10%を超える部分）等

（注）＊主要行に対して適用.
（出所）金融庁／日本銀行「バーゼル委市中協議文書、自己資本の質、一貫性及び透明性の向上に関する規制の概要」2010年1月，等に基づき著者が作成.

水準であった。これがバーゼルⅢでは、最低所要資本部分のみで4・5％（2・25倍）、資本保全バッファーと呼ばれる部分まで含めれば7％（3・5倍）となったのである。さらに、以下に示すとおり、バーゼルⅢでは、現行のコア Tier 1 資本から、さまざまな項目の控除を求めており、この分まで勘案すれば、実質現行の5倍相当の資本が求められるとも言われている（Masters, Brooke（2010））。さらに後述するように、一部資産のリスクウェイトの見直しが行われており、これも所要自己資本を押し上げる方向に働いている。こうした規制は、たとえば今次金融危機で大きなインパクトを受けたわけではない邦銀についても、欧米銀同様の大きな負担となるわけで、邦銀にとっては、まさに寝耳に水の措置であったと言える。

◆資本の質純化の背景

実は金融機関の自己資本比率を計算する上で必要となる自己資本（比率上の分子）は、1988年に合意し1992年より実施に移されたバーゼルⅠで決められて以来、バーゼルⅡにおいては、まったく手がつけられなかった分野である。これは必ずしも議論する必要がないと関係者が思っていたからではなく、逆に重要な問題は存在するものの、一度議論を始めると、とても収拾がつかなくなると恐れた結果であった。1998年には、主要国間で、いわゆるシドニー合意なるものが交わされ、これにより、余りにグレーな形の資本を、Tier 1 資本に算入することに歯止めを掛けようということになった。具体的には、いわゆる predominant ルールなるものを設定し、議決権付普通株式及び公表準備金／内部留保が Tier 1 の中心的な形態であることとした。さらに、配当／利払いのステップアップ等、早期償還のインセンティブが生じる条項の付いた商品に対し一定の制約（たとえば、Tier 1 合計額の15％までといった上限の設定）を課すようにした。

もっとも前記のような合意がなされた後も、たとえば、predominant ルールの定義が各国により微妙に異なっていたり、損失吸収に関する要件が異なっていたり、さらには特定の Tier 1 ハイブリッド資本の参入上限が異なる等の問題が残ってしまった。さらに98年のシドニー合意の枠組みでは捉えきれないような新しい商品（たとえば、配当等を停止したケースで、現金については非累積配当型である一方、新株発行により累積的な配当等が求められる優先出資証券等）も出現するようになる。

自己資本の純度が、このような形で崩れていった、あるいは不透明になっていった背景には、一つに資本と負債の双方の性格を持つ商品を一定程度保有することで、株主と債権者のリスク選好に対しきめ細かく対応することが可能となり、この結果資本効率も向上するという考えがあった。同時に、多くの商品は、債券とみなされることで、利払いの控除を通じて税のコストを節約できるというメリットもあった。

邦銀も、90年代の金融危機に際し、このハイブリッド資本を上手く活用して、何とか破綻を免れてきた歴史がある。たとえば、大手行の多くの先が、２０００年代初頭の金融危機時において、優先出資証券を海外現法を通じて発行し、Tier 1 資本を補完している。また、国が金融機関に対し資本を注入する際も、優先株や劣後債等が用いられてきた。これは、国が直接的な形で経営に介入することを避けつつ、経営基盤を強化するためには、こうした商品を用いることが非常に好都合であったからだ。実際、こうしたハイブリッド商品は、株式の希薄化を防ぎながら、一方で預金を毀損させることなく危機を乗り切るには非常に適した商品であったと言える。今次金融危機においても、米国の大手行がこうしたハイブリッド資本で資本を補完した当初は、経営が安定化する効果の方が目立ったのである。

もっともその後は、主に市場が資本の損失吸収能力に着目することで、ハイブリッド資本の経営安定化効果に疑問が投げかけられることとなる。たとえば米国の一部大手金融機関が、今次金融危機において、Tier 1資本は厚めに持っていたにもかかわらず、損失増大の結果コアTier 1資本がほとんど枯渇してしまい、これを材料に株価が急落したり、信用スプレッドが急拡大する事態が発生した。また実際に多くの大手金融機関に対し、自己資本不足から公的資本が投入されることになった。こうした事態を踏まえ、現状定義されているTier 1資本を十分有しているのみでは、金融機関が事業を存続したまま危機を乗り越えることが難しいとの見方が、銀行監督当局の間で広まった。

一般に、資本が、危機時における経営体の経営安定に寄与するためには、以下の四つの条件を満たす必要があると言われている。それはすなわち、①全額払い込み済みであること、②事業を継続しつつ損失が吸収できること、③劣後性、④永続性、である。ハイブリッド資本がTier 1として認められるためには、当然こうした条件を満たすことが求められる。もっとも、②の損失吸収力については、多くの場合その方法は配当や利払いの（非累積的な形での）停止に限られ、実際に法的破綻に至らない限り元本削減等までは求められない等、普通株に比べれば非常に限定的なものであった。

前記の点は、裏を返せば、かつては、金融機関が有すべき自己資本として劣後性や永続性が重視される一方、損失吸収力は必ずしも重視されなかった可能性を示唆している。つまり、従来は、金融機関が仮に破綻しても、預金よりも劣後している資本や債券を金融機関が十分有していれば、少なくとも国が預金保険を通じて保証している預金には被害が及ばないという意味でよかったのである。これは、金融機関の破綻、つまりゴーン・コンサーンを前提とした資本の議論だと言える。

一方今次金融危機以降は、特に大規模金融機関については、単に預金が毀損しないだけでなく、経営体としての「存続」を可能とするような資本、換言すればゴーイング・コンサーン・ベースの資本が重視されるようになった。これは、一つに、リーマン・ブラザーズというＴＢＴＦを破綻させてしまった結果余りにその代償が大きかったためである。さらには、その代償の大きさから、その後政府が救済した多くの金融機関において、劣後債務が結果として損失を吸収することなく、全額保護される結果となってしまったことも大きく影響した。なぜなら、こうした債券の保有者は、通常時には、リスクを負っているという理由の下で高いリターンを享受する一方で、実質的に当該金融機関が破綻した際には、政府救済により法的破綻を免れることで、損失を被ることがまったく

図表 3-3　日本の金融機関破綻処理における債権の扱い

債権クラス	時点（支援時を表示）	破綻銀行	デフォルト・みなしデフォルト／元本毀損の事例
預金	2010 年	日本振興銀行	預金保険付保対象外の預金が毀損
	1997 年	阪和銀行	定期預金の一時払い戻し停止
シニア債	2001 年	新潟中央銀行	内国為替市場でのデフォルト。元利金毀損なし
劣後債	1995 年	兵庫銀行	劣後債権の 40% を放棄、残りは受け皿の「みどり銀行」株式に転換
	1998 年	北海道拓殖銀行	元本は返済されたのち、劣後債権の一部は北洋銀行、中央信託銀行の出資に振替え
	1997 年	日本債券信用銀行	永久劣後ローンの一部を普通株へ、期限付劣後ローンの一部を優先株へ転換
優先出資証券		なし	
優先株	1998 年	日本長期信用銀行	一部無償償却

（出所）大槻（2010）に基づき著者が作成.

なかったためである。政治家、あるいはメイン・ストリートの視点からみれば、普段は高いリターンを享受しつつ、非常時にはそのツケを納税者に回すのではたまったものではないということになる。

政府としては、本来実質的に破綻した金融機関を救済した際には、こうした劣後債権保有者に対しても、相応の損失負担を求めたかったところであろう。もっとも、それができなかったのである。これは一つに劣後債務であっても、その価値が失われるトリガーポイントはあくまでも当該金融機関の破綻であり、当局としては、劣後債権者を損失負担に巻き込むためには、ＴＢＴＦであってもいったん法的に破綻させるという「大きな賭け」が求められたからである。さらに、こうした損失分担を裁判外の手続きによって劣後債権者に求めれば、これがさらに新たな金融機関危機をトリガーしてしまう怖れもあった。なお、大槻（2010）によれば日本における過去の破綻ケースを見ると、劣後債権の一部が放棄された兵庫銀行のケース（1995年）を除き、多くの場合、劣後債権は全額保証されている（図表3－3）。やはり、政府救済に際して、株主以外に、損失のシェアを求めることは難しいのである。

このように考えれば、銀行監督当局が、特にTBTFを念頭に置いた場合、求める資本のベースをゴーン・コンサーン・ベースから、ゴーイング・コンサーンにシフトさせること自体は、非常に理にかなったものだと言える（なお、そうした中でも、Tier 2資本は引き続き、ゴーン・コンサーン・ベースの資本として一定比率の保有が求められている）。ただ一つ不思議なのは、今次金融危機において各国当局は、後述するように、TBTFの存在を認めない、つまりTBTFフリーの金融システムを構築することで、意見の一致をみたはずである。そのために導入されようとしている政策措置も多い。その一方で、TBTFの存在を前提に、前記のような自己資本の議論を展開することは、どこかに矛盾を孕んでいる。

◆資本からの控除項目

バーゼルⅢが求める、自己資本からの控除項目は次のとおりである（図表3－4）。既述のとおり、バーゼル委員会がこうした控除項目を設けた理由は、これら項目が代表する資産は、イザという際の流動化・資金化が難しく、金融危機をゴーイング・コンサーンとして乗り切る際の助けには

図表 3-4　普通株式等からの控除項目

▶繰延税金資産
　・ただし、普通株式等の 10%までは算入可
▶少数持株保有分
　・ただし、最低所要自己資本相当額までは算入可
▶その他有価証券評価損
▶持合株
▶連結対象外の金融機関に対する 10%以上の出資
　・ただし、普通株式等の 10%までは算入可
▶確定給付年金資産
▶引当不足額
▶のれん、無形固定資産
▶ MSR（Mortgage Servicing Rights）
　・ただし、普通株式等の 10%までは算入可

ならないと考えたためである。なお、当初提案と２０１０年７月時点で示された改定案（その後同案で合意される）を比較すると、会計と税務の一時差異に伴い生じる繰延税金資産、連結対象外の金融機関の普通株式に対する重要な出資、及びＭＳＲ（Mortgage servicing rights、モーゲージ・ローンの支払いを回収する権利等を指す）等に関し、当初の全額控除の扱いから、一定額を上回る部分のみの控除に、扱いが緩和されていることが分かる。これは一説によれば、日米欧各地域の金融機関からの抗議を受けて、三地域に対し公平になるように、繰延税金資産（日本）、他の金融機関への出資分（欧州）、ＭＳＲ（米国）の三つに関し、同様に緩和した結果とも言われている。

　このうち、邦銀にとって特に大きな影響を与える項目としては、繰延税金資産、無形固定資

図表 3-5　邦銀メガバンクの資本に与える影響（2010 年 3 月末）

2009 年 12 月提案に基づく試算

（%）

	MUFG	みずほ FG	SMFG
Tier 1 資本比率	10.6	9.1	11.2
コア Tier 1 資本（控除項目控除前）比率	8.3	5.6	7.7
関係会社持ち分比率	0.5	0.6	0.9
その他無形固定資産比率	0.7	0.8	0.5
繰延税金純資産（上記コア Tier 1 資本の 1 割を上回る部分）比率	0.7	0.9	1.3
確定年金給付資産比率	0.3	0.2	0.0
期待損失額が引当金を上回る額の比率	0.0	0.2	0.1
コア Tier 1 資本（控除項目控除後）比率	6.2	3.0	4.9
		＋ 1.4（8,000 億円増資効果）	

2010 年 7 月提案に基づく試算

（%）

	MUFG	みずほ FG	SMFG
	10.6	9.1	11.2
	8.3	5.6	7.7
すべて控除しない扱いとする			
	0.7	0.8	0.5
上記コア Tier 1 資本の 1 割を上回る部分の比率	0.0	0.4	0.5
	0.3	0.2	0.0
	0.0	0.2	0.1
	7.3	4.2	6.6
		＋ 1.4（8,000 億円増資効果）	

（注 1）各社の決算資料に基づき，(1)関係会社持ち分比率は規制自己資本比率の控除項目で代替，(2) 7 月改訂案後の関係会社持ち分比率はすべて最低所要自己資本相当額とみなして控除額をゼロと仮定，(3) 7 月改訂案後の繰延税金純資産はすべて会計と税務の一時差異に伴い生じるものと仮定，(4)その他無形固定資産からはリース資産を除く，(5)確定年金給付資産は，前払年金費用から未認識項目をネットアウトした額を使用，等を仮定した上で推計.

（注 2）財務諸表の計数等に基づき著者が試算.

産、確定給付年金資産、他の金融機関への出資がある。図表３－５には、それぞれに関し邦銀のメガ３行に与える影響の推計値を示しているが、これをみても前記のインパクトが大きいことが分かる。以下それぞれの控除対象資産の内容に関しみてみよう。

◆繰延税金資産

繰延税金資産に関しては、以前から自己資本としての適格性に疑問が呈せられてきたことは周知の事実である。わが国では、２００２年に発表された、不良債権の抜本的処理を目指す竹中プランにおいて、繰延税金資産の資本としての扱いの厳格化が謳われたほか、実際２００３年のりそなのケースでは、監査法人が繰延税金資産の実現に必要な将来の収益性を疑問視し、自己資本に算入できる繰延税金資産が5年分から突然3年分にまで減らされてしまい、これが要因となって、公的資本による救済を求めることとなった。その後、大手行を対象に、繰延税金資産の自己資本への算入が見直され、現在ではTier 1の20％が上限となっている。因みに米国では、以前から繰延税金資産のうち規制上の自己資本に算入できるのは、１年分か自己資本の10％以内という上限が導入されていた。

繰延税金資産・負債とは、専門的な言葉を用いれば、算定方法の相違により、企業会計上の「資産」あるいは「負債」の額と、課税所得計算上の「資産」あるいは「負債」の額に差異が生じる場合のその差異に当たる。例えば、課税所得を将来減額する効果をもつ差異に係る法人税等の支払額は、会計上、法人税等の前払額に相当するが、この前払額を繰延べておく資産勘定が繰延税金資産となる。言い換えれば、過去に不良債権処理等で生じた損失を、将来収益が出た時点で認識し、税務上の所得を引き下げることで節約できた税金ということになる。これは逆にいえば、将来課税所得が発生しなければ、いつまで経っても、繰延税金資産は資本として実現しないことを意味する。つまり、繰延税金資産とは、固めの収益推計に基づいた税金節約分の「推計」に過ぎないのだ。このような「推計の危うさ」に対する懸念から、一定の保守的な上限を設定するとの考えが持ち込まれたわけだ。

なお、繰延税金資産は、他の控除項目と異なり、ゴーン・コンサーン・ベースの資本ではなく、(損失吸収力はないものの)ゴーイング・コンサーン・ベースを前提とした資本だと言える。なぜなら、ゴーン・コンサーン・ベースでは、仮に破綻した当該金融機関の事業を他の金融機関が継承したとしても、繰延税金資産を継承することはできないからだ。一方、ゴーイング・コンサーンとして生き残れば、固めの収益推計値が下がり、結果として規制上の自己資本に算入できる金額が減る可能性はあるものの、引き続き資本としては残る。

もっとも、この資本は、足許の危機時における損失を吸収する力がまったくないのも事実である。あるのは、将来における危機発生に対する損失吸収能力だけだ。したがって、本来であれば、当初案どおり、コアTier 1資本からは全額控除すべきであったのかもしれない。ただし一方では、こうした措置が、金融機関による貸倒引当金の積み立て等、不良債権に対する早めの措置のインセンティブを阻害するとの懸念もあり、最終的に控除される額はコアTier 1資本の10%を上回る部分に限定されるようになった（ただし、繰越欠損金の部分は対象外）。前掲図表３－５をみても分かるとおり、この緩和措置は、依然金融危機時代のレガシーが残る邦銀大手行の一部にとっては、相当大きなコアTier 1資本押上げ効果をもたらすものであり、少なくとも邦銀にとっては朗報の一つとして受け止められているようだ。

◆無形固定資産

次に会計制度に絡むものとして、無形固定資産と確定給付退職年金資産の二つをみてみたい。前者がなぜ邦銀の場合、大きな控除項目となってしまうかというと、その中に、資産規模の比較的大きいソフトウェアが含まれているからである。こうしたソフトウェアは、全銀協（２０１０）によれば、会計制度や開発方法の違いにより、日本では無形固定資産と分類される一方、欧米金融機関では、有形固定資産に分類されるケースが多いという。こうした会計上の措置の違いが、同じソフトウェアという資産であっても、自己資本の控除項目となるか否かの違いとなって出てくるのである。この点、邦銀が一言文句を言いたくなる気持ちも分からないではない。

◆確定給付退職年金資産

邦銀において確定給付退職年金資産が大きな理由は、一つに、多くの金融機関が引き続き「確定拠出」ではなく資産・負債の計上が求められる「確定給付」の制度を維持しているため、結果的に年金資産と債務がバランスしない状況が生じやすいためである。もっとも、これだけでは、必ずしも控除対象となる「ネット資産」が大きい理由にはならない。実際邦銀の退職年金の多くはネット負債状態（預け金不足）と言われており、これだけをみれば、何ら問題が生じないはずだ。こうした状況にもかかわらず、大きな会計上のネット資産が各行で発生している理由は、現行の会計制度では、実質的なネット負債状態が足許認識されない一方、このネット負債状態を意識して新たに積み立てられた年金資産のみが会計上記録され、この部分のみが自己資本の「控除項目」となってしまうからである。一見邦銀にとっては不利な措置のようにもみえるが、現行の会計上の年金資産として積み立てられているものの一部は、現行会計上足許では認識されていないネット負債を相殺するものであるのだから、この部分は自己資本の水増しで、結果として自己資本控除すべきと言われても、文句は言えないであろう。

◆他の金融機関への出資

その他主要な控除項目としては、他の金融機関への出資分、少数株主持分、MSR等がある。他の金融機関への出資に関しては、バーゼルIの時代から、ダブルギアリング規制の中で、金融機関間の「意図的な」株式の持合は、自己資本から控除する扱いを受けてきた。これは、仮にこうした扱いを広く認めると、互いの自己資本を持ち合うことに伴う自己資本の「水増し」が増えると同時に、金融機関が持ち合った場合には特に、ある金融機関の破綻が他の金融機関の破綻に結びつくといったように、金融システム全体を不安定化させるとの懸念があるためである。バーゼルⅢでは、従来の「意図的な保有」から一歩踏み出して、その意図にかかわらず、他の金融機関が発行した株式の保有は、原則すべて自己資本からの控除項目の扱いとなっている。これはバーゼルⅡ下で認められてきた３００～４００％（グランドファザリングの適用がまだ認められていれば、１００％）の株式に対するリスク・ウェイトが、一気に１２５０％（自己資本比率８％が前提）まで高まることを意味する。一部地銀等では、前記のような「必ずしも意図しない」（したがってダブルギアリングの対象となっていない）持ち合い株式が大きいと考えられ、仮にバーゼルⅢが地銀にまで適用されれば、この点で大きなインパクトをもたらす可能性がある。

なお、２０１０年12月に公表された最終的なバーゼルⅢでは、危機的な状況にある金融機関に対する出資に関しては、当局からの事前の承認が得られれば、上記の控除対象にはならないとの文章が加わっている。その背景には、経営危機を乗り越えるための民間のイニシアティブを妨げない、ひいては、公的資金による救済の可能性を減らすとの思惑もあるようだ。

◆少数株主持分

銀行子会社の少数株主持分に関しては、当該子会社の経営危機の際には、損失吸収バッファーとして機能しても、その親会社が経営危機に陥った際には、必ずしもこの分が損失吸収バッファーとして機能しない可能性が懸念されたことから、当初提案では全額控除が示されていた。もっとも、一方で子会社の資産サイドはすべて、リスクアセットとして勘案されているわけで、自己資本比率の分母と分子の扱いの一貫性の欠如が問題点として指摘されていた。同時に、たとえば邦銀では、こうした出資形態を通じて、海外諸国、特に最近ではアジアにビジネスを展開するケースが多い。また同様のビジネス展開手法は、欧州やアジアの金融機関にも多くみられ、前記のような措置は、それぞれの金融機関の国際展開を妨げ、結果的にリスク集中を招いてしまうとの批判も寄せられた。このため、２０１０年７月に出された改定案では、子会社の最低所要自己資本の水準までの少数株主持分は、コア自己資本の一部として含んでよいこととなった。

なお、２０１０年12月に公表された最終的なバーゼルⅢでは、子会社の少数株主持分のうちグループ資本に算入できる範囲が、従来の「銀行子会社」からやや緩和され、銀行と同等程度の基準が要求されると同時に、同等の監督を受けている子会社となっている。

◆有価証券含み損益

有価証券の含み損は、我が国では現在でも、原則、自己資本から税効果調整後の全額（約60％相当）を控除する扱いとなっている。なお、金融危機のインパクトを和らげることを目的に、２００８年12月に金融庁から出された「銀行等の自己資本比率規制の一部弾力化」措置により、２０１１年度までは、国際統一基準行の場合は国債、国内基準行の場合は、国債に加え、株・社債等についても、その含み損益を自己資本に反映する必要はないこととなった。

バーゼルⅢでは、一部の国において、特定の有価証券含み損が自己資本から控除されない扱いとなっていたため、これを是正する視点から、有価証券含み損益をコアTier 1資本から控除することが明記されている。この点我が国との関係でやや不透明なのは、従来認められてきた税効果調整（含み損の40％程度は課税分の減少ということでTier 1資本から控除する必要がない）が今後認められるか否かという点がある。またさらに重要な問題として、たとえば会計上認識されない満期保有有価証券の実質的な含み損を、コアTier 1資本から控除する必要がないのかという点もある。これについては、第6章第1節「日本の視点に立ったバーゼルⅢの評価」で改めて議論する。

◆コンティンジェント・キャピタル

バーゼルⅢは、前記のようなコアTier 1資本の定義や、その水準に係る議論に加え、それ以外の資本、つまりコアTier 1以外のTier 1資本や、Tier 2資本に関しても、従来に比べ、その質を強化することを求めている（因みに、バーゼルⅡ下で存在したTier 3資本は、バーゼルⅢ下では廃止となっている）。すなわち、バーゼルⅢでは、コアTier 1資本以外のTier 1資本としては、従来Tier 1資本として認められてきたハイブリッド資本（グランドファザリングにより2024年まで算入可能）は適格でなくなり、ゴーイング・コンサーン基準がたされたコンティンジェント・キャピタルが認められる見込みだ（詳細に関しては、2010年12月末段階で検討中）。また

Tier 2 資本も、従来算入が認められてきた劣後債務（グランドファザリング分）以外では、一定の基準を満たすコンティンジェント・キャピタルが認められる見込みである（なお Tier 2 資本に求められる基準に関し、２０１０年8月にバーゼル委員会より公表されたペーパー "Proposal to ensure the loss absorbency of regulatory capital at the point of non-viability" は、コンティンジェント・キャピタル的性格を求める一方で、Tier 1 資本と区別する意味で、ゴーン・コンサーン基準だとの考えを示している）。

コンティンジェント・キャピタルとは、ある一定の条件が満たされた際に、株式等に転換される資本商品を指す。一定の条件とは、先述のバーゼル委員会より公表されたペーパーによれば、①金融機関が危機的状況に瀕し、公的資本の注入が避けられないような場合や、②減資なしでは企業体としての存続が不可能な場合、が想定されている。今次金融危機において、公的資本が投入された先では、損失を吸収する役割を実質的に果たさなかったことに鑑み、こうしたトリガー・イベントが設定されたわけだ（ただし、Tier 2 資本のコンティンジェント・キャピタルに求められる基準とは、あくまでも法的に破綻した後に、普通株と同様の扱いを受けることを可能とするような取り決めだと考えられる）。

具体的には、これらコンティンジェント・キャピタルが、法的に破綻しているか否かを問わず、実質的な経営危機時において、当局の判断の下で強制的に株式に転換させる、あるいは償却させることができれば、これを規制資本として認めようという考えである。こうした仕組みを導入することで、ＴＢＴＦが経営危機に直面して、公的資本を投入せざるを得ないときでも、その前に劣後債務を株式に転換する、あるいは償却することとなり、劣後債務が損失吸収に寄与する（結果としてこの分、政府資本による支援必要額も減る）こととなる。こうした金融商品は、小規模ながらすでに欧州の金融機関を中心に発行されており、そういう意味では市場における実績もある。

前記のような商品を規制資本として認めるとの考えが出てきた背景には、以下のような事情があったと考えられる。

①普通株式や内部留保のみで、たとえば８％の最低所要自己資本のすべてを満たすことは、特にコストという視点からやや厳しすぎると考えられたこと、

②劣後債務は、テイクしているリスクは普通株式と似る一方、リターン面では普通株式と異なり無限のアップサイド部分を享受できるわけではないことから、自然と求められるリターン率は当該金融機関のリスクに対し非常にセンシティブとなり、これが金融機関に対する市場規律として働くことが期待されること、

③本来ＴＢＴＦでない先に対しては、所要自己資本の一部にゴーン・コンサーン資本が含まれていても問題ないのだが、ＴＢＴＦとそれ以外を特定化することはモラル・ハザードの問題を惹起するため、結果的にすべての先の資本を一律に扱わざるを得ないこと。

もっとも、前記の考えには、本質的な問題点がいくつか隠れているようにみえる。まず第一は、前記の考えが、（政府の救済を必要とする）ＴＢＴＦの存在を明確に認めている点である。これは、コンティンジェント・キャピタルの議論のみではなく、ゴーイング・コンサーンの資本を求める考え一般に当てはまるものだが、特にゴーン・コンサーンの資本の扱いを考える際には、この問題がより明確に顕れてしまう。これがなぜ問題かというと、バーゼルⅢの基本思想である、ＴＢＴＦの存在を許さない、あるいはその破綻する可能性を極限まで減らすという考えと、明らかに矛盾するからである。この世からＴＢＴＦが消え去る限り、いかなる金融機関が経営危機に陥ろうが政府が同機関を救済する必要はないのであり、こうした機関が現行の破綻法制に則り粛々と処理されれば、ゴーン・コンサーン・ベース資本であっても立派に損失を吸収するからである。

もちろん、建前とは異なり、現実にＴＢＴＦをこの世から消すことは不可能に近いので、結果として現実的な対応をしたという点は理解できる。ただし、そうであれば、少なくともＴＢＴＦの定義を明確化した上で、ＴＢＴＦに対してのみ、資本の質を高める、あるいは資本の所要額を高めるといった措置を施すべきではないか。ＴＢＴＦの明確化がモラル・ハザードをもたらすという論拠は、従来採られてきた「コンストラクティブ・アンビギュイティ」政策（経営危機に陥ったＴＢＴＦをはじめとした金融機関の救済に係る事前コミットを当局が避けることで、救済に係る不確実性を残し、これにより大手金融機関のモラル・ハザードを抑制しようという政策）とまったく同じであるが、これが結果的に、今次金融危機において、不確実性の増大がさらなる金融不安を呼ぶ悪循環を招いたのではなかったか。また、Sifis（systemically important financial institutions の略。破綻した際に、金融システムやマクロ経済に大きな悪影響を与えるなど、いわゆるシステミック・リスクを顕現化させるような、大規模で複雑であると同時に、金融・決済システムの根幹を占めるような金融機関を指す）に対し追加的資本を賦課する過程では、Sifis の明確な定義や、少なくとも当局が Sifis と認識した金融機関に対しその旨通知することは避けられず（これをしないと、そもそも追加的資本を賦課することができない）、そうなれば、金融機関、さらには市場が、Sifis 概念を形成・明確化することは時間の問題となる。もうそうであるならば、最初からＴＢＴＦ（あるいは政治的に正しい用語としての Sifis）の定義を明確化した上で、こうした先にのみ「コンティンジェント・キャピタル」の要件を求めることが適切であろう。

また仮にＴＢＴＦの概念が明確化された場合でも、本当にＴＢＴＦに対し「コンティンジェント・キャピタル」の存在が非常時における損失吸収手段として役に立つかという問題もある。そもそも金融機関はなぜ、株式よりも、コンティンジェント・キャピタルの発行の方が、コスト的に有利だと考えるのか。もちろん、投資家の多様なリスク嗜好に答えることで、結果として資本コストが抑制できる可能性はあるだろう。それでも、その効果が随分大きいと喧伝されてしまうと、何か違和感のようなものを覚えてしまう。こうした効果が大きいというのは、投資家の多様なリスク嗜好に答えた効果というよりは、むしろ、結局監督当局は、非常時であっても、劣後債務を株式に転換させるオプションを選択しないのではないかという「モラル・ハザード」を反映したものではないか。

実際、多くの監督当局は、検査やオフサイトモニタリングを通じて、金融機関の財務状況を本来常に把握していることが期待されると同時に、ＰＣＡ（早期警戒措置）により、問題が深刻化する以前の相当早い段階から、当該金融機関の経営を是正するための手段を持っているのである。その監督当局が、〝自らの判断で〟ある金融機関が実質破綻の状況に陥ったため、劣後債務をいっせいに株式に転換させる、あるいは償却させることが、「監督当局の責任逃れ」として投資家から非難されないか（あるいは訴えられないか）。さらに監督当局がこうした非難を懸念して、転換オプションを発動せず、一方でオプションを発動しないまま政府救済を行うことも、その後の非難を招来するため、結局、ＴＢＴＦであるにもかかわらず、（リーマンのように）破綻を許容してしまう事態を招かないか。

このように考えると、本来であれば、まずは Sifis の定義を明確化した上で、Sifis に対しては、コンティンジェント・キャピタルを含む純度の低い資本を所要自己資本として一切認めないとする方が、より適切な対応ではないか。なお、このほか、ベイルイン債務といった新しい商品の扱いもバーゼル委員会で議論されている。これは、実質的に銀行が破綻した際に一般債権者に損失を吸収させるような仕組みを持つ債務である。基本的な機能はコンティンジェント・キャピタルと同じであるが、トリガー・イベント前の商品性の違いから、コンティンジェント・キャピタルとは区別して議論されている。

4　バーゼルⅢの概要②
――自己資本の階層構造と所要自己資本水準に係る考え方

◆所要最低自己資本の水準と階層構造

バーゼルⅢで求められる所要最低自己資本水準は、いろいろな意味で画期的である。まずはその水準の高さである。既述のとおり、資本保全バッファーまで含めたコア Tier 1 資本に注目すれば、仮に控除項目のインパクトが、Masters, Brooke（2010）が伝えるとおり、現行 Tier 1 資本の30～40%だと仮定すれば、金融危機前の水準に比べ、5倍の水準を求めるものとなる。因みに資本保全バッファーという聞きなれない言葉は、後に詳述するが、ここでは資本の追加的バッファーであると考えて欲しい。バッファーであるため、この水準に達しなかったとしても、早期是正措置の対象となって国が経営に介入してくるわけではないが、配当の支払いを停止する等、株主にとって打撃になるような対応は求められる。多くの監督当局が、追加的バッファー部分を「実質的最低所要自己資本の一部」と考えている所以である。

もっとも、バーゼルⅢの場合、これで驚いていてはいけないのだ。図表3－6に示すように、前記で示した水準は、所要最低自己資本水準の、いわゆる、1階と2階と言われている部分に当たるわけだが、バーゼルⅢが建設を目指すビルは、実はもっともっと高層なのである。これまでG20

図表3-6　所要自己資本の階層構造

<table>
<tr><td>5階部分？</td><td>生前遺言に伴う追加的資本賦課
（Living will）</td><td rowspan="2">システミック・リスクに対するバッファー</td></tr>
<tr><td>4階部分？</td><td>追加的資本賦課
（Capital surcharge）</td></tr>
<tr><td>3階部分</td><td>マクロ経済状況に応じた
所要資本バッファーの調整
（Countercyclical capital buffer）</td><td rowspan="2">バーゼルⅡのプロシクリカリティを緩和するためのバッファー</td></tr>
<tr><td>2階部分</td><td>配当等の社外流出の抑制
（Capital conservation）</td></tr>
<tr><td>1階部分</td><td colspan="2">最低所要自己資本</td></tr>
</table>

等で議論されてきた内容を全部含めれば、場合によってその高さは、何と5階建てまでに達する可能性がある。すなわち、1階の最低所要自己資本、2階の資本保全バッファーに加えて、3階はカウンターシクリカル・バッファー、4階はシステミック・リスクに係る資本賦課、5階は生前遺言に伴う追加的資本賦課ということになる。5階建てとはいっても、これを課される金融機関からみれば、まさに空にも届くバベルの塔のような高さであろう。それぞれの詳細は後述するとして、ここではごく簡単にそれぞれの内容をみる。

◆所要自己資本の2階と3階

2階の資本保全バッファーと、3階のカウンターシクリカル・バッファーは、ともにバーゼルⅡが有するプロシクリカルな性質を緩和するために設けられたものである。ここでいうサイクルとは、10年～20年に一度発生する大きな金融ショックのことを指している。これは、通常想起する景気サイクルとは異なり、資産バブルの発生と崩壊を伴うような、より大規模なサイクル（本書では便宜上、信用サイクルと呼ぶことにする）に対するバッファーである。このうち、前者の資本保全バッファーは、信用サイクルの現在の位置にかかわらず、配当制限等を通じて、金融機関に対し常に同じ幅の資本バッファーを積むプレッシャーを加えるものだ。一方後者は、配当制限等を通じて金融機関にプレッシャーをかけるメカニズムは同じだが、求める資本バッファーの幅は、信用サイクルの局面において異なるという性格を持つ。

バーゼルⅡが有するプロシクリカル的性質を是正するという意味では、バブル期に資本バッファーを積み増すプレッシャーを強め、逆にバブル崩壊期にはこれを弱めるカウンターシクリカル・バッファーの方が分かりやすい。資本保全バッファーはむしろ、バーゼルⅡの所要自己資本水準を信用サイクル上の位置に関係なく、実質高めることから、却ってそのプロシクリカルな性格を強めることになるのではないか、との懸念も出てきそうだ。もっとも前者についても、バーゼルⅡのプロシクリカリティを是正するメカニズムは備わっている。なぜなら、資本保全バッファーは、あくまでも努力目標であり、これが達成できない場合は、達成できない程度に応じた可変型の配当制限が課せられるものの、これ以外に銀行監督当局が銀行経営に直接介入してくることはないからである。したがって、金融危機の様相が強まり、経営が苦しくなれば、株主には泣いてもらいつつ、資本保全バッファーに相当する自己資本比率の低下は容認することが期待されるのだ。

前記は、少し考えてみれば、普通株である限り、当然のメカニズムのようにもみえる。経営が苦しくなれば、配当を制限して、内部留保の流出を防ぐのが、本来の普通株の役割ではないかと。なぜ敢えて、配当制限という圧力を当局が加える必要があるのか。これは、こうしたメカニズムが、実際の危機時には働かなかったためである。金融危機の真っ只中にあっても、多くの欧米の金融機関は配当の支払いを継続しようとしたと同時に、役員に対する多額のボーナスまで支払い続けようとした。それでは、金融機関はなぜ、前記のような行動を採ったのか。いくつかの理由が考えられるが、重要な要素の一つはやはり、配当の支払いを通じて株主や市場の信頼を繋ぎ止めたいと考えたからではないか。また役員に対する多額のボーナスも、危機時だからこそ、有能な人材を繋ぎ止める必要があるということかもしれない（一方、危機を起こした張本人は、すでに組織にはいない可能性もある）。もちろん、これら以外にも、モラル・ハザードが影響している可能性もある。

いずれにしても、監督当局が圧力を加えない限り、危機になっても配当を支払い続けるインセンティブが強いということは、コアTier 1の主要な要素である普通株であっても、損失吸収能力という意味では疑問が残ることを意味する。資本保全バッファーは、単に「株主に泣いてもらう覚悟」の程度に応じた可変型の自己資本比率というだけではなく、危機時における内部留保の社外流出を食い止めるという意味で、本来普通株に期待されている役割を強めることも期待されている。ただし一点注意しなければならないのは、監督当局が加える配当制限のプレッシャーが、金融機関が他に採り得る、自己資本比率改善のためのオプションの選択を妨げるわけではないということだ。

それは、すなわち「貸し渋り」や「貸し剥《はが》し」、あるいはリスクアセットの削減である。仮に金融機関が、株主に泣いてもらうより、借入企業に泣いてもらう方が良いと考えれば、金融機関は貸出を減らし、これにより高い自己資本比率を維持しようとするかもしれない。この場合、資本保全バッファーを含めた高い自己資本比率は、バーゼルⅡのプロシクリカリティを弱めるのではなく、むしろ強めることになってしまう。

◆所要自己資本の4階と5階

所要自己資本の4階と5階部分は、狭義のバーゼルⅢには含まれない部分である。いずれの資本賦課も、主にＴＢＴＦが有するシステミック・リスクに対応したものとなる。4階部分は、いわゆる「追加的資本賦課」と言われるもので、システミックに重要な金融機関に対して、その重要性に鑑み追加的な所要自己資本を求めるものだ。システミックに重要な金融機関（いわゆるSifisと言われる金融機関）の定義や、いったいどの程度の資本が求められるのかに関しては、２０１１年央までに決められることになっている。

そもそも、システミックに重要な金融機関に対して、なぜ他の金融機関よりもより高い自己資本賦課が必要となるのか。それは、破綻に伴う影響が、株主や預金者といった、当該金融機関のステークホルダーに止まらず、他の金融機関や金融システム全体の安定性、さらにはマクロ経済の状況といったように、広く第三者に対して多大な悪影響を与えてしまうからだ。このような被害は、破綻した金融機関との関係が必ずしも明確ではなく、結果的にその責任の訴求も難しいという意味で、経済学的には「外部不経済」、あるいは単に「負の外部性」と呼ばれている。既述のとおり、外部不経済の典型的なケースとしては、たとえば公害や、二酸化炭素の排出などがある。いずれも、多大な排出は、地域の環境、あるいは地球全体の環境破壊につながり、多数の人に大きな被害をもたらす。一方で、自らの企業が、どの程度環境破壊に「貢献」したかを計測したり、モニタリングするシステムが存在しない限り、生産抑制等の犠牲を払ってでも、公害や二酸化炭素の排出を抑制するインセンティブを企業はもたないであろう。

これに対し、近年の二酸化炭素排出を監視し、同時にこれに対し一定のペナルティを科す動きは、まさに二酸化炭素排出という外部性を、制度変更によって「内部化」しようという試みである。同様に、金融機関が有するシステミック・リスクを計測し、これに対し追加的資本賦課という形で課金することも、システミック・リスクという外部性を制度変更によって内部化しようという試みだと言える。

システミックに重要な金融機関としては、たとえば日本の場合でいえば、ＭＵＦＧ、みずほＦＧ、ＳＭＦＧの３メガバンクに野村證券を加えた四つの金融機関が、よくその候補としてメディア等でも取り上げられている（また最近では、Sifis をグローバルに大きな影響を及ぼすグローバル Sifis とナショナル Sifis に分けた上で、前者に対し、より大きな賦課を掛ける動きもあるようだ。この場合、日本のメガバンクやメガ証は、グローバル Sifis には分類されない可能性も指摘されている〈日本経済新聞（２０１０ｃ））。ただし、Sifisの明確な定義は、当局からまだ示されていない。Sifisの考え方としては、例えば、ＦＳＢ（金融安定化理事会）、ＩＭＦ、ＢＩＳが２００９年10月に共同で公表したペーパー“Guidance to Assess the Systemic Importance of Financial Institutions, Markets and Instruments: Initial Considerations”が、「規模」、「代替可能性」、「相互連関性」の３要素で決まることを示している。このうち「規模」については敢えて説明する必要はないだろうが、他の２要素については簡単な説明が必要であろう。「代替可能性」とは、経営危機に瀕した金融機関がこれまで提供したサービスを、他の金融機関等が代替的に提供することが可能か否かの程度を指す。また「相互連関性」とは、他の金融機関や清算機関等との取引を通じた、こうした先との流動性や破綻可能性に係る結びつきの広がりや強さを指す。またＩＭＦが２０１０年４月に出したＧＦＳＲも、システミックに重要な金融機関の概念に関し、資産等をベースとした単なる規模指標に加えて、他の金融機関との相互連関性を重視した指標の必要性を指摘している。最終的には、こうした指標を統合したものが、Sifisの基準として用いられるのかもしれないが、いずれにしても、多くの異なる国の当局や金融機関が合意できるような単一の指標を開発することは容易ではない。なお、同指標は、ある金融機関がSifisか否かを示すような「デジタル」的なものではなく、飽くまでシステミックに重要な程度を連続的に示すものだと言われている。この場合は、指標の開発と同時に、これと所要自己資本の追加的賦課をどのように結びつけるのか（指標が連続的である中で、追加的賦課も連続的とするのか、あるいは複数のバケットを用いた階段状とするのか）という議論も発生することになる。

なお、求められる資本調達の水準についても、市場では100bpから、この水準を大幅に上回るものまでさまざまな観測がある。特に、最低所要自己資本（1階建て及び2階建て部分）の水準が、必ずしも満足できるものに到らなかった震源地国の当局からすれば、せめてこの追加的資本賦課で、大幅な積み増しを図りたいとの意向が強いのかもしれない。

次に5階部分であるが、これは生前遺言と言われているもので、主に再建計画と破綻処理の二つの部分から構成される。前者は、金融機関が危機的な状況に直面した際に、いかにしてそこから再建を図っていくかを、部門や傘下金融機関の売却・縮小を含め、具体的な計画としてまとめ、これを当局に提出することを求めるものだ。一方後者は、実際に破綻した場合、これが金融市場や取引先等に与える混乱がどの程度のもので、これを抑制するために、組織形態の変更も含めいかなる措置を採るかを、当局に情報として提供し、当局によるスムーズな破綻処理を助けるものだ。このように後者は、作成の主体は当局であるものの、金融機関はその当局に対し、必要とする十分な情報を提供しなければならないこととなる。

さて、前記の説明だけでは、いったいなぜこれが新たな資本賦課なのか分からないと思う。これが追加的資本賦課となるのは次の理由による。すなわち、仮に金融機関が新たな措置を追加しても、依然自らの破綻が金融市場や取引先等に対し大きな混乱をもたらす場合には、破綻に伴う被害の規模を縮小する代わりに、破綻する確率を一層引き下げることが求められるためである。つまり、

「破綻に伴う被害の規模」×「破綻する確率」が一定の水準に収まっていればよいという考え方である。そして、自らが破綻する可能性を一層引き下げるための手段が、さらなる追加的な資本賦課ということになる。

２０１０年10月現在、生前遺言の導入を正式に表明した国はまだ、英国、米国、カナダの三カ国に限られている。英国はすでに、２０１０年から運用が始まり、米国では２０１０年７月に成立したドット・フランク法において、今後３年かけて実施することが定められた。またカナダでも、２０１０年に、監督当局であるＯＳＦＩより、生前遺言に関するガイドラインが出されている。もっとも、生前遺言自体は、２００９年９月のピッツバーグ・サミットの声明にも盛り込まれるなど、G20会合の場でその必要性に関し合意されているものであり、今後国際的にも何らかの統一的対応が採られるものと予想される。

既述のとおり、追加的資本賦課と生前遺言は、大規模で複雑な金融機関が有するシステミック・リスクへの対処という意味で、同じ問題を扱っている。もっとも、前者が one size fits all 的なアプローチであるのに対し、後者はそれぞれの金融機関の状況に応じたテーラーメード型の対応となっている。そういう意味では、前者がバーゼルⅡの第１の柱的な対応なのに対し、後者は第２の柱的な対応だと言える。バーゼルⅡと大きく異なるのは、前者と後者が明らかにオーバーラップするリスクを扱っているにもかかわらず、このオーバーラップを避ける工夫が、少なくともこれまでの先行事例をみる限り余りなされていない点である。多分、システミック・リスクの規模は、同じ大規模金融機関であっても、個別の金融機関のビジネスやリスク・プロファイルの態様によって、大きく異なるものと予想され、そうであれば、第2の柱的な生前遺言的アプローチが、追加的資本賦課よりも望ましいと言えるかもしれない。もしそうであるならば、内容がオーバーラップしていることも考慮して、本来であれば、たとえば生前遺言のみを実施するというのが、分かりやすい結論のように思える。

最後に、追加的資本賦課と似た概念として、システミック・リスク課徴金の議論も紹介したい。こちらも、前二者（追加的資本賦課と生前遺言）と目的はほぼ同じで、システミックに重要な金融機関に対し、破綻した際のシステミック・リスク顕現化のコストを金融機関に対し賦課しようという試みである。もっとも、前二者が追加的な資本賦課を通じて、外部性を内部化しようとしているのに対し、システミック・リスク課税は、金融機関に対する税金、あるいは課徴金賦課を通じて、同目的を達成しようとする違いがある。後者は、イメージとしては、預金保険の考え方に近い。あるＴＢＴＦが破綻して、追加的資本注入が必要になっても、事前にプールしたファンドがあれば、政府資金を用いずとも、このプールを用いて資本注入すればよいことになる。このように、追加的資本賦課が個別金融機関ごとに追加的資本を積むことで、ＴＢＴＦの破綻確率を引き下げる役割を果たすのに対し、システミック・リスク課徴金は、ＴＢＴＦが実質破綻した際の資本注入を果たすことになる。システミック・リスク課徴金は、一つのプールを多くの金融機関が「保険」としてシェアできることで、個別金融機関ごとに用意することが求められる追加的資本賦課よりは、より効率的に資金を活用することができる反面、各金融機関が有するシステミック・リスクの規模と課徴金の水準がリンクしない限り、モラル・ハザードをもたらす危険もある。

今のところ、５階建ての資本構成に加えて、さらにシステミック・リスク課徴金を課そうという動きは、英国、及び欧州に限られている。また欧州についても、ドイツ等の一部の国は、システミック・リスク課徴金には前向きである一方、追加的資本賦課には消極的である。さらに、日本のように、前記のような保険は、銀行危機時代の経験をベースとした、プリファンド（事前払い込み）型の預金保険があるので、すでに対応済みとの認識を示す国もある。このように、今後の国際的な議論の場で、このシステミック・リスク課徴金が、他の資本賦課措置との関係でどのように取り扱われるかは、まだまだ不透明だと言えよう。

◆所要自己資本の水準に係る考え方

既述のとおり、所要自己資本水準は、２０１３年以降２０１８年に到るまで段階的に引き上げられ、最終的にはコア Tier 1 自己資本が４・５％、資本保全分まで含めると７％、Tier 1 資本のみで６％、Tier 2まで含めれば８％が求められる。Tier 2まで含めた水準は現行と同じであるが、コア Tier 1 資本に着目すると、単純には、２・25倍、資本保全分まで含めれば、３・５倍、さらに控除項目が現行 Tier 1 の３～４割程を占めていると仮定すれば、実質5倍の水準に引き上げられたこととなる。また Tier 1 資本に着目した場合でも、現行比１・５倍に引き上げられている。

それにしても、バーゼル委員会は、なぜこれほど極端な最低所要自己資本比率の引き上げを決めたのであろうか。たしかに金融危機が金融システムの安定性やマクロ経済に及ぼしたネガティブ・インパクトは途轍もなく大きかったが、余りに上げ過ぎた場合の弊害も大きいのではないか。こうした疑問が湧く一方で、金融機関に求める最低所要自己資本比率を大幅に引き上げなければならないと監督当局が考える背景には、いくつかの納得できる理由もあるように思う。

一つは、政治家やメイン・ストリート（市井の人々）が、金融機関に許容するリスク・アピタイトが大幅に低下したことである。これら政治家やメイン・ストリートのエージェント（正確には預金者のエージェント）なのが銀行監督当局であり、これは取りも直さず、監督当局が銀行に対し許すリスク・アピタイトが大幅に低下したことを意味する。具体的な言葉に置き換えれば、金融危機以前であれば、10年に一度程度の危機に耐えられる資本を金融機関がもっていれば当局も満足していたのが、今やそれが20～30年に一度の危機に耐えられる資本でなければ、当局を満足させることができなくなったのである。たしかに、金融危機の結果が、これほど市井の人々の生活や、マクロ経済そのものに大きな打撃を与えたのだから、少なくとも自分たちがまだ生きているうちに同じような事態が起きることは許さない、それほどしっかりとした金融システムを構築したい、という思いが、最低所要自己資本の大幅引き上げに繋がっていることは想像に難くない。

金融機関に対し、より大きな資本を持たせたいと考えるもう一つの理由は、バーゼルⅡにおけるいくつかのリスクの過小評価だ。バーゼルⅡは、特にカウンターパーティ・リスクや証券化に係るリスクを過小評価していた。もっとも、こうした過小評価の是正は、自己資本比率の分母であるリスク・ウェイトの調整によってなされるので、これ自体が自己資本比率を高める理由にはならない。一方、バーゼルⅡではまったく勘案されていなかったシステミック・リスクに関しては、個別金融機関ごとにこれを正確に計測することは困難なことから、自己資本比率の分母であるリスクアセットに反映するのではなく、自己資本比率そのものを引き上げることとなった。

さらにバーゼルⅢは、バーゼルⅡと比べ、単に求める所要自己資本水準が大幅に異なる以上に、その水準を決める考え方そのものが、大幅に異なっている。この点以下では、バーゼルⅡとの違いについて、やや詳細にみてみたい。

バーゼルⅡの最低所要自己資本比率水準が８％にセットされた背景には、一つに、同じく最低所要自己資本比率が８％であったバーゼルⅠの影響がある。すなわち、バーゼルⅡにおいては、バーゼルⅠが求める最低所要自己資本からの変化をできるだけ小さくしようとしたのである。もちろん、バーゼルⅡのリスクアセットは、バーゼルⅠのリスクアセットに比べれば、よりリスク・センシティブになったため、８％という同じ自己資本比率が、同じ自己資本額を求めることになるかは明らかではない。それでも、バーゼルⅡでは、バーゼルⅠ対比で、所要自己資本額が増える資産と、減る資産のバランスをできるだけイーブンにすることで、結果としてバーゼルⅡ移行に伴う最低所要自己資本額の変化の最小化を試みた。

このように、バーゼルⅡの最低所要自己資本水準設定に際しての哲学は到って単純で、それは、バーゼルⅠとほぼ同じ水準に設定するというものであった。それでは、そもそもバーゼルⅠの最低所要自己資本水準は、いかなる考えに基づき設定されたのであろうか。この点に関しては、必ずしも明確な答えがバーゼル委員会から示されているわけではないが、よく聞かれる話は、これもまた当時欧米大手行で一般的であった自己資本水準から大きく乖離しないように設定したというものである。このように、バーゼルⅠ及びバーゼルⅡの最低所要自己資本水準の基本的な哲学は、80年代当時、欧米の主要行で支配的であった自己資本水準をベースにするという、経験主義的なものとなっている。

もっとも、バーゼルⅡについては、多分前記の経験主義的考えのみでは流石《さすが》に不十分ということになったのか、リスクモデルに基づく別の考え方も導入されている。それは、リスクを計測する際に必要なＶａＲモデルにおける信頼水準及び保有期間の仮定であり、バーゼルⅡでは信頼水準99・9％、保有期間1年が、信用リスクとオペレーショナル・リスクに適用されている。仮に信用リスクやオペレーショナル・リスクに適用されている信頼水準や保有期間が、金融機関全体に対しても適用されることになれば、これは、毎年１０００行の中で2番目に最悪の結果になっても、経営体として耐えられるだけの自己資本の保有が求められることを意味する。この例えは、たとえばバーゼル規制の市場リスクにおいては、信頼水準99％、保有期間10日間であったり、各リスク・カテゴリーのリスク量の単純合算が統合リスク量になるわけではないことを考えれば、やや荒っぽい比喩ではあるが、それでも、大きなイメージを掴む上では有用であろう。

なお、読者の中には、なぜ、毎年1000行の中で2番目に最悪の結果に耐えられる自己資本水準と、80年代欧米主要行で支配的であった自己資本水準が結びつくのか、疑問に思う向きもあると思う。当然、両者が同じ水準になる必然性はまったくない。そういう意味では偶々《たまたま》という可能性もあるし、もしかしたら、前記の毎年1000行の中で2番目に最悪の結果という考え方自体が、80年代欧米主要行で支配的であった自己資本水準から、単に逆算されたものに過ぎないのかもしれない。ただそれでも、両者の間にはどうしてもそれなりの差異が生じてしまう。バーゼルⅡでは、その差異を、（信用リスクに限定されるものの）スケーリング・ファクターなるものが埋めている。これは何かというと、信頼水準99・9％、保有期間1年の信用リスクVaRモデルから導きだされた最低所要自己資本の水準に、一定の乗数を掛け合わせることで、バーゼルⅠ下での信用リスクに係る所要自己資本水準に合わせているのである。バーゼルⅡにおいて、このスケーリング・ファクターは1・06であった。つまり、モデルから出てきた結果では、バーゼルⅠ下の最低所要自己資本をやや下回ってしまうため、これに1・06を乗じる措置を施しているのである。

以上がバーゼルⅡの最低所要自己資本水準の考え方であったのに対し、バーゼルⅢの最低所要自己資本水準は、より「あるべき論」に従った考えに基づいている。その「あるべき論」とは、金融システムの安定性がもたらす利益に焦点を当てたものである。すなわち、金融システム全体の自己資本が増えれば、金融システムの安定性が増すという意味での便益が増える一方で、金融機関に余分の資本コストを課してしまうというコストも生じる。そこで監督当局側では、図表3－7に示

図表 3-7　最適自己資本比率のイメージ図

バーゼルⅢ導入の費用と便益の関係

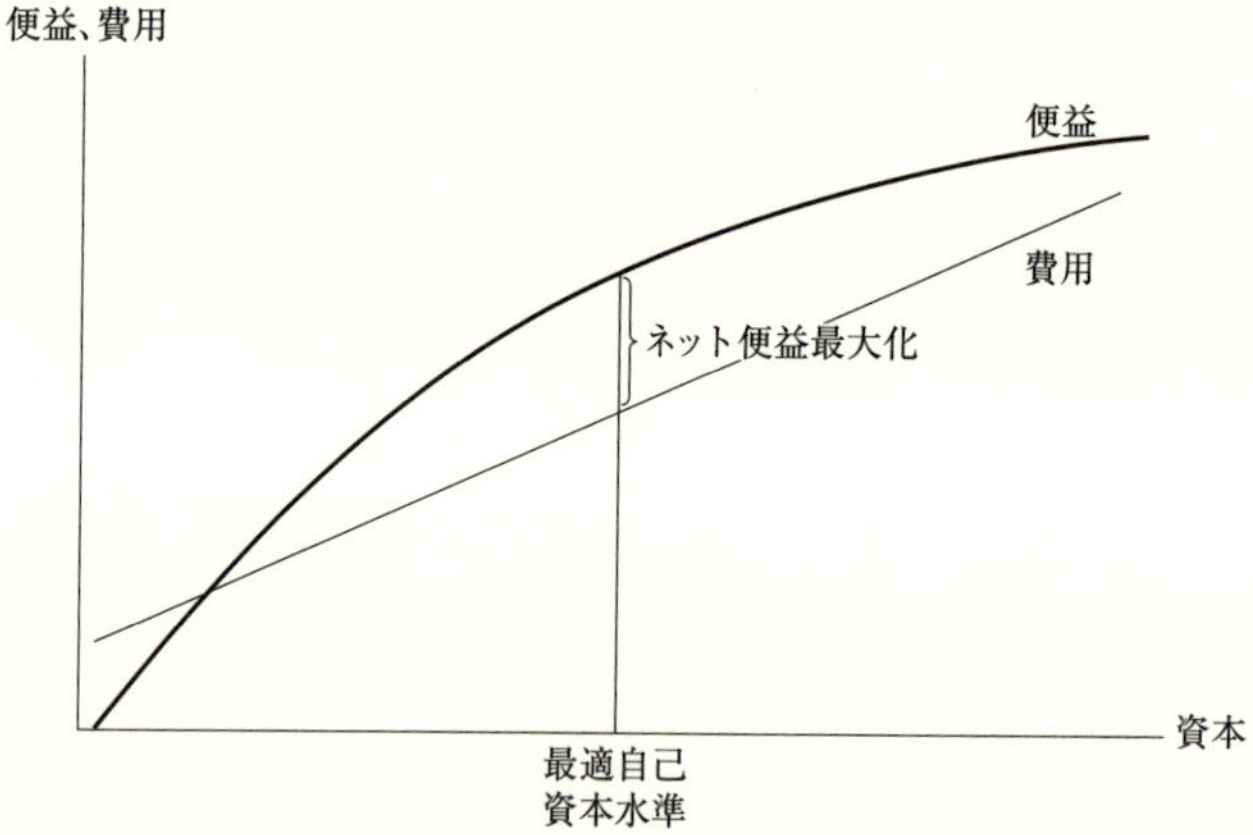

したように、金融システムの安定性と自己資本の関係はマージナル（自己資本が増加するに従い、金融システムの安定性の限界的増加は逓減）、コストと自己資本の関係は直線的だと仮定し、利益がコストを上回るネット利益が最大化するような自己資本水準にすべきだと考えたのである。その詳細は第5章で詳述するが、そうして求められた結果（俗に「カリブレーション結果」と言われているものである）が、バーゼルⅢで求められる最低所要自己水準の基礎となっているというのが、バーゼル委員会側の説明である。

ただし、外部の視点からみてやや戸惑ってしまうのは、バーゼル委員会が示したカリブレーション自体が後述するように多くの問題を抱えていることに加え、そもそも、そのカリブレーション結果が、どのようにバーゼルⅢで求める所要自己資本水準に反映されているのか、その反映方法が分からないことである。まずカリブレーション結果自体複数のものがある中で、どの結果を用いるのかが示されていない。さらに、カリブレーション結果が、自己資本の果たして1階建て部分に適用されるのか、それとも2階建てなのか、あるいは3階、4階、5階なのかに関しても、まったく示唆がないのである。金融システムの安定という意味では、本来カリブレーションの結果は5階建て部分に適用すべきような気がするが、バーゼル委員会のステートメントをみる限り、まず8月のカリブレーション結果の公表があり、これを受けて9月の1～3階建て部分までの高さの公表があったわけで、これをみる限りカリブレーション結果は4、5階を念頭に入れていないようにもみえる。

いずれにしても、あれだけ鳴り物入りにカリブレーションを行っておきながら、それがどのように最低所要自己資本比率水準に反映されたのかが、まったくブラックボックスというのでは、バーゼル委員会のアカウンタビリティが問われると言えよう。バーゼル委員会としては、(最低所要自己資本比率を大幅に引き上げるという）結果ありきで、その辻褄合わせのためにカリブレーションがなされたとの非難を避けるためにも、カリブレーション手法や用いたデータを完全公開し、外部の識者による再現を可能にした上で、その結果を最終的なバーゼルⅢの内容にどのように反映したのかに関しても、誰しもが納得できるような説明をすべきである。

さらに、後述するように、バーゼル委員会が出したカリブレーションの結果と、日本の銀行危機の経験も十分活用しながら推計したと考えられる日本銀行のカリブレーション結果は大きく異なっている。すなわち、日本銀行のカリブレーション結果に基づけば、1%の所要自己資本比率の引き上げがマクロ経済に及ぼす悪影響の規模は、バーゼル委員会が公表した最大公約数的な規模に比べはるかに大きく、一方で日本の金融機関に求められる最適自己資本比率は、バーゼル委員会が求める比率に比べ、はるかに低いのである。他国の金融機関ならいざ知らず、日本の状況をもっとも良く理解していると思われる日本銀行の推計結果とバーゼル委員会の推計結果が大きく異なり、そうであるにもかかわらず、日本の金融機関に対しても、バーゼル委員会の推計結果に基づく最低所要自己資本比率が求められることをいったいどのように考えればよいのか、日本国内でもう少し活発な議論がなされるべきではないかと思う（この点の詳細は第5章で改めて議論する）。

5　バーゼルⅢの概要③
――プロシクリカリティの抑制

バーゼルⅢでは、バーゼルⅡが持つと言われていたプロシクリカリティ効果（景気の波の増幅効果）を抑制するための手段をいくつか用意している。バーゼルⅡのプロシクリカリティ効果とは、景気の良いときには、規制を通じて銀行に貸出を一層助長するようなインセンティブを与えることで、一段と景気が上振れするように働き、逆に景気の悪化時には、逆のことが起きることを指す。なぜ、このようなことが起きるかというと、バーゼルⅡの自己資本比率の分母であるリスクアセットは、その時々のリスクに感応的な形で決まる仕組みとなっており、こうしたリスクは景気の良いときは一般に減少する一方、景気の悪化時は一般に増加するからである。このため、景気の良いときは、リスクアセットの額が減少して自己資本比率が改善し、これが結果的にさらなる貸出を促すことになる。そして景気の悪いときには、これとまったく逆のことが生じるのである。

こうしたバーゼルⅡのプロシクリカリティ効果は以前から指摘されており、これ自体は目新しい問題ではない。さらにやや不思議なのは、今次金融危機において、銀行の貸し渋り現象は、欧米を中心に生じているものの、これがバーゼルⅡを通じたプロシクリカリティ効果の結果なのか否かは、まだよく分かっていない点である。今回のような危機が発生すれば、たしかに貸出先のＰＤ（Probability of Default、債務者の破綻確率）が上昇したり、ＬＧＤ（Loss Given Default、破綻時における損失率）が上昇するので、リスクアセットの額は上昇し、結果的に自己資本比率は低下すると考えられるが、この自己資本比率が制約となって貸し渋りを招いているようには見えないのである。なぜなら、米欧における銀行業界平均の規制上の自己資本比率をみると、図表３－８に示すとおり、金融危機の最中でも、最低所要自己資本比率をはるかに上回る水準で推移しているためである。仮に自己資本の制約を強く意識しているのだとしたら、それは既存のバーゼルⅡというよりも、今後導入することが予定されながら、依然不確実性のベールに包まれているバーゼルⅢに対する懸念からではないか。そういうことであれば、現在生じている貸し渋り現象は、バーゼルⅡのせいというよりは、自ら撒いた種ということになり、これを是正するために、わざわざ新たな措置

図表3-8　日米欧金融機関の自己資本比率の推移

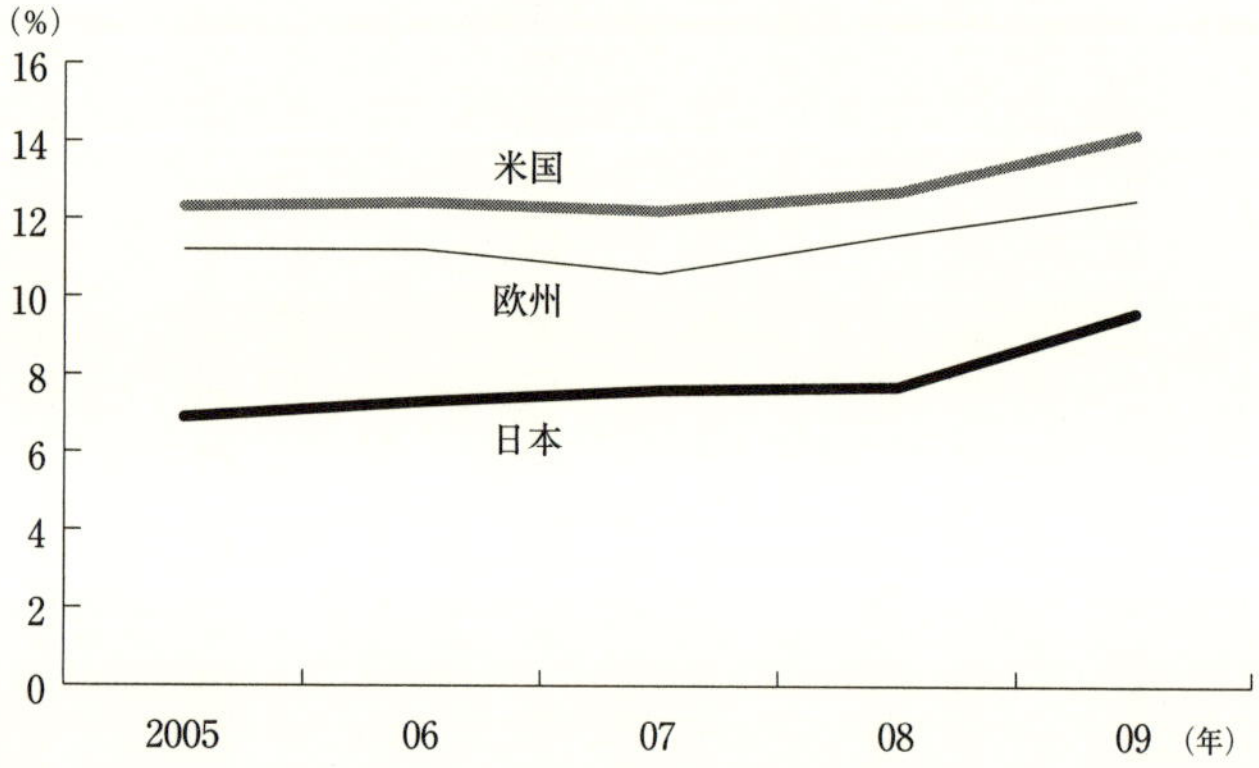

(出所) Institute of International Finance, *Interim Report on the Cumulative Impact on the Global Economy of Proposed Changes in the Banking Regulatory Framework*, 2010に基づき著者が作成.

を導入する必要が本当にあるのかという疑問にぶつかってしまう。

さらに、第5章で説明するとおり、バーゼル委員会は、バーゼルⅢが企図するような大幅な所要自己資本水準上昇であっても、マクロ経済に与える影響は比較的小さいと判断しているのである。そうであるならば、仮に景気後退期に、所要自己資本額が少しばかり増加したとしても(少なくとも、景気変動のみでは、バーゼルⅢが求めるように、所要自己資本水準が3～5倍になることは考えられない)、これがマクロ経済に与える影響をそれほど気にする必要はないのではないか。それとも、バーゼル委員会にとっては、所要自己資本比率水準の引き上げを正当化するロジックと、プロシクリカリティを問題視するロジックはまったく異なるのであろうか。

以下では、とりあえず、こうした点はしばらく忘れ、バーゼルⅢが導入しようとしている、プロシクリカリティ抑制方策についてみてみよう。

◆長期平均リスク・パラメータの活用等

バーゼルⅢでは、バーゼルⅡのプロシクリカリティを抑制するために、以下に示す四つの方策を準備している。一番目は、ＰＤやＬＧＤ等、信用リスク・パラメータの推計に際し、長期平均の数字を用いる、あるいは、信用格付の付与に際し、ＰＩＴ（point in time の略で、その時々の景気状況に応じた債務者の財務状態をベースに、信用格付を付与するシステムを指す。債務者の格付は、景気サイクルの局面が変われば、同時に変わるのが特徴）ではなく、ＴＴＣ的システム（through the cycle の略で、景気サイクル中ボトムの局面に対応する債務者の財務状態をベースに、信用格付を付与するシステムを指す。債務者の格付は、景気サイクルの局面が変わっても、変わらないのが特徴）を用いることが示されている。もっとも、前記はすでにバーゼルⅡ実施の際から強調されていることであり、目新しい対応というものではない。

さらに、今次金融危機のインパクト対応ということであれば、そのサイクルは景気ではなく、10年～20年に一度発生する、より大きなサイクル対応だと考えられる。前記が果たして、こうした大きなサイクルを想定した対応を求めているのか否かは定かではない。仮に求めているのであれば、信用リスク量は、常に銀行危機真っ盛りの頃のリスク量で固定されることとなり、リスクアセットの規模は大きく増加することになる。

◆フォワード・ルッキングな引当等会計上の措置

二番目は、現行、あくまで過去のデータのみに基づき引当が認められている貸倒引当金に関し、将来の信用コストをベースとした、よりフォワード・ルッキングな引当を認めるようにしようとするものだ。イメージとしては、すでにスペインで実施されているダイナミック・プロビジョニングがある。これは過去の景気の局面を通じた平均的な信用コストをベースに、好況時にはより高い引当を、不況時にはより低い引当を行うものだ。これと同様のものになるわけではないが、現在、国際会計基準審議会の議論の中でも、従来の発生損失モデル（incurred loss model）に代わる期待損失モデル（expected loss model）の採用が検討されている。

もっとも、前記は、一番目の措置同様、主に通常の景気サイクルを念頭に置いた対応であり、今次の金融危機への対策としてどの程度有効なのかには疑問が残る。さらに対象が通常の景気サイクルだとしても、景気サイクルに対し遅行していると想定される現行の貸倒引当のタイミングと比べ、フォワード・ルッキングな引当のタイミングが、景気サイクルに対し、よりシンクロ化する可能性も否定できない。その場合は、却って引当がもたらすプロシクリカリティ効果は増幅してしまうかもしれない。ダイナミック・プロビジョニングの先進導入国であるスペインにおいて、不動産バブルの生成と崩壊が生じ、これが同国の多くの地域金融機関の経営悪化を招いている点をみても、フォワード・ルッキングな引当がプロシクリカリティの平準化を招くことは必ずしも容易ではないと言える。

◆資本保全バッファー

詳細は、本章第４節で説明したとおりであり、図表３−９に基づき、コアTier 1資本が目標水準を下回れば、その程度に応じて、配当支払い等社外流出にも制限が加わることとなる。既述のとおり、この措置が本当に、バーゼルⅡのプロシクリカリティを抑制するか否かは、各金融機関が配当支払等に制約が係る場面に直面した際に、株主に泣いてもらうのか（配当の支払停止）、あるいは債務者に泣いてもらうのか（貸し渋り、貸し剥がし）、いずれを選択するかに依存すると言えよう。

◆カウンターシクリカル・バッファー

これも、本章第４節で説明したとおり、基本的には資本保全バッファーと同じ枠組みを用いる。すなわち、仮にカウンターシクリカル・バッファーが２％ポイントということになれば、資本保全バッファーと合わせて、最低所要コアTier 1比率である４・５％を上回る、９％（＝４・５〈コアTier 1〉＋２・５〈資本保全バッファー〉＋２〈カウンターシクリカル・バッファー〉）が目標コアTier 1資本比率ということになり、この場合、仮に実際のコアTier 1資本比率が７％に止ま

図表3-9　資本バッファー（資本保全バッファー＋カウンターシクリカル・バッファー）と配当支払制限の関係

実際の資本バッファーのターゲット対比の割合	利益に対する社外流出の抑制割合（自己資本維持の最低比率）
0%以上　25%未満	100%
25%以上　50%未満	80%
50%以上　75%未満	60%
75%以上 100%未満	40%
100%超	0%

（出所）金融庁／日本銀行「バーゼル委市中協議文書　プロシクリカリティの抑制の概要」2010年1月に基づき著者が作成.

れば、目標バッファー（4・5%）対比でみて2・5%（目標バッファー幅の55・6%）しか達成しておらず、結果として内部留保の40%しか、社外流出を認めることができないこととなる。

前記をみる限り、単に資本保全バッファーの延長のようにもみえるのが、このカウンターシクリカル・バッファーのアイデアが革新的なのは、資産バブル等の生成と破裂を繰り返す信用サイクルに対し、これを金融政策張りに「能動的」に抑制する手段を提供しているようにもみえる点だ（ただし、後述するように、公式には、バブルが破裂した際に金融システムの安定性を維持するという「受動的」側面が敢えて強調されている）。これは見方によっては、金融政策、財政政策に並ぶ、第三のマクロ経済政策手段の確立を各国当局に求めていると捉えることもできる。すなわち、このカウンターシクリカル・バッファーの枠組みにおいては、信用サイクルの局面（すなわち資産バブルの生成）を示す何らかのインディータに基づき、特定の当局が金融機関に対し、バブル退治のために、より高い自己資本比率を求めることを想定しているようにもみえる（これは、自著『グローバル金融危機後のリスク管理』内で示した手法とも非常に似通ったものだと言える）。

バーゼル委員会が公表したペーパーでは、インディケータの一例として、貸出残高／GDP比率推移のトレンドからの乖離を示している。たしかに同指標は、図表３－10に示すとおり、日本の80年代後半における資産バブルの発生や、２０００年代における米国での資産バブルの発生を、見事に予測している。バーゼル委員会が出したペーパーでは、さらに一歩踏み込んで、各国当局が、カウンターシクリカル・バッファーの積み立てを金融機関に求める、インディケータの乖離の程度を2～10％と示している。

このバッファーのもう一つ興味深い特徴は、単に自国の金融機関に対し監督当局が自国の状況のみに基づいて、追加的資本を賦課するのみではなく、仮に当該金融機関が他国に大きなエクスポージャーを有している場合には、他国の当局が決定したバッファーが、当該エクスポージャーに適用される点である。たとえば、ある日本の金融機関に関し、その貸出の5割が日本内のものである一方、残り5割が中国における貸出であったとしよう。そして、日本では、貸出の低迷が続き、カウンターシクリカル・バッファーがゼロである一方、中国では逆に高成長が続き、カウンターシクリカル・バッファーが2％ポイントに設定されていたとする。この場合、当該金融機関が積み立てるべきカウンターシクリカル・バッファーは、加重平均ベースで1％ポイントということになる。こ

図表3-10　日米における与信と名目GDPの関係

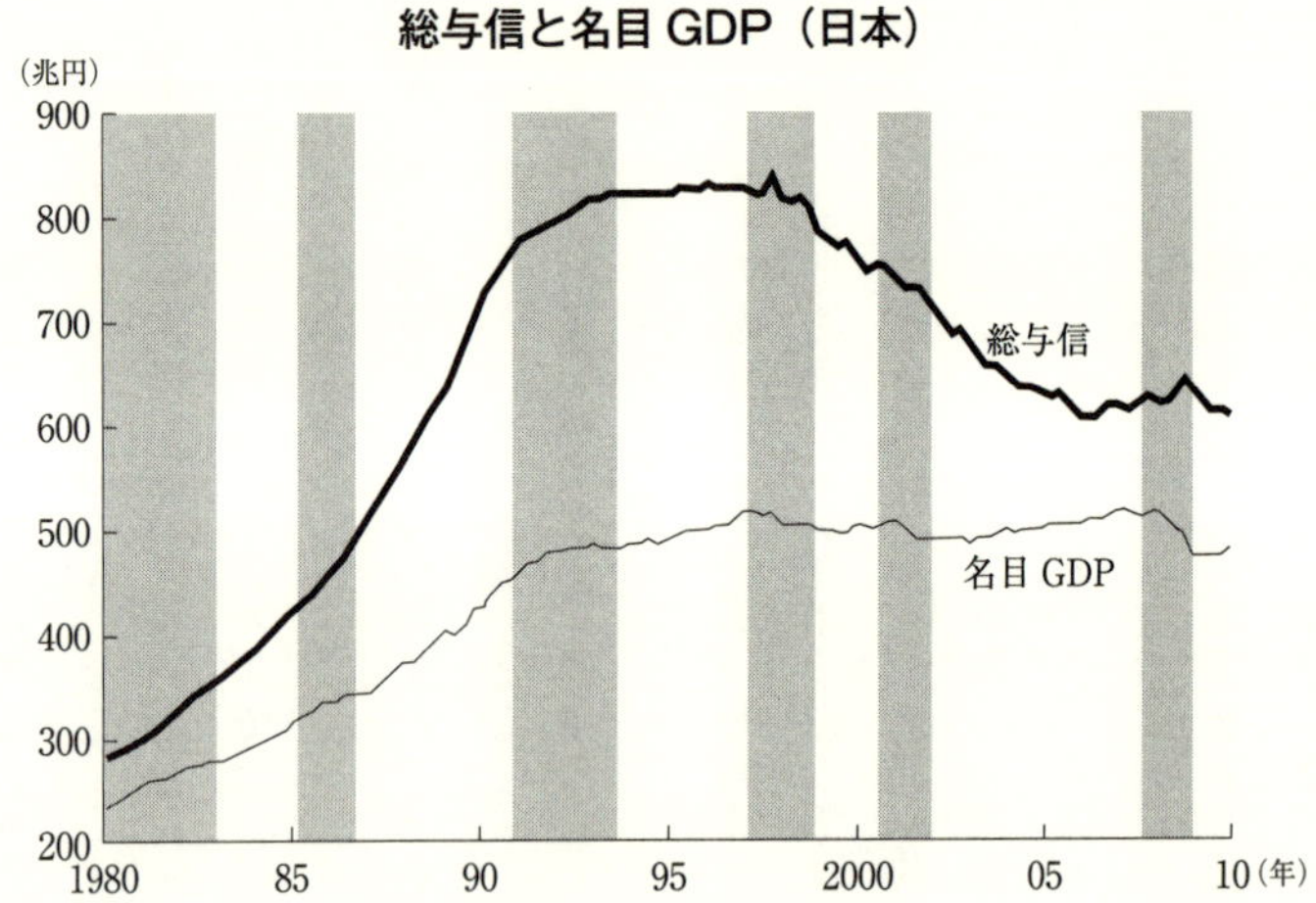

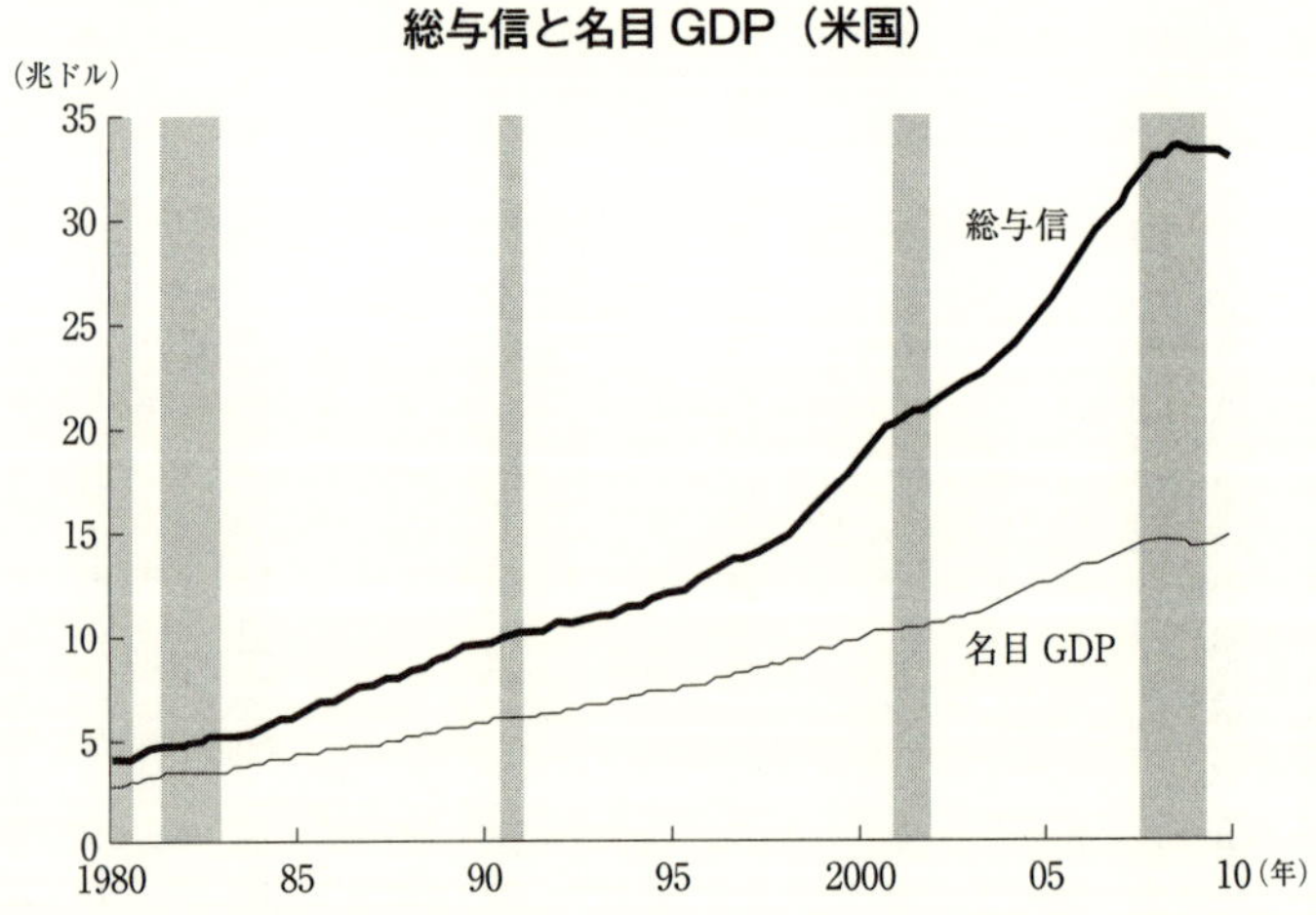

（注）シャドー部は景気後退局面.
（出所）日本銀行「金融システムレポート」2010年9月号

のように、このバッファーの枠組みは、潜在的には、グローバル・ベースでの不均衡是正にも役立つ可能性を有している。

このように、いろいろな意味で「革新的」色彩を帯びているこのバッファーは、しかしながら、その「革新的」色彩が故に、実務面では多くの問題にぶつかることが想定されている。特に最大の問題点は、果たしていかなる当局主体が、この政策を実行するのかである。中央銀行と銀行監督当局が同じ主体である国にとっては、それほど深刻な問題ではないだろうが、たとえば、日本のように、銀行監督の主体は金融庁、マクロプルーデンス面の分析を得意としているのは日本銀行ということになれば、いったいどちらの主体がこうしたマクロプルーデンス政策を主導すべきなのかは、互いの縄張りも絡んで大きな問題となり得る。

さらに問題なのは、たとえば金融政策との関係をどのように整理するかである。識者によっては、バブル退治も含めて、中央銀行による金融政策で対処すべきではないかとの考え方もあり得よう。実はバーゼル委員会が公表したペーパー内でも、こうした微妙な論点はできるだけ避けようとしている節がある。同ペーパーは、このカウンターシクリカル・バッファーの目的は、あくまで金融危機発生時において、その克服を容易にするためのものであり、決して、金融危機の予防・回避を目的としたものではない点を強調しているのだ（これはあくまでも、「副次的効果」という位置づけ）。折角、これだけ革新的な特徴を持ち、金融危機を予防する十分な可能性を持ちながら、これを敢えて封じるというのは、いかにももったいないと思うのだが、そうした遠慮がちの表現の裏には、政策分担という複雑な問題にできるだけ巻き込まれたくないという気持ちも影響しているのかもしれない。

資産バブルの早期警戒インディケータとして、貸出／GDP比率推移のトレンドからの乖離を用いるという考えも、米国や日本では当てはまったが、他の国にも同様に当てはまるか否かは、本来であればもっと実証を重ねる必要がある。特にバーゼル委員会が公表したペーパーでは、すでにバッファーを用意すべき乖離幅として、具体的に2～10％ポイントという数字まで示しているが、まだまだ実証研究が少ないことを考えれば、こうした具体例の掲示は明らかに勇み足のように思える（なお、例えば、金融庁の氷見野良三氏は、Risk誌（２００９年3月号）に掲載された“A countercyclical Basel II”という記事の中で、早期警戒インディケータの一つとして株価を活用することを提案している）。

最後に、他国の監督当局の決定が、時に直接的に自国の金融機関の自己資本比率に大きな影響を及ぼすことを考えれば、自然当局間で、同バッファーを巡って議論したり、時には他国当局の運営を監視する必要が生じてくる。バーゼル委員会が公表したペーパーでは、こうした点にも考慮して、①シニアメンバーで構成するグループを新たに設立し、各国におけるバッファー水準の決定に関し比較、議論することや、②バーゼル委員会内のグループ（Standards Implementation Group）が、各国がバッファーを決定するプロセスを評価すること、が提案されている。今後について考えれば、カウンターシクリカル・バッファーが必要となる可能性がもっとも高いのが、アジアや南米を中心としたエマージング諸国であり、こうした諸国が果たして適切なバッファーを設定するのかに関し、米欧日とエマージング諸国の間で、さまざまな議論が展開されることが予想される。

6　バーゼルⅢの概要④
――バーゼルⅡにおけるリスクの過小評価・リスクの見逃しの是正

　これまでが、自己資本比率の分子である「資本」の議論が中心であったのに対し、以下では、自己資本比率の分母である「リスクアセット」の議論を行う。バーゼルⅢの議論は、バーゼルⅡではまったく手が付けられなった分子の議論に集中していることはすでに述べた。これは、バーゼルⅢにおける分母の議論が限定的であることを意味する。バーゼルⅡの議論の際に、一度分子の議論をしてしまうと、決まりかけた分母の議論さえ纏まらなくなるとの懸念があったのと同様、バーゼルⅢでは、もしかしたらまったく逆の懸念があったのかもしれない。いずれにしても、リスクアセットの内容を根本的に変えようとすれば、それこそ、本物の「バーゼルⅢ」が必要となり、その合意のために、さらに10年間近く要するといった事態になりかねない。

　それでも、流石に今次金融危機によって明らかになったリスクの過小評価や、そもそもバーゼルⅡの眼中には入っていなかったリスクは、改訂の対象となっている。それは、自己資本比率の分母という視点からいえば、カウンターパーティ・リスクや、証券化に係るリスク・ウェイトだと言える。さらに、それ以外の見逃されてきたリスクとしては、システミック・リスクや流動性リスクがある。もっとも、システミック・リスクについては、既述のとおり、個別金融機関に帰するリスク量の計測は難しく、結局この部分は、自己資本比率の分母であるリスクアセットに加えるのではなく、最低所要自己資本比率を引き上げることで対応している。また流動性リスクについても、リスク吸収のための主たるバッファーが、他のリスクのように資本ではなく、流動性資産であることから、自己資本規制の中に直接落とし込むのではなく、別途流動性リスクに係る比率を設けて、これによって抑制することとなった。

◆カウンターパーティ・リスク

今次金融危機において、欧米の金融機関が被った損失の最大のものが、実はＯＴＣ（over-the-counter、相対取引の意）デリバティブに係るカウンターパーティ・リスクの顕現化によって発生したものだと言われている。カウンターパーティ・リスクとは、金融取引において、取引のカウンターパーティのデフォルトや信用格付の低下によって生じる損失に係るリスクのことである。取引相手の信用事象によって損失が顕現化するという意味では、通常の貸出に係るリスクである信用リスクと同じ性格を有しているが、一方で、主に金融機関を相手にした短期のトレーディング取引によって生じるという点で、通常の信用リスクとはやや異なる性格もある。

具体的には、たとえば、取引の価値が市場価格評価（ＭＴＭ）の対象であるため、その額が常に変化する場合は、エクスポージャーの額、つまりEAD（Exposure at Default、破綻時のエクスポージャー額）も常に変化することを意味する。通常の貸出の場合、EADは約定額で固定されるため、このようなことは起きない。このほか、前記のエクスポージャー額の変化が、カウンターパーティの信用度の変化によっても生じる点も特徴である。これはまさに、信用リスクが顕現化することを意味するが、その事象が仮にデフォルトそのものではなく、取引相手の格付の低下であっても、これがカウンターパーティ・リスクとして取引相手に対するエクスポージャー額に反映される（契約遂行の可能性が減る分、その価値も減価する）ことになる。これが、いわゆる、CVA（Credit Valuation Adjustment）である。もちろん、通常の貸出であっても、たとえば内部格付が低下すれば、これが貸倒引当金の増加を通じて、信用コストに影響を与えることになるが、必ずしもCVAのように、市場評価の変化を通じて頻繁に生じるわけではない。

前記に加えて、カウンターパーティ・リスクの場合、主要な取引相手が金融機関だということで、他の企業や個人に比べれば、デフォルト率がはるかに低い点も一つの特徴だと言える。これは、通常時においては、ほとんど無視できるような水準だと言える。ただし、いったん金融危機の局面に入れば、単に一先のみではなく、複数の先が同時に悪化してしまう。換言すれば、システミック・リスクを伴うやっかいなものとなってしまう。このように、金融機関に係るカウンターパーティ・リスクは、損失分布の極端なテール部分が厚いという意味で、その管理が非常に難しいリスクだと言える。

実は前記のような事情もあって、バーゼルⅡでは、デフォルトに伴うカウンターパーティ・リスクは明示的に捉えていたものの、取引相手先の信用度の変化に由来する損失までは捉えていなかった。ところが、今次金融危機では、ＯＴＣデリバティブ取引に係る全損失額のうち、実に三分の二が、デフォルトではなく、取引相手先の信用度変化から生じたのであるから、バーゼルⅡがリスクを過小評価していたと言われても、仕方がない面もある。

それではバーゼルⅢでは、どのように、取引相手先の信用度変化に伴う損失リスク（ＣＶＡに係るリスク）を捉えようとしているのか。２００９年12月に出た案では、債券相当アドオン方式という手法が示されている。具体的には、時価変動に係るリスクを、当該カウンターパーティが発行している債券の期待損失に係るマーケット・リスク相当額とみなして、追加的に自己資本賦課するというものである。もっとも、たとえばリスクを計測する際の保有期間の前提を、通常市場リスクで想定される10日から、信用リスクで想定される1年間（営業日ベースで２５０日）に変換するために、当初案では、計測されたリスク量に「５」（＝２５０／10の平方根）を乗じることとなっていたが、リスクの把握が保守的になりすぎるとの批判もあって、２０１０年7月に出された改定案では、この乗数「５」が撤廃されたほか、その計算方法も引き続き今後の検討課題となっている状況だ。

この他、バーゼルⅢでは、カウンターパーティ信用リスクに対し、以下のようなリスク管理強化措置も求めている。

①カウンターパーティ信用リスクに係るシステミック・リスクの明示的把握

対金融機関のエクスポージャーに係る信用リスクは、通常時はほとんど無視できるような低い水準であり、このためバーゼルⅡ下でも、こうしたエクスポージャーに対し非常に低い資本しか求めてこなかったが、いったん金融危機といった極端なストレス事象が生じると、複数の金融機関が同時に破綻するという形でシステミック・リスクが顕現化する。バーゼルⅢでは、この点を明示的に規制に取り込むため、一定の規模以上（１０００億ドル〈日本円換算で約8兆円〉）の金融機関に対するエクスポージャーについては、資産相関を25％増やしたリスク・ウェイトを課すこととした。

このように、金融機関のシステミック・リスクは、既述のとおり追加的自己資本賦課で自らが持つシステミック・リスクへの対応を図ると同時に、他の金融機関が有するシステミック・リスクに対して、前記のような高いリスク・ウェイトが求められるということで、金融システム全体でみれば、リスクのダブルカウンティングとなっている可能性もある。また、より高いリスク・ウェイトを課す金融機関の線引きについては、当初案では２５０億ドルであったところを、改定案では１０００億ドルに変更するなど、必ずしも明確な根拠があるわけではない模様だ。

②担保管理の強化

今次金融危機では、カウンターパーティのデフォルト時に、取引を清算し、ポジションを再構築するために必要な期間であるマージン・ピリオドに関し、当初想定を大幅に超えるようなケースが多くみられたほか、証券化商品の大幅な価格下落による担保としての適格性低下といった問題が発生した。このように、金融危機の際には、金融機関は、当初想定よりも長い期間、担保価値の変動リスクに晒されることが分かったため、この点をより保守的に勘案する（マージン・ピリオドのフロアとして、従来の10営業日〈レポ取引等は5営業日〉から、一定の条件を満たす場合は20営業日に変更等）こととしたり、担保管理の一層の強化を要請することとなった。もっとも、この新しいマージン・ピリオドのフロアに関しては、金融危機の際でも、これほど長期化することはなかったとの批判も出ている。

③中央清算機関へのＯＴＣデリバティブ取引の集中化

今次金融危機では、多大な損失が発生したＯＴＣデリバティブ取引に関し、同取引がＯＴＣであったことから、その取引の全体像の把握や取引履行の確実性の確保が難しく、結果的にある金融機関から他の金融機関への信用不安の伝播（システミック・リスクの顕現化）を招いてしまった。このため、バーゼルⅢでは、同取引をできるだけ、中央清算機関を経由した取引に移行させる仕組みが設けられている。具体的には、高い水準のイニシャル・マージン（当初差入担保額）要件の設定、例外的状況下での規模の大きな参加者のデフォルトに耐えられる財務基盤の保持や、こうした事態を想定したストレステストの実施等、一定の条件を満たした中央清算機関を通じた取引に対しては、特別に低いリスク・ウェイトを認めようというものである。これにより、取引の全体像の把握を容易化すると同時に、仮にある金融機関が破綻しても、マージン・コールの徹底や、損失分担ルールの整備により、他の金融機関への連鎖を極力防ぐことが可能となる。

前記の措置に対しては、一方で、中央清算機関に取引を集中することは、逆に集中リスクを高めることになるのではないかとの批判も出ている。さらに、金融機関からみれば、グローバルな視点から、清算機関の数は少数に止まるほうが、取引の効率性という点で望ましいという考えがある一方で、監督当局や取引所の視点からは、監督の容易性や自らの存亡という点で、少なくとも一国に一つあることが望ましいという考えも出されており、まだまだ議論すべき論点が多い状況である。

④誤方向リスク（wrong way risk）の管理強化

誤方向リスク（wrong way risk）とは、異なるリスク間やリスク・パラメータ間の相関が、たとえば金融危機のような異常な現象下において、従来想定されていたものとまったく異なる姿（つまり、相関が大幅に高まる姿）を示すことで、大きな損失が生じるリスクを指す。この wrong way risk には、個別 wrong way risk と一般 wrong way risk の2種類がある。

個別 wrong way risk とは、個別の企業や金融機関の要因からリスク・パラメータ間の相関が高まる事象を指す。たとえば、ある特定債務者の信用リスクに係るＰＤとＥＡＤの相関の高まりがそれに当たる。今次金融危機においても、たとえば、サブプライム関連証券化商品の価格下落に伴い、同商品価格に対するヘッジを買っていた米国モノラインに対するエクスポージャーが急増する一方で、こうしたヘッジを大量に他の金融機関に売っていたモノライン自体のPDも大幅に上昇する事態が発生した。この他、我が国の銀行危機時においても、大手流通企業やゼネコン向け貸出債権に関し、信用状況の悪化とともに、非メインバンクがメインバンクに対し、貸出債権の鞘寄せを行うという、いわゆる「メイン寄せ」が生じ、この結果こうした問題先のPDが上昇する中で、メインバンクのこうした問題先に対するEADも上昇するといった事態が発生した。

一方、一般 wrong way risk とは、単に個別企業や金融機関に係るリスクのみではなく、市場一般で観察される、リスク要因間の相関の高まりを指す。たとえば典型的な例が、市場リスクと信用リスク間の相関の高まりである。今次金融危機でも、証券化商品に係る市場価格の不確実性が増し市場リスクが上昇する中で、こうした商品に対するエクスポージャーが大きかった多くの金融機関の信用リスクも増すという現象が発生した。この場合、証券化商品に係る取引を、同商品に係る大きなエクスポージャーを有する金融機関と行った場合、同取引の市場リスクとともに、カウンターパーティ・リスクが同時に高まることとなる。また、架空の例としては、ある国の銀行システムが不安定化し、主要金融機関の信用リスクが高まると同時に、同国のマクロ経済混乱から同国通貨価値も不安定化し、為替リスクも高まるケースも考えられる。この場合、この国の特定金融機関に対し、同国通貨建てエクスポージャーを有している場合は、同エクスポージャーに係る信用リスクと為替リスクの双方が同時に上昇することとなる。

前記のようなリスクに対し、バーゼルⅢは、ストレステスト等を通じたリスク管理の一層の高度化によって、こうしたリスクを適切に捉えることを金融機関に対し要請している。

⑤バックテスト、ストレステストの強化

最後に、バーゼルⅢでは、カウンターパーティ・リスクに係るバックテストやストレステストが、今次金融危機において、適切な形でなされてこなかった点を踏まえ、これらの強化も金融機関に対し要請している。もっとも、たとえばバックテストについていえば、そもそもいかなるリスクを想定したＩＭＭモデル（ＩＭＭとは内部モデル方式のことで、バーゼル規制上一定の要件を満たせば、エクスポージャー額の計測に内部モデルを用いることが認められている）に対するバックテストなのか、この点をよく考える必要がある。仮に通常時におけるリスクを計測するモデルであれば、金融危機のような非常時におけるモデルのパフォーマンスが低下するのは当然であり、バックテストの悪い結果をモデル改訂に結び付けないこと自体が責められるべきではない。換言すれば、通常時に有効なモデルと非常時に有効なモデルを区別して考える必要がある。

その上で、非常時においては、非常時用のモデルの開発を求めるよりは、むしろリスク計測や管理面での非常時モードへの移行、つまり、ＶａＲ等のモデル重視のリスク管理からストレステスト重視のリスク管理へのシフトを重視すべきではないか。バックテストを、前記のように非常時モードへのシフトの判断として用いるのであれば、それは通常時用モデルに対するバックテストということになる。一方、非常時用のモデルの構築、さらにはこれに対するバックテストまで求めるのは、現実問題としてやや無理があるような気がする。この点バーゼルⅢは、その要請の内容を明確化する必要があろう。

バックテストで示した問題は、実はストレステストの要件とも密接に関連する。すなわち、モデルのあくまでも外側でストレステストが実行され、モデル自体にストレス的要素を反映する必要がないのであれば、少なくともバックテスト上の悩みの大きな部分が解消する。ただし、バーゼル委員会が示すモデル、あるいは同モデルのバックテストの要件を見る限り、同モデルにストレス期のデータを反映すること自体には議論の余地がないように見える。この場合、それではストレステストの役割とは何かという疑問が生じる。第1の柱（ＩＭＭモデル）が取り込むべきストレスと、そして第2の柱（ストレステスト）が取り込むべきストレスは、それぞれどのように区別すべきなのか。同じような議論はこれまで、ＩＲＢ（Internal Ratings-Based Approach、バーゼルⅡの信用リスク管理手法の一つである内部格付手法を指す）の中でも繰り返し行われてきたが、カウンターパーティ・リスクの世界でも、この区別を当局が明確に示さないと、不必要な混乱、さらには所要自己資本算定におけるリスクのダブルカウンティングを招来することになりかねない。

バーゼル委員会が示すストレステスト要件強化の具体的な項目は、すべての主要な市場リスク・ファクターに係るストレステストの少なくとも月次での実施、複数のリスク・ファクターに係るシナリオ分析の少なくとも四半期ベースでの実施、誤方向リスクを明示的にシナリオに取り込んだストレステストの実施、リバース・ストレステスト（金融機関の破綻を想定したストレス程度に基づき、いかなる場合において、こうした事態が発生し得るのか等をシミュレーションを通じて分析するもの）の実施、経営陣によるストレステスト結果のリスク・アピタイトとの比較等、実に詳細多岐にわたる。

これらは、少なくともストレステストの条件としては、どれも申し分ない内容にみえる。問題があるとすれば、こうしたストレステストの結果を、どのように用いるかであろう。第１の柱の下で、すでに相当大きな所要資本の引き上げが企図される中で、リスクのダブルカウンティングを避けながら、どこまでストレステストがその役割を果たせるかには疑問が残る。本来であれば、こうした第２の柱における、柔軟で各国ごとの事情の違いに対応できる措置こそが、危機の経験を踏まえた新しい規制体系の中心となるべきではなかったか。

◆トレーディング取引に係るリスク

今次金融危機で顕現化したリスクとしては、これまで説明したカウンターパーティ・リスクに加え、証券化商品の取引に係るリスク、さらにはトレーディング取引一般に係るリスク等があるが、これについては、狭義バーゼルⅢの提案が最初に出された２００９年12月よりもっと以前の、２００９年１月の時点ですでに提案のペーパーが公表され（最終版の公表は２００９年７月）、その後同内容を、バーゼルⅢに先行する２０１１年末から実施することが決まっている。本書では、こうした扱いも広義バーゼルⅢの一部として考えることとする。主な内容としては、以下の三つがある。

①トレーディング勘定に係るリスク計測の保守性の強化

実は、すでに実施に移されているバーゼルⅡのなかで唯一、今次金融危機に到るまで、詳細が決まっていない部分があった。それが、マーケット・リスク規制の一部であるトレーディング勘定におけるデフォルト・リスク等の扱いである。すなわち、バーゼルⅡの中心はバンキング勘定取引に係る信用リスクとオペレーショナル・リスクの管理であり、マーケット・リスク管理の大枠に関しては1996年に定められたものを継承していた。そこではトレーディング勘定取引に関し、焦点が市場価格の変動に由来するマーケット・リスクにあたる一方、発行体のデフォルトや信用度の深刻な悪化といった信用リスクが十分に織り込まれていなかったことから、今回この部分が改訂されることとなった。

従来のマーケット・リスク規制の概要は次のようなものである。すなわち、まず規制対象の取引を「市場での活発な取引を前提としたトレーディング勘定取引」としたうえで、同取引に係るリスクを大きく「一般市場リスク」と「個別リスク」に分ける。一般市場リスクとは、通常市場で観察される市場価格変動に伴うリスクである。個別リスクとは、たとえば債券を発行している個別企業や国の信用力低下や破綻といった、個別のイベントに基づく大幅な価格変動に伴うリスクをさす。なお、厳密には個別リスクも、デフォルトおよび格付遷移に伴うリスクとそれ以外のリスクに二分される。

各リスク・カテゴリーに対し、標準的方式と内部モデル方式という二つの選択肢を用いてリスク量、ひいては所要自己資本を計測することが求められる。簡単にいえば、標準的方式では基本的には当局が決めたリスク・ウェイトに従って算出する仕組み、内部モデル方式では、当局が認可したVaR（信頼水準99％、保有期間10日間）をベースとした内部モデルに従って算出し、これに一定の乗数（3～4）を掛ける仕組みとなっている。このうちデフォルト・リスクは、この部分も含めて内部モデルで計測するか（この場合、個別リスクの乗数は3～4）、さもなければ個別リスクに対する乗数を4とすることでカバーされてきた。

しかしながら、こうした取扱いはバーゼルⅠ下でのバンキング勘定取引に比べ所要自己資本が小さくなる傾向があることから、一部の国の金融機関による規制裁定（すなわち、本来バンキング勘定にブックすべき取引をトレーディング勘定にブックする動き）の対象となっていた。こうしたなか、バーゼルⅡではバンキング勘定取引の信用リスクに対し、一層リスク・センシティブな所要自己資本とともに、厳格なリスク管理運用を求めることとなったため、規制裁定がさらに激しくなることが懸念されていた。

以上を背景に、バーゼルⅡでもマーケット・リスクにおけるデフォルト・リスクの扱いに関し、内部格付手法と平仄《ひょうそく》の合ったものを導入しようとのコンセンサスが形成された。ただ、残念ながら２００４年のバーゼルⅡ公表時までに議論がまとまらず、当該部分については、その後幾度か市中協議文書等が公表された後、２００９年１月に公表された案に至ったものである。もっとも、２００９年に公表されたものは、単に２００４年時点で予想されたマーケット・リスク対象取引における デフォルト・リスクの把握手法のみではなく、マーケット・リスク規制全体を包含する非常に幅広い改訂となっている。これは、今次市場混乱に対しバーゼルⅡが十分に機能しなかったという批判に対する、バーゼル委員会が用意した答えの一つともなっているのだ。

２００９年7月にバーゼル委が公表したマーケット・リスク改訂の概要を簡単に振り返ってみたい（図表３−11）。大きなポイントとしては、①証券化取引の扱い、②内部モデル方式における一般市場リスクと個別リスクの扱い、③内部モデル方式における個別リスク中の追加的リスクの扱い、④低流動性ポジションの評価上の扱い、等がある。

まず、証券化取引の扱いだが、この部分を他のトレーディング勘定取引から切り出したうえで、バーゼルⅡの信用リスクで定められたリスク・ウェイトをそのまま用いることとなった。換言すれば、トレーディング勘定取引とバンキング勘定取引をほぼ同じように扱うというものである。これは、今次金融危機が証券化取引に端を発しており、さらに一部金融機関がバンキング勘定とトレーディング勘定間のアービトラージを活発に行っていたことからとられた措置と考えられる。結果的にトレーディング勘定の証券化取引の所要自己資本は、大幅に増加することとなる。

二番目は、内部モデル方式における一般市場リスクと個別リスク（デフォルト、格付遷移リスクを除く）の扱いである。一般市場リスク、個別リスクの双方に関し、従来はＶａＲ（信頼水準99％、

図表 3-11　マーケット・リスク（トレーディング勘定取引に係るリスク）規制が求める所要自己資本の算出方法

	標準的方式	内部モデル方式：一般市場リスク	内部モデル方式：個別リスク：デフォルト／格付遷移リスク	内部モデル方式：個別リスク：その他
現行	あらかじめ定められたRW	VaR(99%, 10日)×３～４	内部モデル、あるいは右のマルチプライアー	VaR(99%, 10日)×３～４
改訂案	変更なし	VaR(99%, 10日)×３～４＋Stress VaR(99%, 10日)×３	VaR(99.9%, 1年)ながら、流動性horizon(最低3カ月)の概念導入	VaR(99%, 10日)×３～４＋Stress VaR(99%, 10日)×３
改訂案（うち証券化取引）	信用リスク(標準的手法)と同じ扱い	信用リスク(内部格付手法)とほぼ同じ扱い		

（出所）別所・北野「バーゼルⅡの枠組みの強化に関する市中協議文書について（その１）」（金融, 2009年３月号）に基づき著者が作成.

保有期間10日間）で計測した結果に乗数（3～4〈一般市場リスクについては、モデルのバックテストの結果、外れ値が多くなるほど3から4に近づく仕組み〉）を乗じていたが、今後はＶａＲとストレスＶａＲの「合算値」に対し同じ乗数を掛けることとなった（ここでストレスＶａＲとは、今次金融危機のような極端なストレスを想定したＶａＲ値をさす）。こうした取扱いは、結果的にトレーディング勘定取引一般に対する所要自己資本を大幅に増やす（少なくとも2倍）ものであり、この種の取引に係るリスクの過小評価に関するバーゼル委員会の問題意識を強く反映したものと思われる。ただし、なぜＶａＲとストレスＶａＲの「合算値」を用いるのかに関する理論的な説明はいっさいなされていない。

三番目は、内部モデル方式における個別リスク中の追加的リスク（デフォルト・リスク、格付遷移リスク）の扱いである。まず対象リスクを「デフォルト・リスク、および格付遷移リスク」と明確に定義したうえで、ＶａＲ（信頼水準99・9％、保有期間1年）に基づく計測を求めている。このVaRの前提条件は、原則、バーゼルⅡ信用リスクの内部格付手法と同様である。

内部格付手法と一点異なるのは、流動性ホライズンという概念が導入されたことである。金融機関は流動性ホライズン（最低3カ月）ごとに、ポジションのリスク量をリセットできる（当初のリスク・プロファイルに戻すことができる）一方、当初のリスク量自体は、保有期間（1年）中は維持すると仮定する。結果的に、保有期間中ポジションの再調整ができないと仮定する内部格付手法に比べれば、リスク量はほとんどのケースで減少する一方、流動性ホライズン（たとえば3カ月）以降のポジション維持を仮定しない通常のマーケット・リスク計測に比べれば、リスク量はほとんどのケースで増加することとなる。

最後に、低流動性ポジションの評価上の扱いについても、バーゼル委は従来より一歩踏み込んだ姿勢を示している。すなわち、従来からトレーディング勘定取引では、価値評価に際しては、①ポジションの低流動性を反映した価値評価に係るプロセスを確立することが必要であり、このプロセスは会計上の評価に際しての考慮にとどまらないかもしれないこと、②Tier 1資本に影響を及ぼす、当局が求める低流動性を反映した価値調整は、会計上の価値調整を上回るかもしれないこと、が示されていた。これが今回改めて確認されると同時に、その上でさらに、この対象にバンキング勘定のその他有価証券が含まれることも明確化した。

以上みてきたバーゼル委員会によるマーケット・リスク規制の改訂は、サブプライム危機に端を発した金融危機が深刻化するなかで、同危機が明らかにした一部取引に係るリスクの過小評価に対し、その是正策をいち早く提案するものである。その問題意識や迅速な取組みは、高く評価されるべきであるが、一方で以下のような問題も指摘されている。

第一の問題点は、一部金融機関における損失額が所要自己資本を大きく上回る事態に直面して、経済合理的な裏付けや規制全体のバランスを十分検証せずに、所要自己資本を増やそうとしていることである。その典型例は、一般市場リスクと個別リスク（追加的リスクを除く）に適用される所要自己資本だと言える。従来のＶａＲにストレスＶａＲを〝付加〟したものを所要自己資本とするという考え方は、どう解釈しても経済合理的な説明はむずかしい。結果として、バーゼル委員会が長く唱えてきた、規制の考え方とリスク管理に係るベスト・プラクティスの融合も一段とむずかしくなったと言える。

同じような点は、証券化取引において、バンキング勘定とトレーディング勘定の所要自己資本を同じように扱うことにもあてはまる。市場における活発な売買を前提としたトレーディング勘定取引は、通常の環境では、バンキング勘定取引と比べれば、その分ポジションが固定化されるリスクも小さく、同じ金融商品の保有であってもリスク量は本来小さいはずである。こうした考えは長くバーゼル委員会でも共有されてきた。

たしかに、証券化取引に係るリスクがバーゼルⅡ上過小評価されていたというバーゼル委員会の認識自体は正しいものだと思われる。さらに、一部の国の証券化市場では、規制当局を欺く規制裁定が一部金融機関によって活発になされてきた可能性もある。これに対し、バーゼル委員会、あるいはこれの主要メンバー（なかでも今回の金融危機の震源地にいる国々）が、何らかの是正措置を早急に導入しなければならないと感じても不思議ではない。その結果的として、規制全体のバランスには目を瞑ったうえで、とりあえず規制を強化しやすい分野のみに全体の賦課を負わそうとした可能性が考えられる。

もっとも、こうした対応は、経済合理的な市場行動にダメージを与えてしまう可能性もある。たとえば、トレーディング勘定取引に対する過度に保守的な規制は、トレーディング勘定取引そのものをディスカレッジすることで、多くの市場から市場流動性を奪い取る可能性が考えられる。

◆流動性規制

バーゼルⅢにおける新たなリスクの取り込みとして、前記で説明したカウンターパーティ・リスクやシステミック・リスクと並び、あるいはそれ以上に重要なのが、流動性リスクである。流動性リスクに関しては、これまで、その管理に係る原則を示すペーパーがバーゼル委員会から２０００年に出されていたものの（BCBS（2000））、国際的規制という形で各銀行の行動を縛る内容のものは一切出されてこなかった。これは一つに、各国における金融機関の流動性を巡る状況が大きく異なる中で、国際的に一律の規制を導入することには無理があるといった考えが支配的であったからだ。また金融機関の流動性の状況は、各国の中央銀行による金融市場の調節手法と密接に結びついている側面があり、こうした側面まで、グローバル規制によって制約を受けることを、バーゼル委員会に多数メンバーとして参加している各国の中央銀行が望まなかったことも背景にあるかもしれない。

もっとも、今次金融危機が、金融機関や金融市場の流動性不足を通じて広く展開する中で、この分野においても、他のリスク同様、国際的な規制の枠組みを導入する必要があるのではないかとの考えが徐々に強まっていった。バーゼル委員会では、まず２００８年2月に“Liquidity risk: management and supervisory challenges”というペーパーを出した後、２００８年6月には、流動性リスクに関する金融機関のサウンド・プラクティスを纏めたペーパーも公表している。その上で、バーゼルⅢでは、国際的規制としては初めて、流動性についても、流動性カバレッジ比率と安定調達比率という二つの指標を導入し、それぞれに関し１００％以上の水準を求める考えを示した。

流動性リスクには大きく分けて、資金流動性リスクと市場流動性リスクの二つがある。前者は、金融機関の資金繰りが逼迫するリスクであり、後者は、銀行間取引市場や特定の金融商品の市場における流動性が枯渇するリスクである。通常金融機関は、前者に対しては、資産／負債の満期ごとに対応したネット・キャッシュフローが、容易に調達可能な一定の範囲内に収まっているかを確認したり、さらには、自らが直面し得る異なる流動性危機の状況ごとにあらかじめその対応を決めておくコンティンジェンシー・プランを作成することが多い。また後者に関しては、たとえば取引規模等を勘案しながら、保有額を制限したり、市場流動性の状況を市場リスク計測の際のＶａＲの保有期間に反映するといった方法が用いられてきた。もっとも、市場流動性リスク管理に関しては、実際に金融市場の流動性がいきなり枯渇するような事象の頻度や深度を見通すことが難しいといった事情や、さらには市場全体が壊れるような中では中央銀行や当局が何とかしてくれるだろうという期待（モラル・ハザード）もあって、十分な対策がなされてこなかったのが実態だ。

このような、市場流動性リスクに対する不十分な対応は、単に金融機関にのみ当てはまるのではなく、金融危機以前の多くの監督当局にも当てはまる。実際金融危機を近年に経験した日本やアジアの当局は例外としても、今回の金融危機の震源地であった欧米の銀行監督当局、あるいは中央銀行は、金融危機時の資金流動性リスク、あるいは市場流動性リスクに対し、余りに無防備であったと言える。詳細は、大山（２００９）を参照して欲しいが、そもそも１９９０年代以降、銀行監督機能が中央銀行から切り離されるケース（たとえば欧州や英国）が多くなる中で、流動性危機を想定した両者の一体的運用が軽視されるようになったと言える。この結果、銀行監督当局は流動性リスクや市場流動性の状況に係る監視の目を怠り、一方中央銀行は個別金融機関のソルベンシー問題に関する情報アクセスを失った。さらに両者間の密接な情報交換がない中で、今回のような大規模な流動性危機が金融市場で生じる環境が、金融機関を監督する側の動きからも醸成されたと言える。

そうした中で、金融機関の流動性リスク管理に対する監督当局のアプローチも、多くの場合、金融機関の流動性リスク管理の適切性を確認するのが主流となっていた。またいくつかの国では、満期ごとの流動性のギャップに対し、一定の流動性資産の保有等を規制で求めたり、あるいは中央銀行が日々のモニタリング等を通じてインプリシットに求めることを行ってきた。日本は主に後者の例だと言えよう。

またバーゼルⅡの導入に伴い、一部の国では、第２の柱の中で、明示的に流動性リスクに対しても、自己資本バッファーの保有を求めるようになった。代表的な例は、英国や香港である。もっとも、流動性リスクに対し、所要自己資本を求める考えには異論も多かった。金融機関側が長年展開してきた議論は、流動性リスクは、他のリスクとは異なる性格を有しており、多くの場合、同リスクの顕現化は、他のリスクの顕現化と重なるというものである。換言すれば、流動性リスクの顕現化は、他のリスクの顕現化の結果である、あるいは逆に、他のリスクの顕現化の原因にはなっても、このリスクのみで損失をもたらすことは余りないという議論である。たとえば、前者のケースでは、ある金融機関の信用リスクが顕現化し、そのソルベンシーに疑問が生じたとき、あるいはそのような噂が市場に立つといったレピュテーション・リスクが顕現化した際に、当該金融機関に対し他の金融機関が資金を出し渋る、あるいは預金者がいっせいに預金を解約するといった形で、資金流動性リスクが顕現化することとなる。この場合、その原因となった信用リスクやレピュテーション・リスクと、流動性リスクの双方を定量化した上で、両者に対し資本を課すのは、リスクのダブルカウンティングであるというのが、長い間にわたる金融機関の主張であった。また、市場流動性リスクが顕現化した場合でも、これは結果的に、同市場における取引価格に係るボラティリティの上昇を通じて市場リスクの増大をもたらすわけで、こうした意味でも、流動性リスクを別途リスク量として計量化し、これに対し自己資本を改めて求める必要はないということになる。

前記のような議論の影響、あるいは、流動性リスクに対し明示的に資本を賦課してきた英国において深刻な流動性危機が生じた影響もあってか、バーゼルⅢでは、流動性リスクに対し自己資本の保有を金融機関に求めるのではなく、流動性の高い資産、あるいは安定的な負債の保有を求めるという考え方を導入している。すなわち、流動性リスクの性格が他のリスクと異なる分、自己資本とは異なるバッファー概念を導入することで、これに対処しようとしたのである。具体的には、次の二つの比率に関し100％以上の水準の維持を求めている。

最初の指標は、短期的視点から、1カ月間の資金流動性リスク顕現化にも耐えるという意味で、逃げ足の速い負債に対し、十分な水準の、流動性の高い資産（キャッシュ化が可能な資産）の保有を求める「流動性カバレッジ比率」である。二番目の指標は、長期的視点から、たとえば1年間以上固定化するような資産に対し、やはり1年間以上安定的に残る負債の保有を求める「安定調達比率」である。前者が、流動性バッファーとしての「資産」の「流動性」に着目した指標であるのに対し、後者は、流動性バッファーとして「負債」の「安定性」に着目した指標だと言える。今次金融危機では、資産の証券化等による流動性調達に過度に依存した金融機関や、預金ではなくホールセール市場からの資金調達に過度に依存した金融機関が、金融危機において流動性危機に直面したが、今後は、前者に対しては流動性カバレッジ比率が、後者に対しては安定調達比率が目を光らすこととなる。分かりやすく言えば、流動性カバレッジ比率が「急性症状への対応策」なのに対し、安定調達比率は「長期的な体質改善を促す漢方薬のようなもの」といったところであろうか。

こうした二つの比率は従来から、金融機関における流動性リスク管理に用いられてきた指標である。もっとも、その仮定は、金融機関が用いるものに比べ相当保守的なものとなっている。以下、それぞれの特徴をやや詳しくみると、まず、流動性カバレッジ比率については、短期に流出が懸念される流動性をカバーすべき流動資産の範囲が極端に狭く定義されている（図表３－12）。その内容をみると、２００９年12月提案では、基本的には現金と国債のみとなっており、金融機関や企業が発行した債券は一切認めない扱いとなっていた。流石にこうした扱いに対しては厳しすぎるとの声が上がり、２０１０年７月の改定案では、先のレベル１資産に加えて、レベル２資産として、金融機関以外が発行した社債を一定程度認める扱いとなった。もっともそれでも、現行の定義は狭すぎるという批判はまだ強い。特に、現在のように中央銀行が幅広い資産を適格担保資産として受け入れ（中央銀行の適格担保資産の状況に関しては、図表３－13）、これを担保に金融機関に対し資金を供給している中で、これよりも相当狭いカテゴリーの資産のみを流動資産としてみなす画一的な規制は、中央銀行による非常時の流動性供給スキームの効果を減殺するという問題も抱えている。

また一方で、国債であれば無条件に流動資産に加えるという考えも、リスク実態にそぐわないものである。実際、ギリシャ国債を多く保有するギリシャ等の金融機関は、ＥＣＢの従来の基準に従えば、投資適格基準以下に格下げされたギリシャ国債を担保にＥＣＢから借入を受けることができなかったわけで、この場合、これら金融機関の多くが資金繰り破綻の危機に瀕していたと考えられ

図表 3-12　流動性規制（1）

【流動性カバレッジ比率】

・市場における極端なストレス状況が短期間（30日間）継続した場合でも耐えられるような流動性バッファーを求めるもの

$$\text{流動性カバレッジ比率} = \frac{\text{①適格流動資産額}}{\text{③資金流出額} - \text{②資金流入額}} \geqq 100\%$$

①

流動資産	
現金・中銀預金	100%
国債、中銀発行証券、政府・中銀保証債等	100%
RW20%の公共債、高格付け非金融債、カバード・ボンド	40%

②

主な資金流入項目	
健全資産（1カ月以内に償還期限を迎える部分）	100%

③

リテール預金	
安定した個人・中小企業預金	5%
その他の個人・中小企業預金	10%
ホールセール調達	
預金保険制度の保護対象	7.5%
安定した事業法人・地方公共団体等預金	25%
カストディ・決済関連での金融機関からの預り金	25%
その他の事業法人・地方公共団体等預金	75%
国、中央銀行、公的企業等預金	75%
金融機関預金	100%
3ノッチ格下時の追加担保需要	100%
非金融法人向けの信用供与枠（未使用額）	10%
金融機関向け信用供与枠（未使用額）	100%

（出所）金融庁／日本銀行「バーゼル委市中協議文書　流動性規制の導入」2010年1月に基づき著者が作成.

図表 3-13　主要国中央銀行における適格担保拡充の動き

▼日本銀行

- 国債現先オペの対象に変動利付債、物価連動債、30年債を追加（08年10月14日）
- ABCPの適格要件緩和（共通担保・CP現先オペの対象として日銀取引先の保証するABCPを適格化）(08年10月14日)
- 民間企業債務の適格要件緩和（A格以上→BBB格以上）(08年12月2日)
- 不動産投資法人の発行する投資法人債等を適格担保化（09年1月22日）
- 政府保証付短期債券（CP）を共通担保・CP現先オペの対象として適格化（09年2月19日）
- 政府に対する証書貸付債権および政府保証付証書貸付債権の適格範囲拡大、地方公共団体に対する証書貸付債権を適格担保化（09年4月7日）

▼FED

- 入札型ターム物資金供給（TAF）の導入：すべてのスタンディング・ファシリティ向け担保を適格化（07年12月12日）

▼ECB

- ユーロシステムの受入担保〈除くABS〉について、適格要件緩和（A⁻格以上→BBB⁻格以上）のほか、①ユーロエリアで発行された米ドル、英ポンド、日本円建ての市場性資産、②CD等一定の銀行の負債性証券、③一定の保証が付いた劣後債を追加（08年10月15日）
- ギリシャ不安再燃の渦中の2010年4月8日に開催された欧州中央銀行（ECB）の政策理事会では、2011年以降のオペの適格担保要件に関する新方針を決定。適格担保要件に関する決定の内容は、①金融危機対応としてBBBマイナスに引き下げた適格担保の最低水準を2010年末に平時に戻すとの方針を転換し、2011年以降も現在の水準を維持すること（ABSは除く）、②2011年入り後は平時の最低水準であるシングルAを下回る資産のうち、国債・中央銀行債以外のものについては、現在の一律で追加5％というヘアカット（ディスカウント率）を満期や流動性、信用力に応じた段階的なものに変更し、水準は5％と同等かそれ以上とする、というもの。

▼BOE

- 臨時実施の3カ月物レポオペの対象として、RMBS、クレジット・カード債権を裏付けたとしたABS等を追加（07年12月12日）
- 週次実施で定例化された3カ月物レポオペの対象として、クレジット・カード債権、企業向け貸出を裏付けとした資産としたABS、商業用モーゲージを裏付け資産としたCMBS・カバード・ボンド等を追加（08年10月3日）
- 3カ月物レポオペ、ドル供給オペ等の適格担保にとして、政府保証付銀行社債等(08年10月8日)、および特定の外国政府保証スキームに基づく保証付銀行社債等(09年2月3日)を追加
- 中堅・中小企業向けローンを原資産とするAAA格のカバード・ボンド、特定の輸出信用機関保証付きローンを原資産とするAAA格のカバード・ボンドおよび、ABSを臨時LTRO（3カ月物）等の適格担保として追加（09年8月20日）

（出所）日本銀行「今次金融経済危機における主要中央銀行の政策運営について」2009年10月等に基づき著者が作成.

る。ＥＣＢが政治的思惑もあって、ギリシャ国債の担保としての受け入れを「特例」として認めた結果、前記のような事態を避けることができたわけだが、これはあくまでも例外であり、国債についても、本来であれば、もう少しリスク特性を見極める必要がある。このような措置が、国債を発行する政府や、さらにはこうした国債を保有する金融機関にモラル・ハザードを生じさせ、結果的に政府が最終的なデフォルトに陥るというギリギリの事態に陥るまでは、誰も警告を発しないという危険な状況が生じてしまうかもしれない。

前記のような規制の導入はまた、少し考えてみれば、政府が国債を大量に発行しない限り、金融仲介機能がワークしないことも意味する。たとえば、香港のように国債の発行額が限定的な市場では、銀行間の資金を融通する短期金融市場の主役は金利スワップ市場であり、キャッシュ市場はある程度の規模に止まる債券市場に限られる（この点については、たとえば、絹川（２００８）「東アジア各国短期金融市場におけるベンチマーク金利とＬＩＢＯＲ」を参照）。そのような国では、バーゼルⅢが求める流動性カバレッジ比率をクリアすることが難しくなる。このように金融・経済のグローバル化が進む中で、特に強い経済的論拠がないにもかかわらず、ソブリンが発行した債券であれば、いかなる国のものであれ、これを流動的資産とみなすことには「無理」がある。またこの「無理」は、本来であれば、たとえば格付機関の格付を用いる（すなわち、格付という、ソブリン、民間の共通の尺度を用いることで、流動性資産の一つの尺度とする）ことでクリアすることも考えられる。ただし、この点も後述するように、バーゼルⅢの格付機関への依存を減らすという

「やや無理」な方針から不可能となってしまう。要は「格付機関のバイアス」を問題視した結果が、こうした対応に繋がっているのであるが、それではソブリン発行国債に対する「当局の政治的バイアス」はどうなのであろうか。結局のところ、後者が前者よりもベターだとは、とても言えないのではないか。

流動資産の定義と並び、流動性カバレッジ比率の算出において重要な要素は、負債の流出率の仮定である。この仮定の背景には、次のようなシナリオが想定されている。すわなち、①３ノッチの格下げ、②小口預金の駆け込み的引き出し（いわゆる「ラン」の発生）、③市場からの無担保借入の不可能化と有担保借入の困難化、④一部例外を除く資産を裏付けとした短期資金調達の困難化、⑤市場ボラティリティの高まりとこれに伴う担保のヘアカット率の拡大、⑥コミットメントの引き出し、⑦レピュテーション上の配慮からもたらされる流動性供給の拡大、である。もっとも、この仮定についても、民間からは厳しすぎるとの指摘が出て、２０１０年7月の改訂案では若干の修正がなされている。しかしながら、たとえば、我が国において実際に生じた預金流出率を見ると、１９９７年に風評被害にあった紀陽銀行で数日間に３０００億円程度（預金総額の約10％程度）が流出したとされており（たとえば、服部（２００６）参照）、バーゼル委員会が当初示した仮定（７・５％）が極端に保守的か否かは議論の残るところである。また、預金取引のインターネット化が進む中で、預金の振り替えや引き出しは、10年前と比べてもはるかに容易となっており、バーゼルⅢで想定すべきストレス時の流出率は、こうした点まで含めた議論が必要であろう。

図表 3-14　流動性規制（2）

【安定調達比率】

・中長期的な指標として、資金の運用調達構造のミスマッチの抑制を求めるもの
・2017年末までは観察期間で、問題点を是正した上で2018年初より実施する予定

$$\text{安定調達比率}=\frac{\text{②安定調達額}}{\text{①所要安定調達額}}>100\%$$

①

現金、残存期間１年未満の証券・貸出	0%
国債、政府保証債、国際機関債等	5%
信用・流動性供与枠(未使用額)	5%
非金融機関発行の社債等(AA格以上)	20%
非金融機関発行の社債等(A⁻格～AA⁻格)、金、上場株式、事業法人向け貸出(残存期間1年未満)	50%
住宅ローン等	65%
個人向け貸出(残存期間1年未満)	85%
その他の資産	100%

②

資本(Tier 1, Tier 2等)	100%
残存期間１年以上の負債	100%
個人・中小企業からの安定した預金	90%
個人・中小企業からのその他の預金	80%
非金融機関からのホールセール調達(満期の定めがないまたは残存期間1年未満)	50%
その他の負債および資本	0%

（出所）金融庁／日本銀行「バーゼル委市中協議文書　流動性規制の導入」2010年１月に基づき著者が作成.

次に安定資産比率であるが、この比率では、所要安定調達額と安定調達額の二つの要素が重要となってくる。それぞれの概要については、図表３－14の通りである。

この安定調達比率では、１年以上固定化される可能性がある資産に対し、１年以上資金として止まるような負債によって対応されているか否かが重要なポイントとなる。昔から、短期調達、長期運用の長短ミスマッチによって生まれる長短のイールド差からの収益に過度に依存してきた金融機関が、短期金利上昇時点において大幅な逆ザヤとなり、業界全体が金融危機に陥るような問題は繰り返し起こってきた（たとえば、英国におけるセカンダリーバンク危機や米国のS&L危機）。このためバーゼルⅡでは、少なくとも金利に係るリスクは、第２の柱のアウトライアー基準によって捉えられるようになっている（ただし、この点に問題が多いことは後述する）。その一方で、流動性ギャップ自体を縛る規制が少なくとも国際的には存在しなかったことから、こうした規制が導入されることとなった。

もっとも、この安定調達比率に関しては、流動性カバレッジ比率以上に、金融機関からの批判が強かった。それというのも、金融機関の長短流動性のミスマッチ構造そのものを制限することは、そもそも金融機関にとっての本質的な役割の一つである、短期で資金を集めて長期で資金を貸し出すという金融仲介機能の一つを否定することにも繋がるからだ。また負債の残存期間が１年超か否かが比率に影響を与える分水嶺になることから、多額の負債の満期が１年を切るような時点では比率が大幅に変化するなど、その運営に不安をもたらすような問題も指摘されている。

前記の二つの流動性比率のうち、流動性カバレッジ比率は、２０１１年から観察期間が始まり、２０１５年より最低基準として導入される予定である。一方、安定調達比率は、２０１２年から観察期間が始まり、経過状況をみた上で、問題があった場合にはこれに対応したものを、最終的に２０１８年から導入することとなっている。このように、特に後者の安定調達比率については、金融機関からの批判が強かったこともあり、今後の運営状況もみつつ、慎重に導入されることとなった。

なお、こうした議論の中で、日本サイドからは、流動性の状況も、自己資本比率に組み込んだ上で、一体的に運営すべきではないかとの議論が強く出されてきた。たとえば、週刊金融財政事情の２００９年7月6日号に掲載された吉藤、宮本、山下「自己資本規制強化議論と邦銀」は、特に自己資本の質の問題と流動性の問題間の代替性は高く、この点を考慮した上で、自己資本の質を極度に高めることをしなくても、自己資本比率規制に流動性の要素を直接取り込むことで、金融機関のソルベンシー状況をきめ細かく監視することが可能だと主張している。また、当局サイドでも、たとえば２０１０年5月に日本銀行が公表した加藤、小林、才田「銀行の最適資本水準の考え方」(Kato, Kobayashi, and Saita（2010））は、流動性の要素を明示的に取り込みつつ、最適自己資本比率を算出することができるとの議論を展開している（詳細は後述）。

日本が前記のような議論を展開する背景の一つには、自己資本の質が低い一方で潤沢な流動性を有する邦銀が、今次金融危機で大きな問題に直面しなかったという事実がある。もっとも、残念ながら、バーゼルⅢの最終版には、前記のような考えは明示的には取り入れられなかった。

◆レバレッジ比率の導入

バーゼルⅢでは、バーゼルⅡとは異なり、敢えてリスク感応的で〝ない〟ことを売りにした規制を導入している。それが、レバレッジ比率である。この比率は、簡単に言ってしまえば、単純にバランスシートの資産（一部オフバランスシートの想定元本も勘案）と自己資本を比べたものである。昔は多くの国で導入されていたものの、近年では、リスク管理の高度化、さらにはバーゼルⅡの導入に伴い、ほとんどの国で「原始時代の遺物」として忘れられた存在となっていた。最近に到るまで、同制度を維持してきた国は、米国、カナダ等に限られる。

それがなぜ、今次金融危機によって脚光を浴びるようになったのか。その一つの理由は、バーゼルⅡのリスク感応度が必ずしも一部の金融機関に対し適切に機能しなかったためである。これは特に、米国の投資銀行に当てはまる。米国はまだバーゼルⅡを導入していなかったが、バーゼルⅡとほぼ同等だと思われる方式で計測した自己資本比率に関し金融危機前の米国の投資銀行の状況をみると、非常に高い水準が維持されている。こうしたこともあって、投資銀行のレバレッジ・レシオ（なお、ここで用いる「レバレッジ・レシオ」は負債／資本比率のこと。因みに、バーゼルⅢで導入されるレバレッジ比率は、資本／総資産の比率であり、分母と分子がまったく逆の関係にある点、留意の要）がこの間大幅に上昇したにもかかわらず、これを監督当局は特に問題視してこなかった

図表 3-15　主要国金融機関のレバレッジ・レシオの推移

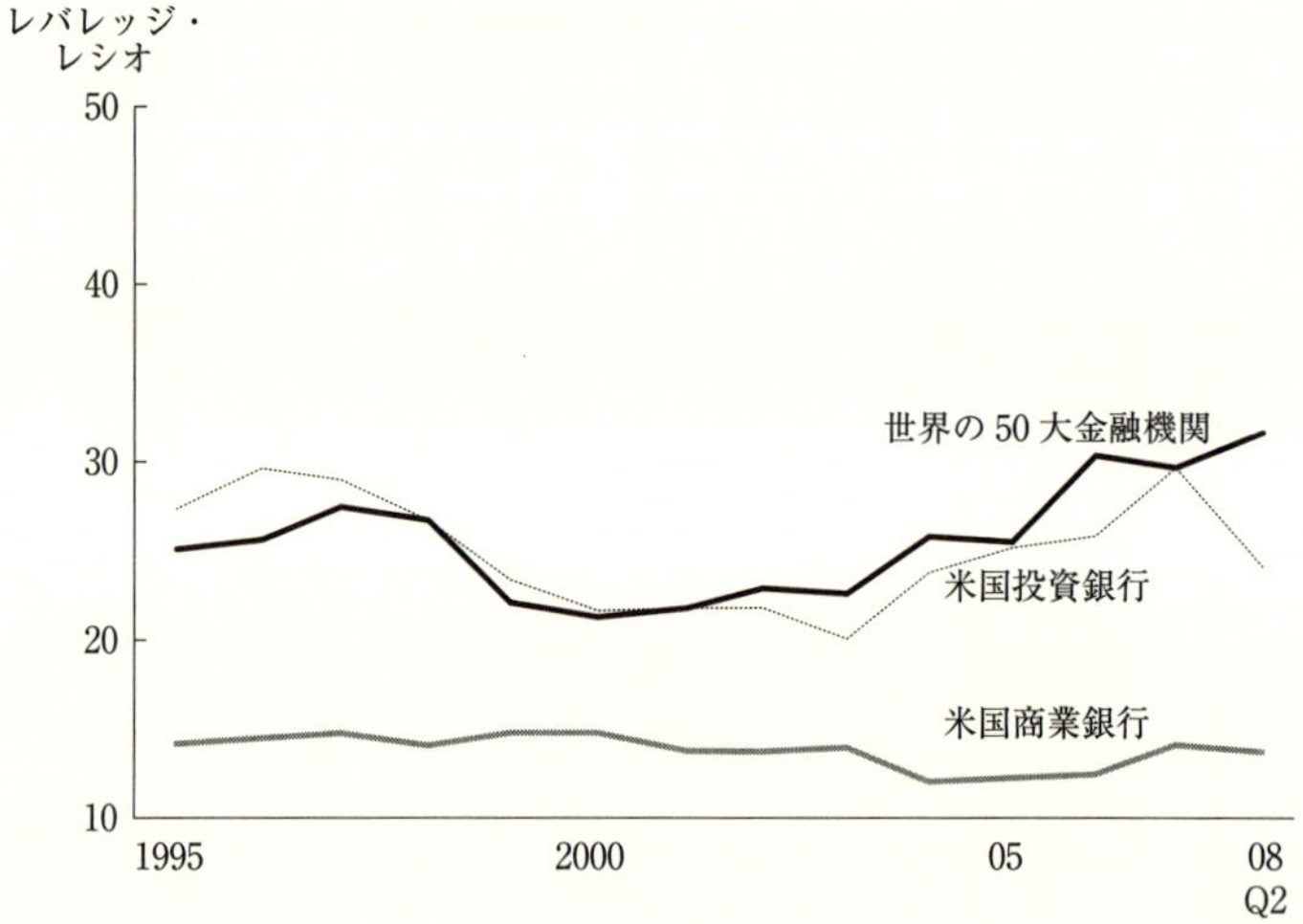

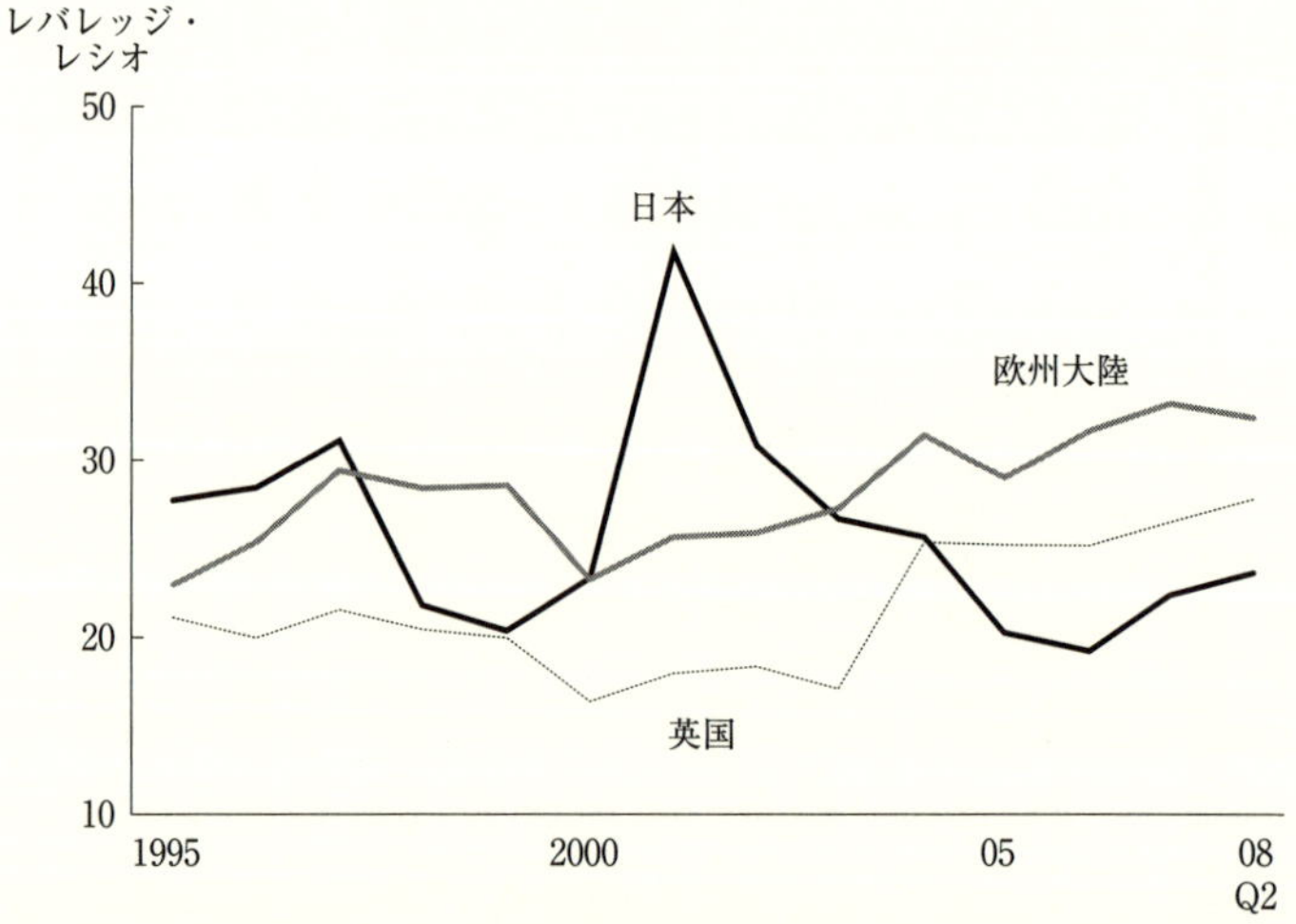

（出所） CGFS (Committee on the Global Financial System), *The Role of Valuation and Leverage in Procyclicality,* 2009に基づき著者が作成.

と言われている（図表3－15）。米国の一部当局者（特にＦＤＩＣは昔からレバレッジ比率の有効性を強調する最強硬派として知られる）にとってみれば、バーゼルⅡのリスク感応度という言葉に「騙されて」レバレッジの上昇を許した後、投資銀行の破綻がトリガーとなって今回のような金融危機が起きたのであるから、補完的指標とはいえ、敢えて「リスク感応的でない」指標を導入すべきと主張する気持ちも分からないではない。同時に、余りに複雑で、規制を作ったクオンツにしかその本当の意味が分からないバーゼルⅡに対し一部当局者が不信感を感じ、この不信感をヘッジする目的で、単純なレバレッジ比率が求められたと考えることもできよう。

一方で、これまでバーゼルⅡを導入する過程では、同規制のリスク感応度がもっとも重要な特性として強調されてきたのであるから、その突然の背反は、特に今回金融危機が起きたわけではない非震源地国の金融機関からみれば、当局の「裏切り」と映っても仕方がないかもしれない。非震源地国の当局にとっても、その思いは同じであろう。もちろん、震源地の当局が懸念するように、バーゼルⅡ規制を掻い潜るような規制裁定の可能性は、すべての国において常に存在している。ただし、後述するように、こうした問題に対し単純な規制の導入で臨むのか、あるいはバーゼルⅡの第2の柱で臨むのかは、各国の監督当局の「質」次第なのである。自国の経験が下敷きにあるとはいえ、当局の質を低い水準に固定する考えを勝手にグローバル・スタンダードとして導入した上で、全世界に対しレバレッジ比率の導入を義務付けようという考えは、余りに身勝手だと言えよう。

上記に加えて、さらに、例えば鎌田・那須（２０１０）が示すように、リスク・ベース指標とレ

図表3-16　レバレッジ比率の概要

$$\text{レバレッジ比率} = \frac{\text{Tier 1 資本}}{\text{BS 上の総資産＋オフバランス項目等}} \geqq 3\%$$

▶**資本**

・資本は限定的（Tier 1 資本）

▶**資産**

・流動資産は含める扱い

・オフバランス項目の掛け目は一律

・信用リスク削減効果は勘案せず

・証券化商品は会計上の計数

・デリバティブ取引には、バーゼルⅡ上認められている標準的な掛け目に基づく将来の潜在エクスポージャーに関する簡易な指標を適用

▶**水準は３％超**

（出所）金融庁／日本銀行「バーゼル委市中協議文書　レバレッジ比率規制の概要」2010年1月の資料に基づき著者が作成.

バレッジ規制が「併存」することが、金融機関のインセンティブを、資産の質を悪化させる方向に向けてしまう懸念も理論的に指摘されている。

レバレッジ比率の詳細は、図表3－16のとおりである。導入のスケジュールとしては、2011年より監督上のモニタリング期間が始まり、2013年～17年までの試行期間（2015年より各銀行による開示開始）を経て、2018年より、第1の柱への移行が予定されている。また当初の目標水準も3％ということで、多くの金融機関にとっては当面問題のない水準となっている。

◆外部格付への過度の依存の見直し

今次金融危機において、格付機関が付与

する格付が多くの問題を起こしたことは、既述のとおりであるが、実はバーゼルⅡそのものも、格付機関の格付に強く依存する構造となっている。たとえば、証券化取引のリスク・ウェイトや信用リスクの標準的手法におけるリスク・ウェイトの決定に際しても、適格格付機関が付与した格付の活用が認められている。

バーゼルⅢでは、規制を通じて、当局が一部格付機関の格付に実質的にお墨付きを与えることが、①銀行自身による独立した内部リスク評価が疎かになること、②格付機関に、ビジネス獲得を目的とした高格付付与のバイアスがかかること、③一定以下の格付でリスク・ウェイトが急上昇することで、市場参加者の行動が歪められること、という三つの負のインセンティブを与えることを問題視し、これを是正しようとしている。

具体的には、①に対しては、適格格付機関の認定等に当たり証券監督者国際機構（ＩＯＳＣＯ）の行動規範を取り込んだり、バーゼルⅡの信用リスクに係る標準的手法採用行（同採用行は、格付機関が付与した格付の使用が許されている）における第２の柱を通じた信用リスク評価の強化が示されている。また②に対しては、勝手格付の利用要件の厳格化や、規制裁定目的での格付機関の変更禁止、さらに③に対しては、信用リスク削減に係る適格保証人要件（A-以上）の撤廃が示されている。以上に加えて、バーゼル委員会では、証券化商品等の格付と自己資本賦課に関し、抜本的な見直しを予定している。具体的には、外部格付が存在する場合には外部格付準拠方式を用いることを義務付ける現行ルールの見直しや、証券化商品全般の自己資本賦課の枠組みやリスク・ウェイトの見直しがそれである。

もっとも、たとえば前記に記した①への対応の関連では、バーゼルⅡがすでに、当局に対し格付機関の適切性をチェックすることを求めていたのに対し、なぜこうしたプロセスが一部国において有効に機能しなかったのかを、本来であれば問うべきではないだろうか。さらに、格付機関の判断に仮に問題があったとしても、これよりもベターな判断を、当局あるいは各金融機関に求めることができるのかも考える必要がある。その上で、より現実的な格付機関の活用方法を模索していくべきではないだろうか。

第4章

バーゼルⅢの問題点

1　バーゼルⅢの批判的検討

本章では、前章でみたバーゼルⅢに関し、一定の視点に基づき評価したい。その視点の一つは、究極的には新たな金融危機の発生を防ぐことができるのか否かといった点である。そのためには、新たな金融危機を防ぐためのベストの方策に係る自らの考え方がまずあって、それとの比較を通じて、その善し悪しを判断するというプロセスが必要となる。こうした目的のために、すでに第2章「金融危機を解析する視点」の「9　西部大森林の法則に学ぶ危機への対応策」において、危機対応を評価するための大きな枠組みを示した。

繰り返しになるが、今次金融危機のような、大規模な危機の再発を防ぐためには、まず「不均衡の是正」（西部大森林の問題）があり、次に「モラル・ハザードを管理するシステムの問題の是正」（カリフォルニア州行政の問題）があり、最後に「個別金融機関におけるガバナンス、リスク管理上の問題の是正」（カリフォルニア住民の問題）が重要となる。果たして、現状の金融危機対応が、このようなプライオリティに応じて、適切な策を講じているのかが、本書における評価の座標軸となる。

もっとも、他の問題としては、たとえば規制が過度に保守的になっていないかという点もある。保守的な規制を導入すれば、金融危機再発の可能性を減じることはできるかもしれない。もっともその一方で、過度に保守的な規制は、マクロ経済における金融仲介を窒息させてしまうという大きなコストも伴う。金融危機回避の最終的な目的が、これによるマクロ経済へのマイナス・インパクトの回避であるならば、過度に保守的な規制がもたらすマクロ経済へのマイナス・インパクトも当然ながら回避すべき対象となる。両者がトレード・オフの関係にあるならば、その比較考量の結果、どちらを優先させるかを考える必要があるが、少なくとも「過度な」規制（金融危機回避の目的へのネットの貢献が非常に小さい規制）は回避すべきということになろう。

以下では、まずは、バーゼルⅢで大きなテーマとなっている点に関し、果たしてそれが本当に、金融危機の再発防止に役立つのか否かを考えてみたい。バーゼルⅢの大きなテーマとは、すなわち、①所要自己資本の質と水準の大幅な引き上げ、②金融規制の単純化／裁量余地の最小化、③リスク・スコープの拡大、④リスクの過小評価の是正、⑤バーゼルⅡのプロシクリカリティの緩和、⑥新規制のグローバル・ベースでの一律導入、であると考えられる。以下ではそれぞれに関し、バーゼルⅢが金融危機の再発を防ぐ上でプラスになる点と、潜在的な問題点を考えてみたい。その上で、次のステップとして、第2章で示したような政策評価の大きな枠組みにそって、著者が考えるベストの方策と、バーゼルⅢに代表される実際の対応のギャップ分析を試みてみたい。

なお、バーゼルⅢの個別の内容に対し市中金融機関から出ている批判や問題点等は、すでに前章で説明済みである。

2 個別テーマごとにみたバーゼルⅢの意義と問題点

◆所要自己資本の質と水準の大幅な引き上げ

前章の第3節で説明したとおり、バーゼルⅢは、金融危機時でも、金融機関がゴーイング・コンサーンとして生き延びるために必要な資本であるコア Tier 1 資本を重視すると同時に、従来に比べ非常に高い自己資本比率を求めている。これは、今次金融危機のような事態において、TBTF等の大規模金融機関が破綻することなく、さらには政府の救済を受けることなく、乗り切るための対策だと主張されている。まずこの点について、考えてみよう。

自己資本の質の高さの引き上げは、TBTF先に対し、投資家側のモラル・ハザードを防ぐという意味では正しい措置だと言える。もっとも、論点は、自己資本からの控除項目を含めて、いったいどこまで厳しくすればよいかという点であろう。実際に危機に瀕しても、損失を吸収することができず、さらにTBTFであるが故に政府による救済が実行された場合には最終的に何ら損失を吸収できないようなハイブリッド資本等を、（特にTBTFに対し）コア Tier 1 資本の定義から外すことには余り異論はないであろう。たとえば、既述のとおり日本の金融機関では、流動性バッファーの保有と自己資本の質を代替可能な特質とみなした上で、流動性バッファーが高い先に対してまで、高い質の自己資本を求めるべきではないとの議論もある。もっとも、実際に破綻を許容することができないＴＢＴＦの存在を是認した場合に、政府負担を少しでも減らすという視点に立てば、実際に破綻するまで損失負担を強要できない資本をゴーイング・コンサーン資本として認めることはやはり難しいであろう。そういう意味では、バーゼルⅢは、バーゼルⅡ下では永遠の課題のようにみえた自己資本の質の劣化という問題を、金融危機という大きすぎるコストを払った上で、漸く是正することができたのである。邦銀的な視点からみれば、米欧の都合で勝手に資本の劣化を許した上で、いざ自国が危機に陥れば、ふたたび自らの都合のみで資本の純化を求めるのは、余りに身勝手過ぎると感じるところであろう。その気持ちも当然分かるが、いくら身勝手な行動であっても、誤った方向を是正する議論はやはり正しい議論なのであり、結局は、これまでの誤った方向に正面から抗議せず、自らが同じ船に乗ってしまった過ちを悔むしかないということになる。

一方、同じ資本の純化の問題でも、コアTier 1資本からの多くの控除項目の設定は、やや性格が異なるように思える。現状のコアTier 1資本の定義は、会計上の自己資本の定義よりも随分と狭いものだ。こうした控除項目は、既述のとおり、金融機関が金融危機に瀕した際に、実際に損失を吸収するような形で売却することが可能な資産に裏打ちされているか否かという視点に立った定義だと言える。換言すれば、金融危機時においても平常時と変わらぬ価値が維持できるという「資産価値」の問題と、金融危機時においても売却できる資産の「流動性」の問題が念頭にあるようだ。

もっとも、これらの項目を、ゴーイング・コンサーンとしてのコアTier 1資本から控除することには、いくつかの疑問がある。

仮に、コアTier 1からの控除項目が、同控除項目の対象資産に係る価値が、ゴーイング・コンサーンであることに決定的に依存している（破綻した途端に価値が急落する）のが理由なのであれば、これは従来のバーゼルⅡに欠けていた重要な論点かもしれない。すなわち、金融機関の「清算価値」に基づく自己資本の評価ということになる。今回の控除項目に焦点を当てれば、（すでに以前から控除対象となっている〝のれん〟を除く）無形固定資産や、繰延税金資産等が該当することとなる。これら資産はたしかに、破綻前に他行へのスムーズな売却が実行されない限り、破綻とともに無価値になる可能性が高い。したがって、預金保険に損失が及ぶ可能性を高めてしまうことはたしかである。同時にこれは、破綻の危機に瀕した金融機関の、政府による救済インセンティブを高めるかもしれない。

一方で、資産によっては、破綻前にスムーズに売却される可能性があることも事実である。また、金融機関がゴーイング・コンサーンであることに依存する資産は、他にもたくさんあることに留意する必要がある。たとえば、メインバンクによる企業向け貸出の多くは、メインバンクの破綻とともに、デフォルト債権に転化するかもしれない。こうした点を考慮すれば、金融機関がゴーイング・コンサーンを〝止めた〟ときのネット資産価値は大幅に減価することが考えられる。実際、我が国の金融危機のケースでも、破綻とともに自己資本比率が大幅なマイナスに転化する例が相次いだ。こうした状況に対し、銀行監督当局は、本来、自己資本比率の分子（資本）の議論というよりは、自己資本比率の分母（資産）の議論として対応すべきではなかったか。この点、バーゼルⅢの議論の方向性は正しいと評価できるものの、その中途半端な対応（分母の議論を始めると短期間での収拾が難しくなるので、取りあえず分子の議論で対応できるものだけ対応する）は、制度の矛盾を広げるという意味で新たな問題の芽を生み出すことになるかもしれない。

また仮に控除項目の理由が「流動性」だとしても、問題は残る。今回の控除項目の中では、確定給付退職年金が該当する。この点、バーゼル委員会が危惧するような事態とは、たとえば一般の企業が直面するような「黒字破綻」、すなわち会計上は黒字を保ち自己資本の視点からは問題はなくても、結局資産の流動化がままならず、資金繰りが苦しくなって破綻するようなケースを想定しているのであろうか。もしそうであれば、これは自己資本の議論ではなく、流動性の問題として議論すべきである。また、流動性リスクに関しては、すでに新しい二つの比率の導入が予定されており、これによりすでに対応済みだと考えるのが自然ではないか。こうした流動性比率が、自己資本比率とは別途設けられた背景には、ソルベンシーのバッファーには自己資本を、流動性のバッファーには流動性資産（あるいは安定した負債）をという二分法の考え方があったはずだ。そうであるならば、なぜ資産の流動性の問題が、部分的にコアTier 1の議論に入ってきたのかが理解できない。両者を一体として扱うのであれば、それこそ邦銀が主張しているように、ソルベンシーと流動性を組み合わせた新たな指標を作り、これに基づき両者を管理すべきである。

次に所要水準の引き上げについて、考えてみたい。所要自己水準の大幅な引き上げは、同水準が高まれば、金融システム全体の強靭性が高まり、結果として金融危機が再発する危険性を減らすこ

図表 4-1　政府による経営介入銀行と非介入銀行の自己資本比率推移

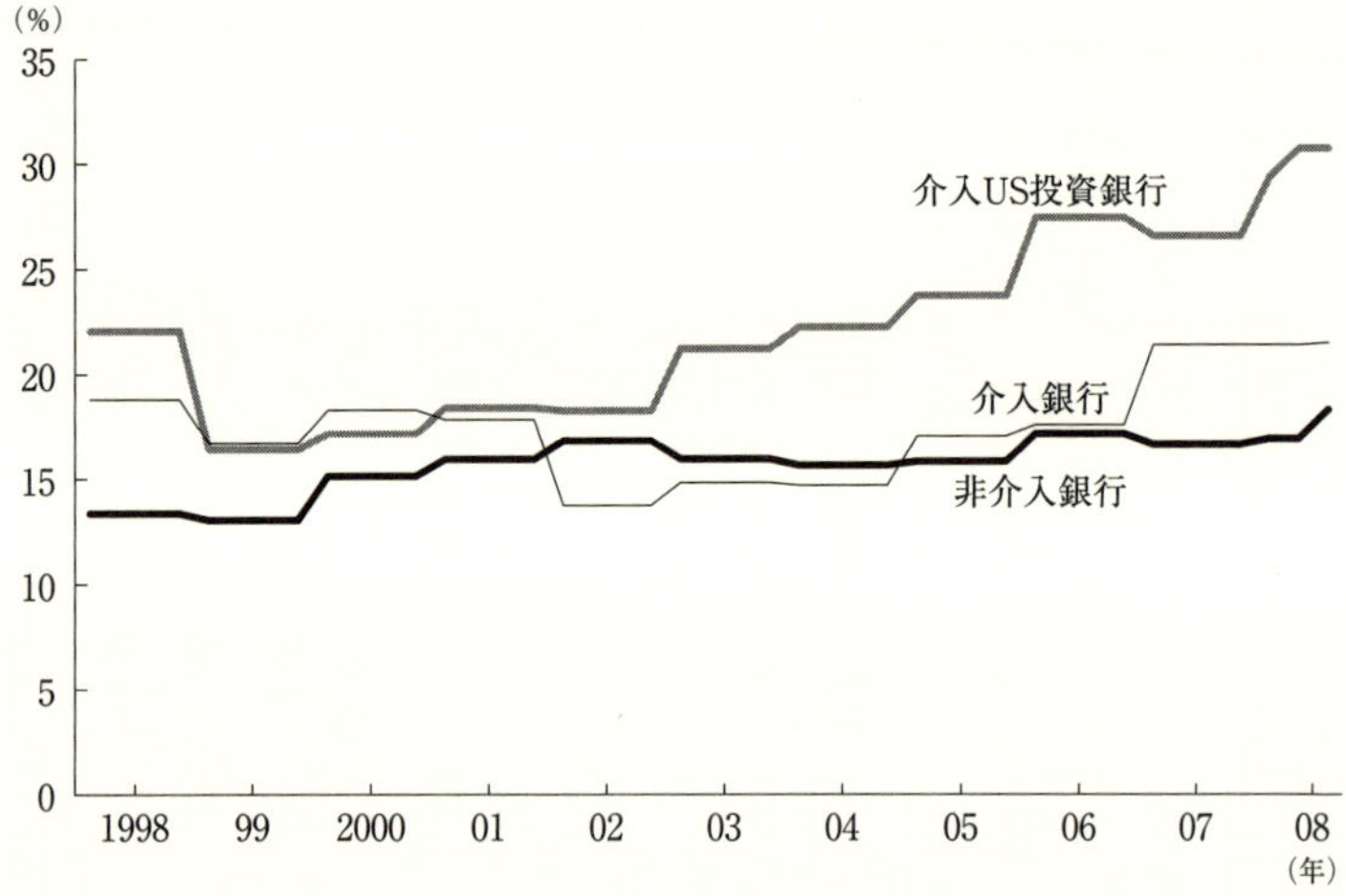

（出所）IMF, *Global Financial Stability Report,* April, 2009に基づき著者が作成.

とができるという考えが根底にある。これ自体は、単純に「そうかな」と思ってしまう議論であるが、実は実証結果をみる限りそうでもない。たとえば、ＩＭＦの分析結果（ＧＦＳＲ（２００９年４月号）の第３章）をみると、自己資本比率の水準と、破綻金融機関の関係に関しては、必ずしも正の相関があるわけではなく、むしろ、最近のケースでは、破綻した金融機関の自己資本比率の方が、生存している機関のそれと比べて高いという観察すらある（図表４－１）。また、同じように、金融システム全体の自己資本比率の水準のみで、金融危機の発生確率を導出することは難しいとの分析結果も出されている（Borio, Claudio and Drehmann（2009)）。

こうした一見「パラドックス」のような事象はなぜ生じるのであろうか。その理由の一つとして考えられるのは、「高い所要自己資本比率は、却って、監督当局の目が行きとどかない分野における、金融機関によるリスクテイク・インセンティブを高める」というものである。たとえば、FRB Chicago（1996）は、金融機関規制の導入に関し、次のように指摘している。

“the command regulations may induce unintended perverse behavior by the regulated firm”
「銀行行動を極端に縛る規制は、規制対象銀行による、当局者にとっては予期せぬ（かえってマイナスの）結果を招くかもしれない」（著者訳）

すなわち、力ずくで、one size fits all タイプの厳しい規制をすべての金融機関に課そうとすれば、これら金融機関は自然、規制の隙間を掻い潜る（いわゆる、規制裁定）、あるいは監督当局がまだ十分認識していないような新たなリスクをテイクするインセンティブを持つこととなる。このインセンティブの強さは、監督当局と並び金融機関にとって重要なステークホルダーである株主が要求するリスク・アペタイトとの乖離が大きくなる、あるいは画一的な規制が求める所要自己自本やリスク管理態勢が、個別行のリスク・プロファイルや本来あるべきリスク管理の姿から大きく乖離すればするほど、大きくなるといえよう。このような議論は、実は日本の金融庁が以前から展開していた議論でもあった（たとえば、佐藤隆文前金融庁長官が２００９年6月30日付の Financial Times に寄稿した記事“Tightening capital rules could increase risk taking”参照）。

これに対し、たとえば、Kato, Kobayashi, and Saita（2010）のように、単にソルベンシー比率のみではなく、流動性の状況までも説明変数として勘案すれば、各国における金融危機の蓋然性は説明可能であるとの議論を展開している例もある。ただこれについても、バランスシートの中に複雑な金融取引やオフバランスシート取引が急増しこれがリスクの源泉となったのが比較的最近であり、さらにはこうした事象が一部先進国に限定されていることを考えれば、１９９０年代以前に世界各国で発生した多くの金融危機を主要なサンプルデータとして用いたパネル分析がもたらす結果を、現在に応用するには限界があるのではないか。なお、後述するように、バーゼル委員会が最終的に公表した所要最低自己資本水準の考えは、基本的には自己資本水準が高ければ高いほど、金融危機の蓋然性を抑制できるという仮定に基づいており、そういう意味では、シカゴ連銀が指摘するような pervasive effect は（過去の統計に顕れていないという意味で）まったく考慮されていない。

前記に加えてさらに考慮すべきなのは、最低所要自己資本水準は、単に金融機関が有しているリスク・プロファイルのみで決まるわけではないということである。あるべき最低所要自己資本の水準は、①当該金融機関のリスク・プロファイルに加えて、②同金融機関の経営陣が危機的状況に対し迅速に対応できるか否かといった能力、及び、③金融機関の真のリスク・プロファイルやダイナミックな危機管理能力を正しく評価できる「監督当局の能力」の関数でもあるのだ。この三つの重要な要素に、④社会全体としてのリスク許容度（これは監督当局が有するリスク許容度と同じと想定）があって、初めて、個々の金融機関が有すべき最低所要自己資本水準が決まる。それにもかかわらず、バーゼルⅢの議論はもっぱら、①金融機関のリスク・プロファイルや、④社会のリスク許容度のみに注目し、その他の要素を完全に無視している。もちろん、規制の対象として、②金融機関が迅速に対応できる能力や、③監督当局の能力まで含めることは難しい。それでも、②に関しては、バーゼルⅡの第2の柱の下で、UKFSAをはじめとした多くの当局が明示的に取り入れようとしていた。こうした動きがなぜ否定されるようになったのかは、次の項で説明したい。また、監督当局の能力を、監督当局自身が評価することはできないが、これについては、震源地諸国では、メイン・ストリートの思いを汲み取った政治家が、厳しい評価に沿った対応を促している。この点については、後述するグローバル・ベースでの一律対応の問題の項で改めて議論する。

このように考えると、現在バーゼルⅢが求めている、現行比非常に高い所要最低自己資本比率が、たとえば金融システムの安定に対しどのような影響を与えるのかは、必ずしも明確ではない。またその影響は、各国によっても大きく異なるかもしれない。たとえば、今次金融危機で、監督当局の能力の低さが露呈し、さらに必ずしも金融機関の危機対処能力が高くなかった国では、バーゼルⅡで求める所要最低自己資本対比で大幅に高い水準を求められても仕方がないかもしれない。ただ、こうした国は、規制裁定が容易な国でもあるので、高い所要最低自己資本比率が、ふたたび新たな危機の種を蒔く可能性も考慮する必要があろう。一方、今次金融危機の非震源地国では、必ずしも監督当局や金融機関の危機対処能力の問題が露呈していない中での引き上げなので、その不合理も手伝い、たとえば、監督当局が認識していないリスクのアグレッシブなテイクを助長するかもしれない。こうした問題に対する、著者が考える処方箋については、本章の第3節で説明することとする。

◆金融規制の画一化・単純化／裁量余地の最小化

バーゼルⅢがもたらした、金融規制の画一化、単純化の代表例は、流動性規制、及びレバレッジ比率の導入だと言える。流動性リスクの管理については、すでにバーゼル委員会の方から2000年にガイドラインが出され、その後今次金融危機の教訓を踏まえる形で2008年にはガイドラインの改訂版が出された。これに加えて、バーゼルⅢでは、自己資本比率規制の流動性リスク版とも言える、グローバルに一律導入される流動性規制が初めて導入されている。

流動性リスクに関しては、以前から、こうしたグローバル規制の導入が必要なのではないかとの考えはあった。なぜなら、金融機関が直面しているリスクの多くがグローバル・ベースの自己資本比率規制で制御される一方で、重要なリスクの中で唯一、流動性リスクのみが、この規制の対象に明示的には入っていなかったためである。既述のとおり、国によっては、バーゼルⅡの第2の柱の下、流動性リスクを自己資本規制の中で明示的に取り扱う枠組みを示していた（たとえば英国や香港）が、これは例外的だと言える。

流動性リスクがなぜ自己資本比率規制の中で、より明示的な形で取り込まれなかったのか、その理由は、すでに第3章第6節で指摘したとおりであり、流動性リスクに対するバッファー（すなわち、流動性資産等）と、その他リスクに対するバッファー（資本）が本質的に異なるという点が挙げられる。その一方で、それではなぜ、流動性リスクのみに絞った規制が、これまでグローバル・ベースで導入されなかったのか。これは偏《ひとえ》に、各国の金融機関が直面している流動性の状況が、各国の状態・制度に非常に依存するものとなっており、国を跨《また》いだ一律のルールを決めることが難しいためであった。さらには、特に制度という点では、中央銀行の金融市場における資金調節方式や、流動性供給に係る考え方やスキームに強く依存する面も、これまでグローバルなルールの導入に二の足を踏ませてきた理由かもしれない。すなわち、中央銀行による資金調節方式や担保政策、流動性供給に係る考え方やスキーム等に、グローバルな視点から（同じとまでは言わなくても）より収斂《しゅうれん》された基準が導入されない中で、単に金融機関に対してのみ、同じ流動性リスクに係る基準を導入しても、その条件はグローバルには均等化しないことになる。換言すれば、真の均等化のためには、中央銀行のスキームまで評価する基準が必要になるわけだ。ただ、誇り高き中央銀行（中央銀行の多くはバーゼル委員会のメンバーでもある）は、他者が自分たちのスキームを評価することを良しとはしなかったのかもしれない。

こうした事情もあって、これまで流動性リスクに係るグローバルな一律規制が導入されてこなかったにもかかわらず、バーゼルⅢではいきなり、こうした規制が飛び出してきた。それはなぜか。その理由の一つは、今次金融危機において、震源地国で、多くの金融機関が流動性リスク顕現化から破綻の危機に直面したからだ。震源地国の政治家たちの意向を強く反映したG20からの要請にバ

図表 4-2　金融危機に対する主要中央銀行の流動性供給面での主な対応

		日本銀行	FED	ECB	BOE
政策の先行きに関する表明			○		
流動性供給拡充策	オペ頻度引上げ	○	○	○	○
	オペ期間長期化	○	○	○	○
	オペ等適格担保拡大	○	○	○	○
	債券貸付ファシリティ拡充	○	○		○
	オペ等相手方拡大	○	○	○	○
	中銀間通貨スワップ	○	○	○	○
	クロスボーダー担保拡充	○			○
	スタンディング・ファシリティ拡充	○	○		○
	資金吸収手段拡充		○	○	○
B/S 拡大（注）		1.1 倍	2.3 倍	1.5 倍	2.7 倍
リザーブ拡大（注）		1.6 倍	76.6 倍	1.5 倍	6.3 倍
買入れ対象資産拡大		○	○	○	○
個別金融機関等流動性支援			○		○

（注）2007年６月との対比でみた，2009年６月（ただし，ECB および BOE は2009年５月）計数の倍率.
（出所）日本銀行「今次金融経済危機における主要中央銀行の政策運営について」2009年７月に基づいて著者が作成.

ーゼル委員会が応えるためには、新しい流動性規制に係る国際的合意がどうしても必要であった。その効果はどうあれ、取りあえずバーゼル委員会として、何らかの国際的統一基準を導入することが、自らの存在意義を示す上でも重要であった（バーゼル委員会が作らなければ、結局はＦＳＢ〈金融安定化理事会〉が作ることになっていたであろう）というのは言い過ぎであろうか。

もっとも、この結果として生じたことは、中央銀行の危機対応能力がもっとも低い国々の環境を所与とした流動性リスク管理に係る国際的規制の出現だといえよう。これは具体的には、英国や欧州ということになるかもしれない。危機後の今でこそ、その流動性供給のスキームには大きな改善がなされた（図表４－２）ものの、２００７年中頃までの英国や欧州の中央銀行の銀行危機、流動性危機に対する体制は、ほとんど丸腰に近い状態ではなかったかと思う。たとえば、緊急時の流動性供給スキームは、貸出先のネームに係る稚拙な情報管理も手伝って、スティグマ問題（金融機関が中央銀行から借り入れたことが当該金融機関の財務・流動性不安を惹起させるというレピュテーション上の不安から、同スキームの活用に二の足を踏ませる問題）から実際には活用できなかったり、また活用できたとしても、適格担保の扱いが非常に限定的で、活用の余地が限られてしまった。さらに、中央銀行が特定金融機関に対し、流動性を供給すべきか否かの判断についても、中央銀行が個別金融機関のソルベンシー情報にまったくアクセスできないという理由で、適切で迅速な判断を行う体制にはなっていなかった。

当然ながら、イディオシンクラティックな要因（金融機関の個別属性に依存する要因）に基づく流動性不足に対しては、本来個別金融機関が、中央銀行のサポートに依存することなく、自らの努力で切り抜けるべきであろう。もっとも、仮にシステマティックな要因（多くの金融機関が同時に直面するマクロ経済的、あるいは制度的要因）から、いくつかの金融機関が流動性不足に直面した際、こうしたリスクへの対処をすべて個別金融機関に負わせようとすることは、そもそも中央銀行の設立の趣旨に反しているとも言える。たとえば、1913年にFRBが米国に設けられた際には、物価の安定が目的として掲げられたのではなく、1907年の金融恐慌の反省をベースに、各金融機関の資金繰りがよりスムーズとなるよう、金融市場の資金需給を均す役割が期待されたのである。実際、1907年の金融恐慌の際には、中央銀行が存在しない中で、破綻の危機に瀕した金融機関にスムーズに流動性を供給できなかったことが、金融危機を深刻化させた最大の要因として挙げられている。

このように考えると、非常に低い水準の、中央銀行による危機対応能力を前提に、民間金融機関に対し適切な流動性管理を求めることは、まるで西部開拓時代の治安を前提に、自らの安全を守る術を考えることを住民に求めるようなものだ。こうしたやり方が、安全性確保という点で優れていることを否定はしないが、一方でそのためのコストは余りに大きすぎる。そもそも、システミックなリスクを上手く管理できるのは、個別金融機関なのではなく、中央銀行や監督当局である。中央銀行や監督当局がそのような能力がないとレッテルを貼られてしまえば、結局その責任のすべてを金融機関が負うほかないことになるが、通常の国であれば、相応の責任は中央銀行／監督当局が負って、残りの一部の責任を金融機関が負うべきと考えるのが自然であろう。

こうしたバーゼルⅢの流動性規制導入の結果、潜在的にはどのような問題が起こり得るだろうか。より高い所要自己資本を求められる場合のように、監督当局が敢えて「意図的に」認識しない「流動性リスク」を金融機関が積極的にとることを後押ししてしまうかもしれない。既述のとおり、たとえば流動性カバレッジ比率は、バーゼルⅢの格付機関からの決別宣言の影響からか、資産の流動性の在る無しの判断を、発行体のタイプ（つまり、ソブリンか、非金融機関か、あるいは金融機関かという区別）に依存する構造となっている。もっとも、ソブリンであっても、ギリシャ国債とドイツ国債とでは、その流動性に雲泥の差があるわけで、これを一体視してよいわけがないし、同様のことが、ソブリン、非金融機関、金融機関という順番のヒエラルキー構造にも当てはまる。そもそも、金融機関が発行する債券等は、金融危機時のシステミック・リスク顕現化を懸念して、流動資産としての算入を認めていないわけだが、今次金融危機では、同様なことが一部ソブリン（具体的には、俗にＰＩＩＧＳと呼ばれている南欧諸国等）発行債券でも発生している。市場規模や取引残高、あるいは信用格付等、客観的指標をまったく用いることなく、発行体の属性のみで流動性を決めることは、市場に大きな歪みをもたらす可能性がある。金融機関が、ジャンクのソブリン債を利用して、流動性カバレッジ比率をクリアしつつ、リターンを稼ぐこともできるかもしれない。

ただし、現実的には、少なくとも日々の資金繰りが、中央銀行や監督当局によってモニタリングされている限り（今次金融危機では、多くの震源地国において、これすら当局によって十分なされていなかったことが明らかになったが）、金融機関が直面している真実の流動性リスクを隠すことは難しいかもしれない。その一方で、中央銀行に口座を持ち（中央銀行の貸出に対するアクセスを持ち）、監督当局からの監督に服していた金融機関がこれまでテイクしていた流動性リスクの一部は、結果的に、その範囲に属さないノンバンクによって、テイクせざるを得ない事態が生じるであろう。震源地国では、こうしたノンバンクのエリアまで、規制の網を被せようとしており、これが成功すれば、高い金融仲介コストという代償を払いつつも、金融システムの安定化を図れるかもしれない。一方で、非震源地国はどうか。金融機関に対する流動性規制の強化自体、多くの国では、不必要、あるいは理不尽に感じながらも、バーゼル委員会に付き合わされる形で導入しているのである。これをわざわざ、ノンバンクにまで拡大しようなどという動きは出てこないのではないか。

以上は、バーゼルⅢにみられる「規制の画一化」の一例と問題点であるが、次に以下では、バーゼルⅢにみられる「規制の単純化／裁量余地の最小化」の問題を考えてみたい。その最たる例は、レバレッジ比率の導入だといえよう。これは、バーゼルⅡというよりは、バーゼルⅠと似たような、資産と自己資本の単純な比率を規制する仕組みであり、見る人によっては、「先祖返り」と言いたくなるような内容である。さらに衝撃的なのは、レバレッジ比率導入の目的が、バーゼルⅡ実施に際し散々強調してきたバーゼルⅡの特徴である「リスク感応度の高さ」を、敢えて否定するところである。すなわち、レバレッジ比率の最大の「売り」は、「リスク感応度の低さ」なのである。レバレッジ比率導入の目的は、あくまでバーゼルⅡを補完することであるが、それにしても、完全にその方向性を異にする規制がなぜ導入されることになったのか。

これはまったく著者の邪推になるが、多分今でも、バーゼル委員会のメンバーの多くは、震源地国のメンバーを含めて、レバレッジ比率の導入に対しては、大きな疑問を有しているのではないか。バーゼルⅡの売りである「リスク感応度の高さ」は、まさに彼らが正しいと考え、積極的に主張し、そして実行してきたキャッチフレーズなのであり、それを自ら否定しようということは、なかなか考えにくい。そういう意味で、レバレッジ比率は、バーゼルⅢの他の規制以上に、震源地国における、銀行監督 対 メイン・ストリートという対立の構図が色濃く反映した規制なのではないかと思う。具体的には、震源地国の市井の感覚に敏感な政治家たちが政府に圧力をかけ、これがG20の声明を通じて今度はバーゼル委員会に圧力をかける構図だ。バーゼル委員会としては、その内容に納得しているわけではないが、自らを監督する役割にあるG20やその事務局的機能を担うFSB（金融安定化理事会）に逆らうことは難しい。

本来であれば、非論理的ということで、バーゼル委員会が拒絶すべきであろうG20からの提案に対しても、バーゼル委員会が従わなければならない背景には、単に「上部機関から言われた」だけには止まらない、さらに奥深い理由もあるような気がする。その理由とは、バーゼル委員会の主要な決定を行ってきた主要メンバー国の大半で、今回の金融危機が勃発したということだ。唯一の例外は日本ということになろうか。そうした国では、政治家の目からみれば、銀行監督当局やバーゼル委員会も、金融機関と同罪なのである。鳴り物入りで始めた、あるいは始めようとしたバーゼルⅡが合意されたのはつい最近である。それにもかかわらず、これだけ大きな金融危機の発生を許してしまったバーゼル委員会に、そもそも自らの考えに基づき、バーゼルⅢを作る資格があるのかというのが、震源地諸国のメイン・ストリートの正直な思いではないだろうか。もちろん、リスク管理という専門的な分野にまで政治家が介入することには限界がある。それでも、これまで誰からもしっかりと監督されてこなかったバーゼル委員会の活動に対し、しっかりとしたガバナンスの構造を持ち込む発想は、決して間違っていないと思う。そして、その結果として起こったことの一つが、メイン・ストリートでも容易に分かる「単純な規制」の導入ではなかったか。

前記に加えて、バーゼルⅢでは、バーゼルⅡにおける「第2の柱」の否定化も進んでいるように思う。これは換言すれば、金融機関、あるいは検査官による裁量の余地の最小化である。バーゼルⅡの大きな特徴としては、既述の「リスク感応度の高さ」に加えて、以下に示す三本の柱を用意することで、one size fits all の弊害に陥らない「それぞれの金融機関の特徴に応じたカスタムメード型の監督」があった。

すなわち、第1の柱では、「リスク感応度の高さ」を標榜しつつも、最低所要自己資本算出に当たっては、一つのフォーミュラですべての金融機関に対応するという限界があった。これを補うために、第2の柱では、各金融機関が採用している経済資本運営等をベースに、金融機関と当局が議論を重ね、結果としてそれぞれの金融機関のリスク・プロファイルに対し最適のリスク管理体制を導入し、これを監督当局が監督する枠組みが作られたのである。第1の柱と第2の柱の関係であるが、前者は最低限のリスクを対象にするとの位置づけで、これに対し後者は、リスク管理の水準に従い、より広範囲のリスクを取り込むことが想定されている。したがって、リスクの計測方法が両者間で異なることはあっても、結果的に求められる所要自己資本額は、第2の柱が第1の柱を上回ることが一般に期待されている。ちなみに第3の柱では、第1の柱や第2の柱で計測されたリスクや、それを計測した体制をディスクローズすることで、市場の目からの監視も取り込み、これによって、金融機関のリスク管理に、より強い規律を導入する仕組みが示されている。

実は、バーゼルⅡにおいて第2の柱が導入された背景には、監督当局の監督能力に関する、監督当局自身の「限界の認識」があったように思う。その限界とは、日進月歩で進む金融イノベーションに対し、その背後に潜むリスクを適切に評価する視点である。この分野で、監督当局が、大手の金融機関に伍しながら、新しい流れについていくことは正直難しいと考えたわけだ。この場合、当局としては、「自分たちが理解できないリスクは、金融機関にもテイクさせない」という対応をとることも考えられる。しかしながら、当時の監督当局はそうは考えなかった。金融イノベーションは、欧米主要国におけるマクロ経済の高い成長力の源泉なのであり、これを監督当局の能力の限界というボトルネックで潰してしまうことは、そもそも（多分当時のメイン・ストリートも含めて）社会そのものが許さないという風潮があった。そうした中で考え出されたのが、第２の柱なのである。これにより、民間の金融イノベーションの動きを窒息させることなく、一方で民間の知恵を借りながら、監督当局が金融イノベーションを監督することも可能になったと思われたのだ。

しかしながら、今次金融危機において、欧米諸国で実際に生じた事象は、まさに前記の第２の柱のプロセスの失敗であった。たとえば、証券化に代表される金融イノベーションは、必ずしも監督当局がリスクの所在を正確に認識していなかった。第２の柱の下にあっても、少なくともリスクが理解できない金融取引に関しては、金融機関に対し十分な説明を求め、各金融機関オリジナルのリスク管理手法によって、しっかりと管理されていることが確認されるべきであったのだが、これが残念ながらなされてこなかったのである。これが、たとえばＵＫＦＳＡの「プリンシプル・ベース」に基づく監督手法が、ライト・タッチ監督手法として、批判された所以である。ＵＫＦＳＡの例は、第２の柱の真のオウナー（すなわち最大の説明責任者）を、個別金融機関とするのか、監督当局とするのかに関し、根本的な誤りがあったものと著者は考える。つまり、形の上では最終的に監督当局がその内容を承認する（すなわち、オウナーが監督当局である）ようにみせていても、その実質は、各金融機関が、自己責任原則の下で、自らのリスクを自ら律していく（すなわち、実質的なオウナーが金融機関である）メカニズムに多くを期待したものになっていたのではないかということだ。実際、ＵＫＦＳＡの検査は、従来、バーゼルⅡ等の承認を除けば、オフサイトベースのものに限定されており、これでは、各金融機関の真のリスク管理の内容を把握することは難しかったのではないか。

著者自身は、仮に第２の柱であっても、それが規制の柱である限り、そのオウナーは監督当局であり、そういう意味で、金融機関自身の自己規律や、第３の柱による市場を通じた規律で代替することは不可能だと考える。後者は、金融機関の規律を高めることには繋がっても、決して当局による監督に代わるものにはなりえない。その辺の誤解、あるいは分かっていても、当時の社会の風潮が金融イノベーションに対し、ＮＯということを許さなかったことが、欧米諸国における第２の柱運営の失敗となって顕れたのかもしれない。

いずれにしても、こうした結果として、バーゼルⅢは、「監督当局の限界」に関する新しい認識を持ち込んできた。それは、監督当局には、第２の柱を運営する能力はないという意味での限界の認識、換言すれば、金融機関との議論を通じて、それぞれの金融機関にとって最適なリスク管理手法を評価する能力がないという認識である。その結果として生じることが何かというと、それは、第2の柱の下で許されてきた、最適なリスク管理手法やリスク計量化手法に係る、金融機関や当局検査官の裁量の余地をできるだけ狭めようというものである。これがそもそも規制の作りこみの段階で影響を及ぼしたものがレバレッジ比率のような単純で画一的な規制であり、さらにいえば、流動性リスク規制のような、「第2の柱の第1の柱化」である。こうした事象は、いかに素晴らしいアイデアが規制の下敷きにあったとしても、一度その運営に失敗してしまえば、取り返しの付かないコストをメイン・ストリートから求められる好例ということになろう。

それでも、その運営に失敗した震源地国では、前記のようなコストをマクロ経済全体が負うことは致し方がない。しかし、非震源地国の当局の視点からみれば、なぜ、第2の柱の運営を上手に進めてきたにもかかわらず、それを震源地国の当局と一緒にみなされ、震源地国と同様のペナルティを、単に監督当局のみではなく、マクロ経済が負わされなければならないのか、と感じるはずだ。日本やアジア諸国を始めとした非震源地国では、多くの銀行ビジネス・モデルがまだ、伝統的なオリジネート&ホールド型であったこともあり、バーゼルⅡの第1の柱や第2の柱が、金融機関のリスク管理高度化や、金融機関と監督当局の信頼関係の下でのコミュニケーション強化に非常に役立ってきた。それが、欧米諸国でバーゼルⅡの運用が失敗した途端に、突然、レバレッジ比率のようなバーゼルⅡの根本思想を否定するような規制を押し付けられてしまっては、折角これまで築いてきた金融機関との信頼関係も水の泡である。

このように、バーゼルⅢにみられる規制の画一化、単純化は、既述のような規制裁定の機会を増やすと同時に、前記の意味で、多くの非震源地国において、バーゼルⅡプロセスを推進する上でも大いにマイナスの効果を及ぼすことが予想される。

◆リスク・スコープの拡大

バーゼルⅢは、従来の規制と比べ、リスク・スコープの範囲も大きく拡大した。その代表例が既述の流動性リスクであるが、もう一つ代表例を挙げるとすれば、それはシステミック・リスクということになる。システミック・リスクとは、既述のとおり、ある金融機関が破綻すれば、当該金融機関が金融市場やマクロ経済全体の中で占めている役割の大きさから、その他の金融機関や企業等の連鎖的な破綻をもたらし、結果的に金融不安等、社会全体に大きな被害をもたらすようなリスクを指す。

こうしたリスクは、一般に外部不経済と呼ばれているものである。これは、同リスク顕現化の結果が必ずしも、同リスクをテイクした主体に還元されにくいという面で、同主体に同リスクを制御するインセンティブを与えることができず、結果として、市場メカニズムに任せているだけでは、こうしたリスクが野放図に拡大することを意味する。たとえば1970年代頃までの日本の公害が典型的な例だ。最近では、やはり大きな話題になったものとして、二酸化炭素の排出抑制に関する規制を挙げることができる。

自書『グローバル金融危機後のリスク管理』でも最後に記したが、金融機関がもたらすこうした外部不経済に対し、今次金融危機での経験に基づき、当局が一定の手法でコントロールしようとすることは、規制の試みとして画期的なものだと考える。具体的には、非常に大きなストレスに対する金融機関の対応能力や、ＴＢＴＦといったモラル・ハザードに対し、監督当局が、社会の目線に立って一定の課金を行うことは、金融危機で明らかになった、金融機関がもたらす外部不経済の内部化を意味する。

ここでいう社会の目線とは、たとえば20～30年に一度の金融危機に耐えられる金融システムの構築というものである。そのために金融機関に求められる自己資本は、金融危機の蓋然性を増やすリスク要因に対する課税のようなものである。地球の環境を守るために、二酸化炭素の排出に課金する制度を設けるのと同じ発想である。もっとも、二酸化炭素に掛ける課金が重すぎて、マクロ経済の運営が止まってしまっては困るように、金融機関に対する金融危機要因課税が重すぎて、金融機関による金融仲介能力が阻害されても困ることは、既述のとおりだ。特に、金融危機の場合は、二酸化炭素と異なり、個別主体の努力に加えて、いかに当局と個別金融機関が金融危機回避に向けて、責任や負担の役割分担をするかで、そのトータルのコストは大きく変わってくる。金融危機は我々人間が構築したシステムの危機なのであり、その制御に伴うコストは、システムのデザイン次第で大きく違うのだ。そこが、二酸化炭素排出権の問題とは異なるところである。

今次金融危機では、システミック・リスクに関連して、ＴＢＴＦのモラル・ハザードの問題が注目された。自らの存在が非常に大きい、あるいは複雑すぎて、その破綻を当局が許すはずがない

（すなわち、結局は最後に助けてくれる）と考えた金融機関は、こうした期待を背景に過大なリスクをテイクするというものである。システミック・リスク対策は、このモラル・ハザード対策にも繋がる。なぜなら、システミック・リスク対策は、金融機関に自らが有するシステミック・リスクの解消を迫る（結果として、当局には当該金融機関の破綻を許容する余地が広がるので、その分モラル・ハザードも抑制される）か、さもなければ、システミック・リスクに資本賦課する（モラル・ハザードの結果生じる資本不足を相殺する）からである。

もっとも、前記の対策の大きな問題は、バーゼルⅢが少なくともその体裁はＴＢＴＦの存在を完全否定する（つまり、どんなに大きく重要な金融機関でも、当局は破綻を許容する）ことにより、金融システムからモラル・ハザードの余地を完全に排除しようとしている点だと言える。金融機関自体は、多くの点で常にシステミックに重要な存在であり、これを否定することは、ときには金融機関としてのレゾンデートルを否定することにも繋がる。特に大規模で複雑な金融機関に関しては、現実問題として、ＴＢＴＦのステータスを完全に否定することは難しいのではないか。だからこそ、ＴＢＴＦの存在を実質認めた上で、システミックに重要な金融機関に対しては、その分大目の自己資本を求めるという考え方になったのではないか。既述のとおり、高い自己資本を求めるだけでは、金融機関のモラル・ハザードを促しこそすれ、これを是正することはできない。結果的に、Sifisのシステミック・リスクに対する高い資本賦課は、これら金融機関の、監督当局の認識が弱い分野におけるリスクテイク・インセンティブを強めることになると考えた方が自然だ。このように、単に

なモラル・ハザードが生まれるだけで終わるかもしれない。

これは本章の第３節で詳述するが、大規模で複雑な金融機関に対しては、本来これら金融機関が有するモラル・ハザードのインセンティブを力ずくでねじ伏せるのではなく、これら金融機関を取り巻く環境を変えることで、金融機関が有するリスク・アピタイトが、当局が有するリスク・アピタイトに自然と収斂するようなインセンティブ体系を構築することが不可欠である。これは、モラル・ハザードを完全排除するのではなくて、モラル・ハザードを「手懐《てなず》ける」政策だと言える。換言すれば、誘因整合的な制度を構築するのだ。

つまり、金融機関が、自らのリスク・アピタイトを当局のそれに近づけることが、金融機関にとって有利になるようなシステムを構築することが重要だ。そのために必要となるものが二つある。一つは、金融機関のリスク・アピタイトや実際のリスクテイク状況を適切に評価できる監督当局の能力であり、もう一つは、こうした評価を金融機関のインセンティブ付けに用いるためのツールである。前者に関しては、まさにバーゼルⅡの中での第２の柱の議論が、本来その役割を果たすことが期待されていた。前節で、今次金融危機においては、欧米の金融機関がこの分野で見事に失敗したことを述べた。もっとも、欧米の監督当局に、リスクを見極める能力がなかったと言い切るのは、やや言い過ぎかもしれない。実際、たとえばＵＫＦＳＡは２００６年の時点で、英国主要銀行のストレス・テスティングの問題点を非常に適切に指摘しているのである（具体的には金融機関が想定するストレス・テスティングのストレス程度が不十分であることを明確に述べている）（ＦＳＡ（２００６））。そういう意味では、英国でも、あるいは米国でも、当局のリスク認識という問題以上に、もしかしたら、こうした問題認識を実際の是正措置に結び付ける際に生じるさまざまな「妨害」の方が、より深刻だったのかもしれない。

いずれにしても、当局が金融機関のリスク・アピタイトの実態を正しく評価できる「能力」と、この結果を中立の立場で、何らかのツールを用いて金融機関のインセンティブ付けに用いることができる「実行力」がまずは必要となる。この二つがない監督当局は、現在震源地国が追求しているように、金融機関を力ずくで捻じ伏せて、モラル・ハザードを完全排除しようという政策になっても、それはそれで、次善の策として仕方がないと言える。また、望ましいツールについては、次の節で説明することとする。

なお、前記のような次善の策は、結果として、当局にモラル・ハザードをもたらす可能性を高めることも付言しておきたい。既述のとおり、金融システム不安をもたらすような事態は、単に金融機関個々の問題のみに帰すことができるわけではなく、むしろ、こうした金融機関に活動する場を与え、その活動を律している監督当局や中央銀行の責任に帰するところも大きい。金融機関がテイクするリスクは、こうした当局の制度やシステムの運営次第で、結果としてマクロ経済の一層の成長に繋がったり、逆に金融システム不安の芽にもなる。そうであるにもかかわらず、自らの制度・政策運営の失敗で金融危機が生じた際に、その責任のすべてを個別金融機関に帰す考えはナンセンスであり、同時にこうした考えに基づいた新しい制度や規制の設計もナンセンスだと言える。現在のバーゼルⅢは、残念ながら、かなりこれに近い。この点も、将来新たな金融危機の発生を防ぐという視点からは、非常に大きな懸念を残すものだと言える。

◆リスクの過小評価の是正

リスクの過小評価を是正することは、正しい行動であり、今回のバーゼル委員会の対応は非常に迅速であったと言える。この点で、バーゼルⅢは高く評価されるべきである。もっとも、第３章で記したとおり、そうした是正措置の少なくないものが、今次金融危機に対する過剰反応で論理的な根拠を持たないものであったり、トレーディング勘定取引のみに焦点をあて、バンキング勘定取引とのバランスを欠いたパッチワーク的なものであったりと、多くの問題を有していることもたしかである。

震源地の当局が、規制を裁定した金融機関に対し懲罰的な資本を賦課する行為はもっともな対応である。一方、それ以外の国にとってはどうか。たとえば、日本をはじめとしたアジアでは信用度や流動性の高い資産のトレーディングを主なビジネスとしている金融機関も多い。こうした業種の一部は最近ようやくバーゼルⅡへの移行を開始しているが、今回の改訂案はこうした健全なリスク管理を背景とした市場の発展を目指す動きにまで冷や水を浴びせる可能性すら懸念される。同様に、証券化市場についても、たとえば日本ではこれまで、成長のスピードを競うというよりは、いかに投資家のニーズにあった堅実な市場を育てるかに注力してきた面が強い。こうした市場の参加者に対してまで、一部の国で起こった問題に対する懲罰的措置が施されるのだとするならば、こうした健全な市場の発展そのもののインセンティブを削ぐことになる。

このように、規制の内容が行き過ぎると、特に今後、トレーディングや証券化市場の育成が期待されている日本やアジア諸国を始めとした非震源地国において、こうした新しい金融の動きを阻害することにも繋がりかねない点には注意しなければならない。

◆バーゼルⅡのプロシクリカリティの緩和

バーゼルⅡが持つプロシクリカリティを緩和しようという、バーゼルⅢの新しい試みは、単にバーゼルⅡの問題是正に止まらず、資産バブルの発生を抑制するための、金融政策や財政政策とも並ぶ、新しいマクロ経済手段の導入に匹敵するという意味で、非常に高く評価すべきことはすでに第3章第5節で述べた。同時に、こうした措置は大きな意義がある一方で、多くの技術的な問題に加えて、そもそも、どこまで実行可能な提案として出されているのか、「その真剣味」がよく分からないことが問題点として挙げられることも述べた。

◆新規制のグローバル・ベースでの一律導入

金融危機の震源地国のニーズに対応した、画一的で単純な規制をグローバルに導入しようとすることが、特に非震源地国においてどのような問題を起こすかは、すでに第3章で議論した。これまで何度も強調していることの繰り返しになるが、今次金融危機そのものは、必ずしもグローバルな危機ではないということである。そうであるにもかかわらず、震源地で生じた問題への対処策をグローバルに適用しようとしていることに問題があるのだ。

将来他の国でも同じ問題が生じうるというのであれば、こうしたロジックも適切であろう。しかし、実態は本当にそうであろうか。多くの問題は、一部諸国の一部金融機関が、緩い金融規制や銀行監督当局の監督上の見落としから、規制裁定等で資本対比過度なリスクをとってきたことであり、より深刻なのはバーゼルⅡ規制自体というより、これを運営する当局や銀行の運営手法なのではなかったか。そうであるならば、それを是正する措置を震源地国において導入することは非常に理にかなったやり方であるが、あたかもバーゼルⅡそのものに大きな問題があったかのように見せかけて、グローバル・ルールであるバーゼルⅡを改訂したバーゼルⅢもグローバルに導入する必要があるというロジックは、震源地の当局の責任を矮小化した、問題のすり替え以外の何物でもないようにみえる。

3　政策評価の枠組みに沿ったバーゼルⅢの評価

ここでは、第2章で示した政策評価の大きな枠組み、すなわち「西部大森林の法則」に従って、それぞれの分野ごとに、バーゼルⅢに代表される実際の対応と、著者が考えるベストの方策を比較し、そのギャップ分析を試みてみたい。

以下はすでに第2章で示した、西部大森林の法則に則った、金融危機の再発を防止するために考えなければいけない課題のリストである。

①西部大森林の問題（ディープ・ルート・コーズ—最も本源的な要因）
・いかにして特定化したグローバル・インバランスを特定化するか
・いかにして特定化したグローバル・インバランスを是正するか

②カリフォルニア州政府の問題（ルート・コーズ—根源的な要因）
・いかにして、金融機関のモラル・ハザードを適切に制御することのできない現在の金融システムや規制体系の問題を是正するか
・いかにして、誘因整合的な規制体系を構築するか
・（前記の派生問題として）いかにして、来るべき金融危機に対するバッファーを確保するか

③カリフォルニア州住民の問題（直接的要因）
・いかにして、個別の金融機関のガバナンスやリスク管理上の問題点を是正するか

以下では、前記に示した課題に関し、最初に、大山（2009）や総合研究開発機構（2009）

等で示してきた著者の考えに基づき、著者が考える適切な対処を示したい。その後、バーゼルⅢに代表される現実の対処を示し、両者の比較をギャップ分析という形で示した上で、現在の対処が抱える潜在的問題を浮き彫りにしてみたい。

◆グローバル・インバランスの是正：もっとも重要な課題

①本来あるべき当局の対応

経常収支の不均衡等、主要国マクロ経済の不均衡に関し、一定の閾値《いきち》を超えれば、これを是正するよう、これら諸国に圧力を掛けるような国際的なメカニズムが必要である。

同時に各国においては、金融機関監督当局と中央銀行は、両者間の政策協調や対話を一層強化することを通じて、共同で効果的なマクロプルーデンス政策を実施していくことが重要である。こうしたマクロプルーデンス政策の一つの目的として、当局は10～20年に一度のサイクルで訪れる大規模な金融ストレス事象の深刻化を回避することを、明確に掲げるべきである。マクロプルーデンス政策のツールとしては、たとえば、当局は、金融機関が自己資本充実度検証のために想定すべきストレス・シナリオに係るストレスの程度を、明確に示すことが考えられる（イメージとしては、ストレスの程度に応じた「金融危機引当金」を求める）。こうしたストレスの程度は、ストレスが実際に発生した状況下では、一時的に緩和させるべきであろう。つまりこれは、引当金を実際に発生した損失に当てるイメージである。これにより、制度が持つプロシクリカリティ効果も緩和することができる。

②実際のグローバル当局の対応

主要国のマクロ経済不均衡の是正は、ブレトン・ウッズ体制の崩壊以降、世界経済にとっての永年の課題となっており、現在でも、IMF、G20、さらにはたとえば米国と中国といったバイラテラル・ベースで、その方策が議論されている。実際、2010年11月のG20サミットには、経常収支不均衡をGDPの4%内に抑制することを半ば義務付ける数値目標が米国から提案されたが、これに対し、たとえば4%を超える経常収支黒字を持つ中国やドイツが反対し、今後具体的にどのような運営がなされるのかは依然不透明である。また、今次金融危機のもっとも重要な要因として、こうした不均衡問題を捉える視点（換言すれば、こうした不均衡が是正されない限り、金融危機の再発を防ぐことはできないという認識）は、関係当局者の間では（多分に意図的な要素はあるにしても）希薄だと言える。

バーゼルⅡのプロシクリカリティを緩和する方策の一つとして提案された、カウンターシクリカル・バッファー（第3章第4節及び第5節参照）は、各国当局が金融危機の発生を事前に予防する（もっとも、前記案自体は、残念ながら、こうした目的のための活用を否定しているが）と同時に、国際的な協調の中でこうした政策を実行していく枠組みを示したという点では、画期的な内容である。ただし、次のギャップ分析でも示すとおり、このバーゼル委員会からの提案は、多くの技術的な問題を有していることに加え、そもそも実行可能なのかという根本的な問題を抱えている。

③ギャップ分析

新たな金融危機を防ぐためにもっとも重要だと思われる、主要国におけるマクロ経済不均衡を是正する手立ての導入は、議論はされているものの、具体的方策が近い将来導入されるかは依然不透明であるほか、必ずしも金融危機の再発を防ぐための対処として強く認識されているわけでもない。そういう意味では、あるべき方策と現実とのギャップは、依然大きいと言える。

金融危機の勃発を事前に回避するために、各国が実行するマクロプルーデンス政策に関しては、バーゼル委員会が非常に興味深い提案を出しており、少なくともアイデアの側面では、あるべき方策と現実の間のギャップは狭まっていると言える。もっとも、前記で示した、あるべき具体的な方策と、バーゼル委員会が提案するカウンターシクリカル・バッファーの間には、以下のような根本的な違いも存在している。

たとえば、バッファーの水準の決め方である。バーゼルⅢでは、たとえば貸出残高／GDP比率のトレンドからの乖離といったマクロ経済的指標を用い、さらに一定の指標乖離が一定の追加的資本賦課をもたらす内容となっているが、一方で「あるべき手法」として示したものは、個別金融機関と監督当局との議論を通じたストレスに対する適正バッファーという考えをとっている。このように、後者では、想定シナリオはマクロ的である一方、実際に適正な資本水準を模索するプロセスは非常にミクロ的であり、前者のような one size fits all 的なアプローチを避けている。これを「あるべき手法」とした最大の理由は、金融危機の早期警戒インディケータに関し、未だ十分な情報の蓄積がなされていない中で、一つのインディケータに過剰に依存することのリスクが大き過ぎるからである。

むしろ、ストレステストを巡る議論の中で、適正自己資本を議論すれば、バーゼル委員会が主張しているように、何重にも重ねた新たな資本賦課を求める必要もなくなるのではないか。さらに、追加的資本賦課を求める体制、具体的には、たとえば金融庁と日本銀行がいかにしてバーゼル委員会が提案するような政策を実行するのかといった、やや政治的に微妙な問題にわざわざ触れる必要がないというメリットもある。このように、カウンターシクリカル・バッファーについては、その実現までに、まだまだ議論すべきポイントが多いというのが、著者の実感である。

◆金融機関のモラル・ハザードを制御するシステムの構築：二番目に重要な課題

①本来あるべき当局の対応

金融機関のモラル・ハザードを制御するシステムを当局が構築する上でもっとも重要な点は、金融機関のリスク・プロファイルや、リスク管理状況を適切に評価する検査官や検査チームの能力強化である。

その上で、金融機関のモラル・ハザードを制御するための、誘因整合的な規制体系を構築する必要がある。この目的を達するために、監督当局は、各大手金融機関のリスク・アペタイトを、自らのリスク・アペタイトに収斂させるような手法を考えるべきである。具体的には、まずは自己資本充実度検証のために用いるストレステストで想定すべきストレスの程度に関し、当局としての目線をしっかりと示すべきだ。その上で、当局を満足させるようなストレステストを実施し、これに基づき十分な自己資本を確保している先に対しては、仮に想定を大幅に上回るストレスが発生した際には、少なくとも（米国におけるリーマン・ブラザーズのケースのように）流動性の視点から梯子《はしご》を外すことをしないといった、インプリシットなバックストップを供与すべきである。

前記のような枠組みは、大手金融機関のモラル・ハザードや、さらに監督当局のモラル・ハザードを防ぐという視点に立った場合、次の点で有効だと考えられる。第一は、金融機関が対処すべき金融事象のストレスの程度、さらには当局が自らの責任で対処すべきストレスの程度が、明確化されているということである。この点が曖昧なままでは、たとえば大手金融機関では、TBTF期待から、より小さなストレス程度しか見込まないであろうし、一方で監督当局でも、同ストレス程度を曖昧にすることで、仮に当局も想像していなかったストレスが主に当局の政策対応の失敗の結果生じたとしても、これを大手金融機関の責任に帰すことが可能となる。このように、大きなストレス事象に対する対処の線引きが、金融機関と監督当局の間で明確になされない限り、いずれの側にもモラル・ハザードが発生してしまう。

二番目のポイントとしては、以下を挙げることができる。すなわち、大手金融機関は、監督当局から、自らのリスク・アピタイト、あるいはストレステストにおいて想定するストレス程度に関し同意が得られれば、それ以上大きなストレス事象に関し、少なくとも流動性供給という視点から当局の支援を仰ぐことが期待できる、すなわち「飴」がもらえる点である。したがって、個別金融機関には、監督当局とリスク・アピタイトに関し合意に達しようというインセンティブが生じる。

前述した大手金融機関と監督当局が分担すべきストレスの目安であるが、基本的には、イディオシンクラティックな要因に基づくストレスは個別金融機関が負担すべきである。またシステマティックな要因でも、景気サイクルのように比較的頻繁に生じるストレスも個別金融機関が責任を負うべきである。一方で、システマティックな要因に基づくもので、その発生頻度が低く、さらには当局がその要因に深く関わるようなストレスは、監督当局がその対処の責任を負うべきであろう。当局が、その要因に深く関わるとは、たとえば、金融規制のデザインや金融機関監督の体制そのものが、金融危機の発生と深く関わっているようなケースである。それでは具体的に、どの程度のストレス水準が、個別金融機関と監督当局が対処すべきストレスの分水嶺になるかというと、これは国民目線、あるいはそれを代表する当局の目線次第ということになるが、たとえば、バーゼルⅢの中でインプリシットに示されているような20～30年に一度程度発生するような金融危機のストレス程度を一つの目安にすることも考えられる。

前記のアイデアは、一種の保険の考え方と似ている。想定を超えた大きなストレスが襲ってきた際には、当局からの救済を期待する半面、ある程度大きなストレスが襲ってきても十分耐えられる資本を持つということは、毎年保険料を支払うようなものである。これに対し、前記が「保険」であれば、必然的に新たなモラル・ハザードが発生するのではないかといった疑問も生じよう。たしかにその可能性は引き続き残るが、前記のようなストレス・シェアに係る明確なルールを導入することの最大の目的は、経済学でいうところの「不完備契約」に係る不確実性をできるだけ小さくすることである点に注意して欲しい。

前記の施策によって、これがまったくないときに比べ、インセンティブの歪みは、大手金融機関、監督当局双方ともに是正される。大手金融機関に限ってみれば、以前であれば、自らの能力で制御できるストレス事象と、自らの制御能力をはるかに超えるストレス事象が一緒にされた結果、結果的に「最後は政府の救済に甘える」という発想が生じやすかった。それが、両者を明確に区分することで、少なくとも前者のようなストレスでは、政府に甘えることは難しいという考え方を確立することが可能になる。同様に、監督当局についても、まったく同じことが当てはまる。

その上で、モラル・ハザードの余地をそこからさらに減らしていくためには、金融機関が、本当に当局が設定したリスク・アピタイトに基づくストレス・シナリオを作成し、同シナリオに基づくストレステストによって自己資本の充実度を判断しているのか否かを適切に判断できるような、検査官や検査チームの能力を高めていくことが求められる。もちろん、今次金融危機で震源地諸国が判断したように、最初から当局にそのようなことを期待するのは無理だと考えるのであれば、金融機関のリスク・プロファイルやリスク管理能力にかかわらず、非常に高い所要自己資本水準を課した上で、さらにボルカー・ルールのような厳しい業務規制を導入することは、一つのオプションである。もっとも、こうした判断はあくまでも一つのオプションとして扱われるべきであり、これがグローバルに普遍的なルールのように扱われることは、本来であれば避けるべきだ。

②実際のグローバル当局の対応

基本的な対応は、そのコストにかかわらず、モラル・ハザードの芽を金融機関から完全に排除しようというものだ。したがって、バーゼルⅢの実際の方策の多くは、TBTFの存在を暗黙裡に仮定しているにもかかわらず、いざ最低所要自己資本の水準を求めようとすると、モラル・ハザード要因を完全に排除するような水準に設定されてしまう。すなわち、まずは金融機関の分割を考えたり、ボルカー・ルールのような厳しい業務規制を導入して、TBTFの要素をできるだけ排除する。その上で、まだTBTFとしての要素が残る場合は、システミック・リスク顕現化に伴うコストを、より多く資本を持つことに伴う破綻蓋然性の抑制によって相殺しようとしているのだ。もっともこれでは、現状のモラル・ハザードの潜在的大きさをベースに資本賦課を決めているようなもので、一度資本賦課された金融機関にとっては、一段と大きなシステミック・リスクをテイクするモラル・ハザードをむしろ強める結果になりかねない。とても、誘因整合的なシステムとは言えないものだ。

前記で非常に重要なポイントは、各金融機関のシステミック・リスクの大きさ、言い換えれば、モラル・ハザードの大きさを、どのように計測すべかということだろう。モラル・ハザードを完全排除する、あるいはそれを抑制するインセンティブを持たせるためには、システミック・リスクの大きさを、常に正確にモニタリングできるシステムが必要となるが、本当にそれが可能なのかについては大きな疑問が残る。

③ギャップ分析

あるべき方策と、現実の対応の大きな違いは、要はモラル・ハザードを制御するのか、あるいは完全排除するのかの問題である。あるべき方策の中でも、モラル・ハザードを完全排除する方策をオプションとして排除していないものの、これは基本的には、金融機関のリスク・プロファイルやリスク管理状況を適切に評価できる監督当局の「能力」の関数だと位置づけている。逆に言えば、最初から他のオプションを否定しているバーゼルⅢは、特に非震源地国にとっては大きな問題だと言える。

また、現実の対応が、誘因整合的な方策となり得るか否かは、ひとえに各金融機関が有するシステミック・リスクを正確に評価できるか否かに係っている。この点に関する詳細は、近くG20やFSBの方から公表されることになると思うが、これが非常に曖昧なままであったり、従来型のたとえば資産サイズのみを重視するようなものならば、むしろモラル・ハザードを一層強める規制となりかねない。

◆来るべき新たな金融危機に対するバッファーの確保：三番目に重要な課題

①本来あるべき当局の対応

自己資本にせよ、流動性バッファーにせよ、適正な水準は、単に各金融機関が有するリスク・プロファイルや、金融危機時の潜在的損失額のみによって決めるべきではなく、各金融機関の経営者の金融危機に対する対応能力、さらには、各国の当局の金融危機に対する対応能力を勘案した上で、決めるべきである。

②実際のグローバル当局の対応

基本的には、各金融機関経営陣の危機への対応能力や、各国当局の危機への対応能力の違いにかかわらず、各金融機関がテイクしている足許のリスク量、及び各国一律に求めた金融危機時の潜在的損失額に基づき、最低所要自己資本比率を設定している。

③ギャップ分析

あるべき対応と現実の対応の最大のギャップは、このバッファー確保という方策に対するプライオリティの置き方であろう。あるべき対応が、これを他の重要方策に劣後するものとみなすのに対し、現実の対応は、多分これをもっとも重要な方策とみなしている。第3章でも詳述したとおり、最低所要自己資本水準と質の大幅な引き上げは、バーゼルⅢの最大の目玉だと言える。もっとも、これも前節で詳しく述べたが、通常時や金融危機に際しての金融機関や当局の行動を考慮しない静態的なケースでは、たしかに自己資本比率が高ければ高いほど、金融危機の蓋然性は小さくなりそうだが、実際には必ずしもそうではない。

まずＩＭＦ（２００９）が示すとおり、実証研究をみても、自己資本比率の水準と金融危機の蓋然性の間に明瞭な関係を見出すことは難しい。さらに、シカゴ連銀（１９９６）が指摘しているとおり、より高い自己資本比率の金融機関に対する賦課は、監督当局が認識しないリスクをアグレッシブにとることを、むしろ促してしまう危険性がある。さらに、一部主要国の銀行監督当局のシニア監督者の集まりであるＳＳＧが出した報告書ＳＳＧ（２００８）が指摘しているように、結局金融危機を比較的上手く乗り切ったか否かは、危機に対する経営陣の対処能力にその多くを依存するということである。興味深いことに、２００８年中に纏められたＳＳＧ（２００８）やＦＳＦ（２００８）のレポートには、大手金融機関の自己資本不足を問題にするような記述は見当たらない。

このように考えると、一律に非常に高い自己資本比率を金融機関に対し課すことは、将来の金融危機を防ぐ視点から、必ずしもプラスではないことが分かる。重要なのは、各国の監督当局や金融システム・制度の処理対応能力を勘案して、一定の最低所要自己資本比率を設け、さらに監督当局が個別金融機関の危機対応能力を見定めた上で、先の最低比率に対しプラス、あるいはマイナスといった調整を施すことである。

これは実は、今次金融危機が勃発するまで、各国で採られてきた方策でもある。たとえば、アジア危機を経験した東アジアの多くの諸国は、金融機関に対し、バーゼルⅡが定める最低所要自己資本比率水準を大きく上回る水準を求めてきた。その一つの理由が、これら諸国が直面したマクロ経済リスクが、日米欧主要国に比べ、相応に大きいという認識である。また各金融機関の危機対応能力を明示的に勘案した所要自己資本比率水準の設定も、バーゼルⅡの第2の柱の下で、英国を始めとした多くの国が実行してきた。

前記の視点に基づけば、欧米諸国において、バーゼルⅡが今次金融危機を防げなかった理由は、欧米の主要国が直面しているマクロ経済リスクに係る当局の過小評価、さらには金融機関の危機対応能力を評価する当局の十分な能力の欠如ということになる。これに対し、欧米諸国が、かつての東アジア諸国同様に、より高い水準の最低所要自己資本比率を求め、それが one size fits all 的なものとなったとしても、それは正しい対処と言えるかもしれない。もっとも、当時東南アジア諸国が同様の措置を米欧日諸国に求めなかったのと同様に、米欧諸国が今次措置を非震源地諸国に対し求めるべきでもないと言える。

◆個別金融機関のガバナンス、リスク管理の改善：四番目に重要な課題

①本来あるべき当局の対応

当局は、個別金融機関に対し、今次金融危機で明らかになった、ガバナンスやリスク管理上の問題点を是正するよう求めるべきである（問題のスコープは、以下に示すような、実際に監督当局が指摘している問題と同じ）。なお、こうした議論は、バーゼルⅡの第2の柱の枠組みを用いて、個別金融機関ごとの特徴を踏まえながら行うべきである。

②実際のグローバル当局の対応

当局は、個別金融機関に対し、今次金融危機で明らかになった、ガバナンスやリスク管理上の問題点を是正するよう求めている。それは、報酬制限や取締役会のあり方から始まり、リスク管理分野では、経営陣の深い関与、モデルや格付に強く依存したリスク管理の是正、組織全体を見渡したリスク管理の重視、ストレステストの積極的な活用、カウンターパーティ信用リスクに係る管理の強化を含むものである。もっとも、こうした議論の多くは現在、第1の柱の中で、one size fits all的方策の一部として実施されようとしている。

③ギャップ分析

問題のスコープは、あるべき対応と実際の対応の間で大きな違いはない。唯一の違いは、こうした対応を、第2の柱を通じて行うのか、あるいは第1の柱を通じて行うのかであろう。

第5章

バーゼルⅢのインパクト

1　バーゼルⅢのインパクトを捉える視点

本章では、バーゼルⅢの導入が、金融システムやマクロ経済に対し、いったいどのような影響を及ぼすのかを考える。バーゼルⅢの導入とは異なり、バーゼルⅢの導入は、金融機関が確保すべき所要自己資本を確実に、大幅に増加させる。所要自己資本が大幅に増えるということは、金融機関が金融仲介を行うに当たってのコストが確実に増えることを意味する。イメージとしては、安全基準の強化を求められた玩具メーカーのようなものだ。同基準をクリアするためには、当然追加的なコストが求められ、通常であれば、これは製品価格に転嫁される。安全な商品を皆が安心して消費するためには、社会全体として、それに相応したコストを支払わなければならない。同じことが、金融システムにも当てはまる。金融危機が二度と生じない金融システムを構築するためには、金融機関、そして最終的には金融サービスのユーザーが、同コストを負担しなければならない。

もっとも、こうした負担が大き過ぎれば、それは自然、経済活動の負担となってしまう。たとえば、二酸化炭素の排出に対し大きな負担を課すと、経済活動そのものが鈍化することとなり、現在、そうした問題を巡って、主要国の間でいったいどの程度の負担を課すべきなのか、真剣な議論が展開されている。同様にバーゼルⅢについても、余りに大きな負担を金融機関に課すと、金融仲介活動そのものを窒息させてしまうとの懸念が、金融業界から強く聞かれているところである。

本章では最初に、バーゼルⅢが、金融機関の最低所要自己資本をどの程度増やすのかをみた後、バーゼルⅢのインパクトに関する、金融機関側の考えと、バーゼル委員会、さらには日本銀行の考えを比較検討する。その上で、バーゼルⅢのインパクトを考える上で重要な視点を改めて確認した後、邦銀に与える潜在的インパクトを考えてみたい。

2　バーゼルⅢが金融機関の最低所要自己資本に与えるインパクト

第3章でみたとおり、バーゼルⅢは、単に最低所要自己資本水準を大幅に高めただけではなく、その質の大幅な向上を同時に目指している。結果として、一定の高い質をもつコアTier 1資本に限れば、現状に比べ、数倍に及ぶ水準が求められることとなる。

実際に、日本の三大メガ銀行に関し、2010年3月末現在の自己資本状況と、同状況を踏まえて推計したバーゼルⅢ下でのコアTier 1資本比率を示したものが、前掲図表3－5である。これをみると、邦銀の場合、一部先で依然Tier 1資本に占めるハイブリッド資本の比率が高く、この剥落効果が大きい。また、控除項目についても、一般に、その他無形固定資産や確定拠出年金資産、株式持合の比率が高く、これらが相当程度、コアTier 1資本比率を押し下げる方向に働く。同様に、2009年12月の提案に基づけば、繰延税金資産も邦銀のコアTier 1資本比率を大きく引き下げると考えられたが、こちらは2010年7月の改訂案により、繰越欠損金を除くベースで、原則

図表5-1　日米欧主要銀行の資本に与える影響（2012年末想定）

（%）

	日本	米国	欧州
Tier 1 比率	9.73	13.93	11.05
控除前コア資本	6.92	11.54	9.23
繰延税金資産純額	− 0.92	− 0.63	− 0.32
少数株主保有分	− 0.50	− 0.23	− 0.57
その他有価証券評価損	0.20	− 0.3	− 0.15
ダブルギアリング等	− 0.56	− 0.74	− 0.51
確定給付年金資産	− 0.63	− 0.04	− 0.08
引当不足額	− 0.06	0	− 0.04
その他	− 0.60	0	− 0.16
控除後コア資本	3.85	9.60	7.40

（出所）UBS, *Investment Research*, 9 March, 2010に基づき著者が作成.

Tier 1の10％までの算入が認められたことから、インパクトとしては小さいものに留まるようになった。

いずれにしても、一部のメガ銀行は、バーゼルⅢが示す最低所要コアTier 1資本比率を依然大きく下回っているわけで、今後同比率を相当程度引き上げていくことが求められる。

これに対し、欧米主要国の金融機関の状況はどうか。図表5－1に、日米欧主要金融機関の比較表を掲載しているが、これをみると、欧州銀では、他の金融機関への出資、米銀ではＭＲＳ等が影響して、いずれの金融機関も現行のTier 1比率に比べコアTier 1比率は大幅に低下するが、その低下幅は、邦銀に比べれば小さいことが分かる。このように、バーゼルⅢ自体は、欧米の金融危機を発端に生まれたにもかかわらず、その一番大きなインパクトを受けるのが邦銀という構図になっている。

前記自体は、邦銀の自己資本の質の低さを素直に反映したものであり、そのきっかけが欧米で生じた金融危機であったとしても、邦銀の自己資本が、金融危機に対し非常に脆弱であることには変わりがない。そういう意味では、邦銀の資本の質の改善や、その結果としての普通株式の増資や内部留保の蓄積は、決して否定的に捉えるべきものではない。もっとも同時に、追加的に調達しなければならないコアTier 1資本の水準が、欧米主要行に比し、邦銀メガ銀行の方が大きいということは、この分野に限れば、バーゼルⅢが金融システムやマクロ経済に与えるインパクトは、日本が一番大きいかもしれないことを意味している。

もちろんバーゼルⅢのインパクトは、主要行以外の金融機関の資本状況、さらには、たとえば国内行に対しバーゼルⅢがどのように適用されるのか、あるいはまったく適用されないのかに依存している。一般に主要行に比べ、地域金融機関の方が資本の質は高いとも言われているが、これが欧米の一般の金融機関と比べどうなのかは、残念ながら比較できる指標を持ち合わせていない（一定の前提に基づく比較については後述）。また、日本の場合、バーゼルⅡ下でも、国際統一基準行と国内基準行の間には厳然たる規制要件上の違いがあったわけで、これがバーゼルⅢにも同様に適用されれば、主要行の国際比較の結果を、金融業全体の比較に援用することはできなくなる。

さて前記は、最低所要自己資本比率の状況であるが、流動性規制についてはどうであろうか。この点に関しては、ディスクロージャー誌からの情報のみでは第三者が規制の結果を推計することは

図表 5-2　日米欧銀行のコア Tier 1 資本比率、流動性比率比較（2009 年）

（%）

	邦銀	米銀	欧銀
コア Tier 1 資本比率（A）	4.1	10.5	8.0
Tier 1 資本比率（B）	6.8	11.4	9.4
（A）／（B）	60.3	92.1	85.1
流動性カバレッジ比率	92.4	81.8	27.8
安定調達比率	82.6	84.3	61.9
銀行の金融仲介比率	52.6	23.6	73.8
銀行資産が GDP に占める比率	168.8	83.1	346.6

（出所）Institute of International Finance, *Interim Report on the Cumulative Impact on the Global Economy of Proposed Changes in the Banking Regulatory Framework,* 2010に基づき著者が作成.

難しいこともあって、必ずしも明らかではない。一般に日本の金融機関は、特に流動性カバレッジ比率では問題になるような先はほとんどない一方、安定調達比率では問題となる先が若干出てくると言われている。その一方で、海外の金融機関は、流動性カバレッジ比率、安定調達比率ともに、最低条件を満たしていない先が多く、結果的に両者の実施は、これら金融機関に非常に大きなインパクトを与える可能性が高いようだ。

ちなみに、次節でみるIIFのペーパーに示された、日本、米国、欧州の銀行システム全体のコアTier 1資本比率、流動性カバレッジ比率、及び安定調達比率の数字は図表5－2のとおりである。これらの比率の定義は、２００９年12月に出されたバーゼル提案をベースとした推測に基づくものであり、したがって実際の定義とはやや異なると考えられるが、大まかな比較のためには有用である。これをみると、コアTier 1資本比率はやはり邦銀が欧米銀に大きく劣後している。一方、流動性カバレッジ比率は、邦銀がほぼクリアしているほか、米銀も相応に最低基準に近い水準にあるものの、欧州銀の平均が非常に低いことが分かる。また同様のことは、安定調達比率にも当てはまる。このように、流動性比率に関しては、欧州銀が非常に苦しい立場に立たされていることが窺われる。

なお、2010年12月にバーゼル委員会より公表されたバーゼルⅢのインパクト分析（“Results of the comprehensive quantitative impact study”）をみると、2009年末時点の、世界の主要行のコアTier 1資本比率は5・7％で、これは、資本保全バッファーまで含めた所要水準（7％）に比べ、5770億ユーロ（63兆5000億円程度）の不足であることが示されている。上記ペーパーは同時に、これら主要行の年間収益（税引き後）が2090億ユーロであるため、上記の不足額は、仮に外部からの資本を調達しなくても、内部留保の蓄積により、バーゼルⅢへの移行期間内に埋めることが十分可能であることも示唆している。

また、コアTier 1資本の定義が資本に与える影響については、まったく控除項目を考慮しないコアTier 1資本と比べて、コアTier 1資本は、世界の主要行で平均41・3％減少するとの結果が出来ている。これは、これまで本節で議論した3割程度という仮定に比べ、やや大きいようにもみえる。もっともこれは、比較の対象が「控除項目を考慮しない」コアTier 1資本であるため、このような結果となっている。すなわち、Tier 1資本からは従来から、「のれん」や他の金融機関との意図的な持合株式（いわゆるダブル・ギアリング）が控除されてきており、本節での議論も、こうした項目を最初から控除した資本との比較を行ってきた。なお、バーゼル委員会が公表したペーパーが、このような控除項目控除前のコア Tier 1 資本（ハイブリッド資本を除いたもの）を比較対象として用いた理由としては、そもそも「コア Tier 1 資本」なる概念が従来なく、このため同資本からの控除項目の定義もなかったためだと考えられる。

41・3％減少の内訳をみると、その約半分である19・0％が「のれん」となり、これに繰延税金資産（7・0％）、無形固定資産（4・6％）、他の金融機関への出資（4・3％）が続く。「のれん」が従来からの Tier 1 資本控除項目であることを考えれば、この分を除いた20％強が、バーゼルⅢが新たに導入した控除項目によるコア Tier 1 資本減少分となる。この水準は、本節が想定した3割程度に比べ、若干低めだと言える。

このほか、このバーゼル委員会から出されたペーパーは、世界の主要行の２００９年末の水準として、レバレッジ比率が2・8％（バーゼルⅢ上の最終的ターゲット水準〈以下同じ〉は3％）、流動性カバレッジ比率が83％（１００％）、安定調達比率が93％（１００％）であることを示している。全世界の主要行の平均値であるため、その正確な分析は難しいものの、概して言えば、本節で想定した水準と整合的な水準だと言える。

3　バーゼルⅢのインパクトに係るＩＩＦの推計

ＩＩＦ（国際金融協会）とは、金融機関の利益を代表する国際的な業界団体であるが、同機関が、２０１０年７月に、バーゼルⅢがマクロ経済に与える影響に関し独自の試算を出している。概要は、図表５－３のとおりである。これによると、仮にバーゼルⅢが金融機関に対し、ハイブリッド資本や控除項目も考慮した上で、新しいTier 1資本比率（いわゆるコアTier 1資本比率）を２０１２年までに、現状の所要自己資本水準より２％ポイント引き上げると同時に、そのほかの諸々の政策対応（流動性規制やトレーディング勘定取引に係るリスク・ウェイトの引き上げ、さらには米国独自の規制等）が導入されると仮定した場合、日米欧の平均で、５年累積で３・１％ポイント、一年当たりでは０・６％ポイント、ＧＤＰ成長率を下振れさせるとの結果が出ている。バーゼルⅢでは、コアTier 1資本比率のみに焦点を当てれば、現状のTier 1比率（４％）に比べ、資本保全バッファーまで含めたベース（７％）では３％ポイントの上昇となっているため、この点のみに焦点を当てれば、実際のインパクトは、ＩＩＦ推計値の１・５倍になる。一方で、実際の導入は、２０１８年末に向けて徐々になされていくこと、さらに控除項目の緩和もなされたことから、この分の影響は若干小さくなる。

いずれにしても、前記の結果は、主要国の実質ＧＤＰ成長率が毎年０・９％ポイント（０・６％

図表5-3　バーゼルⅢ導入による毎年のGDP成長率下押し幅
（IIF試算）

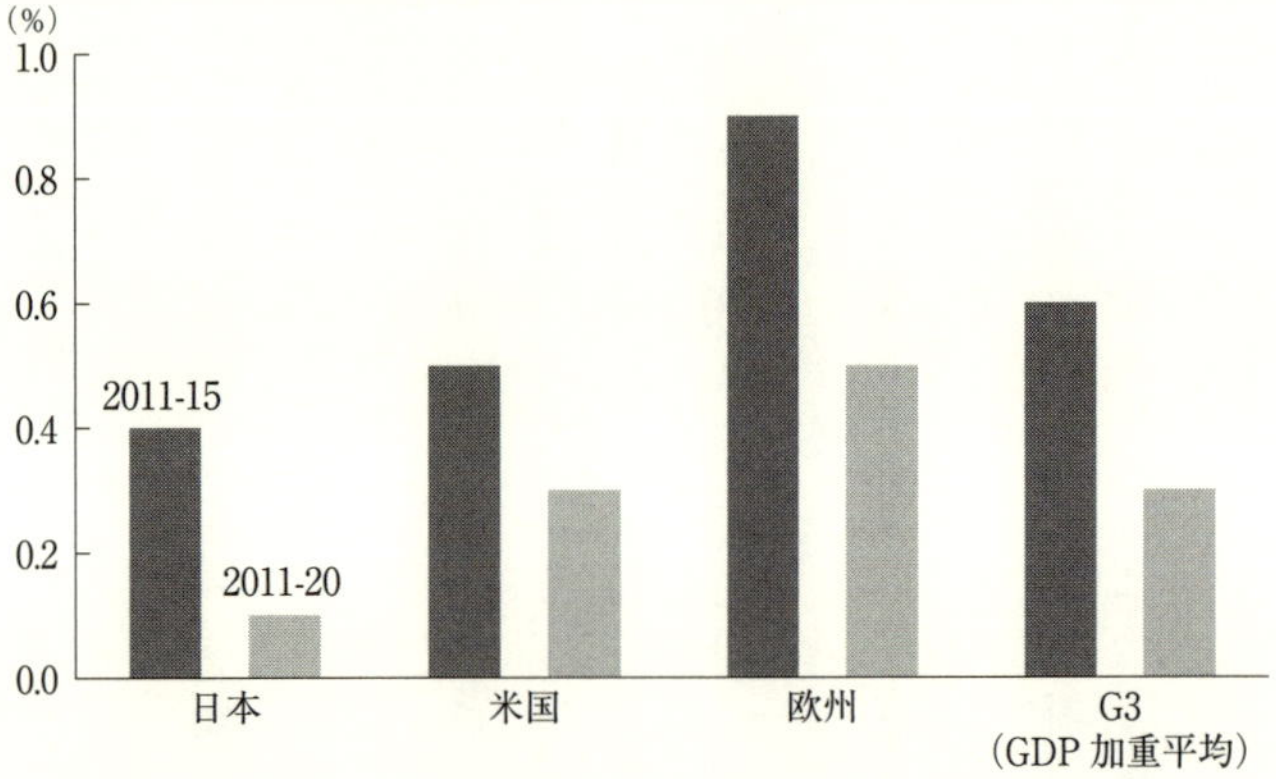

（出所）Institute of International Finance, *Interim Report on the Cumulative Impact on the Global Economy of Proposed Changes in the Banking Regulatory Framework*, 2010に基づき著者が作成.

×１・５）近くも下押しされる可能性を示しており、それでなくても、金融危機以降経済成長率が下方屈折し、今後の成長率が１～２％半ばと予想されている日米欧主要国にとっては、非常に大きなショックだと言える。

ＩＩＦの推計は、基本的には、次のようなメカニズムを想定している。すなわち、バーゼルⅢによる所要資本や所要長期負債の増加によって金融機関の資金調達コストが増大し、これによってプッシュアップされた貸出コストが貸出金利に反映され、これが非金融業の借入に係る価格弾力性に応じて貸出（企業の側からは借入）を減少させ、最終的にこれがＧＤＰ成長率の減少に結び付くというメカニズムである。したがって、この推計には、価格メカニズムが効かない中での貸出のボリュームによる調整（後述する、バーゼル委員会に提出された日本銀行モデルでは、この点を考慮した結果、他の機関の推計結果よりも相当大きなインパクト結果が出されている）や、さらにはバーゼルⅢが金融機関の行動（たとえば、金融機関の収益目標の引き下げやコスト削減等により、コスト上昇分を吸収しようとする努力）に与える影響までは勘案されていない。

ちなみに、資本に関しては、バーゼルⅢ前のバッファー（実際のTier 1資本比率と最低所要Tier 1資本比率の差）がバーゼルⅢ導入後も維持されると仮定した上で、日米欧共にそのインパクトを求めている。このため、初期段階における日米欧間のコアTier 1資本比率水準の違いは、ダイレクトにはインパクトに顕れない形となっている。

ＩＩＦの推計結果を日米欧の地域ごとにみると、欧州でそのインパクトがもっとも大きい一方で、日本に対するインパクトはもっとも小さくなっている。具体的には、欧州では、２０１１年から15年の5年間にわたり、ＧＤＰ成長率が毎年０・９％〈現行バーゼルⅢの内容に合わせた調整後では、1・4％〈以下同じ〉〉下押しされる一方で、これが米国では０・５％（０・８％）、日本では０・4％（０・６％）という結果になっている。

欧州における影響がもっとも大きい理由の一つは、金融仲介に占める銀行の比率（73・８％）がもっとも高いことである。さらに、流動性カバレッジ比率や安定調達比率が、バーゼルⅢが求める水準を大幅に下回っているほか、日米に比べても大幅に見劣りしており、これらの悪影響が金融仲介に大きく及ぶためである。ちなみに資本に関しては、欧州銀の場合、少数株主持分や繰延税金資産を中心に控除項目が大きく、ＩＩＦではこうした控除項目の総額がTier 1資本の15%に及ぶと想定している。このほか、総資産の1割弱に当たるトレーディング資産のリスク・ウェイト引き上げの影響や、欧州独自の要因としての銀行課税の影響も、欧州に対するインパクトを強めていると考えられる。

米国へのインパクトは欧州の半分強に止まっている。最大の理由は、金融仲介に占める銀行の占める比率（23・6%）が低いことである。なお、米国銀行セクターのコアTier 1資本比率は元々高く、すでにバーゼルⅢが求める水準を満たす状況にあるが、既述のとおり、ＩＩＦの試算ではバッファーも織り込まれているため、この違いが大きな影響を及ぼしているわけではない。その一方で、Tier 1資本の質も元々高く、業界全体でみれば、控除項目のTier 1資本比率に占める割合は8%程度に止まっており、この点はインパクトの試算にも影響を及ぼしている。なお米銀も、トレーディング資産は多く、総資産の6%強に達している。この他、米国独自の要因としては、ＴＢＴＦの存在の否定に伴う調達資金コストの上昇や金融危機責任課徴金等のインパクトが勘案されている。

最後に邦銀であるが、意外にも、主要国の中でそのインパクトは一番小さく、米銀を若干下回る水準となっている。これは、金融仲介に占める銀行の比率（52・6%）は欧州に次いで高いものの、企業側の財務には余裕があり、銀行側の事情がすぐにマクロ経済には伝わりにくいといった特徴が影響している。さらに、現状のコアTier 1資本比率は、主要地域の中では目立って低いものの、これもバッファーまで勘案すれば、それほど大きな差となってインパクトには顕れない。また流動性カバレッジ比率や安定調達比率は、三地域の中でもっとも高く、この分のインパクトがもっとも小さいことも重要な要因として挙げられる。また欧米のように、地域独自で追加的に求める負担がない。なお、コアTier 1資本とみなされるためのTier 1資本からの控除項目比率は、三地域の中ではもっとも高く約30％と試算されている。

前記の分析結果について著者の意見を述べれば、留意事項としてすでに指摘しているように、バーゼルⅢに伴う銀行行動の変化が織り込まれていないという点では、欧米に対しては実際よりも大きなインパクトが試算されている可能性がある。なぜならば、欧米の場合、すでに非常に高い収益マージンをこれまで維持してきたわけで、仮にビジネス・モデルが、これまでのグロース業種からディフェンシブ業種に変化するのであれば、その分の収益率の落ち込み（これによる、資本コスト率上昇分の吸収）は許容できると考えられるからだ。一方邦銀に関していえば、すでにそのリターン・リスク状況はディフェンシブ業種にかなり近くなっており、ここからさらに収益率を落とす余地はまったくと言ってよいほどない。そうした中で、資本コスト率の上昇はほぼすべてユーザー側に転嫁せざるを得ないので、その点では、今回の試算結果と大きな差は生じない。

また、邦銀に関しては、バーゼルⅢがどの程度の範囲で適用されるのかという別の問題を考える必要がある。現状では、国内行にどのような内容のルールを適用するかはまったく未確定のようにみえるが、バーゼルⅡでも、明確なダブルスタンダードを導入していたのだから、バーゼルⅢについても、何らかの緩和された規制が国内行に対し導入される可能性は高い。その場合は、日本に関する前記のインパクト試算は、大幅に下方修正されることとなる。

最後に、IIFの分析で特筆すべき点として挙げたいのは、その計算のプロセスの透明性ということであろう。もちろん、試算に際しての仮定や手法に関しては、監督当局を中心に批判があることもたしかである。仮に、監督当局対業界という対立図式がなかったとしても、この手の試算に対し、異なる多くの意見が出てくるのは想像に難くない。重要なのは、こうした異なる意見が健全な議論の中で、より一段と高い理解にまで昇華されていくことであり、そのためにもっとも重要な要素が、試算に際しての仮定や手法、さらには用いたデータの透明性である。IIFのペーパーでは、第三者が同じ計算結果を再現できる程度まで、こうした内容が詳細に示されており、この点は非常に高く評価すべきだと思う。同時に、後述するバーゼル委員会の試算は、こうした条件がまったく満たされておらず、監督当局、銀行業界の利益を離れた第三者の視点からみれば、バーゼル委員会の議論は、少なくともこの点だけをみれば、非常に横暴のように映る。

4　バーゼルⅢのインパクトに係るバーゼル委員会の推計

バーゼル委員会では、2010年8月に、バーゼルⅢが主要国のマクロ経済に与えるインパクトに関し、二本のペーパーを通じて、その考えを示している。最初のペーパーは、“Assessing the macroeconomic impact of the transition to stronger capital and liquidity requirements"（以下「短期インパクト・ペーパー」）であり、これは主にバーゼルⅢが短期的視点からマクロ経済に及ぼすコストに焦点を絞って分析を行ったもので、既述のＩＩＦペーパーの結果との比較が可能なものである。もう一つのペーパーは"An assessment of the long-term economic impact of stronger capital and liquidity requirements"（以下「長期インパクト・ペーパー」）であり、こちらは、より長期的な視点から、バーゼルⅢがもたらすコストのみではなく、ベネフィットも分析し、このコストーベネフィットの釣り合いが取れるような、最適な自己資本比率の水準がどの程度かを示したものである。

これらペーパーは、それまで決まっていなかった最低所要自己資本比率の水準（広く、「カリブレーション」と言われてきた作業）の論拠となるものであり、それが故に、世界中の金融機関や監督当局から、非常に強い関心を集めてきたペーパーである。また二本のペーパーとカリブレーションの関係を考えると、短期的視点に立ったコスト分析に焦点を当てた短期インパクト・ペーパーが、マクロ経済に対する過度の負担を避けるために求められる「バーゼルⅢの段階的導入の期間の長さ」に対し大きな影響を与える一方、金融危機の再来を防ぐことに伴う便益まで考慮に入れた長期インパクト・ペーパーは、「最低所要自己資本比率の水準」に大きな影響を与える分析だと考えられる。

果たしてそれでは、両ペーパーは、どのような結果を導出したのか。

◆バーゼル委員会の短期インパクト・ペーパー

まず「短期インパクト・ペーパー」であるが、同ペーパーの分析結果によれば、仮にバーゼルⅢが今後4年間にわたって段階的に実施されるのであれば、1％ポイントのコアTier 1資本比率の引き上げは、GDP成長率に対し、累積で0・19％（0・16％が各国毎の単独の落ち込みで、0・03％が国際的スピルオーバー効果分）、年次ベースでみれば、0・04％程度の下押し効果があるということになる（図表5－4）。それでは、2010年9月に発表となった実際の引き上げ幅に合わせてスケーリングした場合、バーゼルⅢは実際にはどの程度の下押し効果をマクロ経済に加えるのであろうか。バーゼルⅢ導入の結果、最低所要コアTier 1資本は、現在の2－α（α＝控除項目）から資本保全バッファーまで考慮に入れれば7％まで増えることとなる。仮にαを、2010年9月16日付のFinancial Times紙記事にしたがって、控除前水準の約30％程度とみなせば、約5・5％ポイントの引き上げ幅となる。仮にこの引き上げ幅が、金融機関が実際に引き上げる幅とイコールになれば、その影響（GDP成長率の下押し幅）は0・22％、4年間の累積では1・1％ということになる。

また流動性規制のインパクトは別途試算しており、こちらの方は、同規制が流動性資産の所要保有額を25％増加させると同時に、市場からの資金調達のマチュリティも長期化するという仮定の下で、GDP成長率を累計で0・08％下押しするとの結果が出ている。ちなみに、短期インパクト・

図表5-4 バーゼルⅢ導入に伴うマクロ経済へのインパクト（バーゼル委員会・短期インパクト・ペーパー試算）

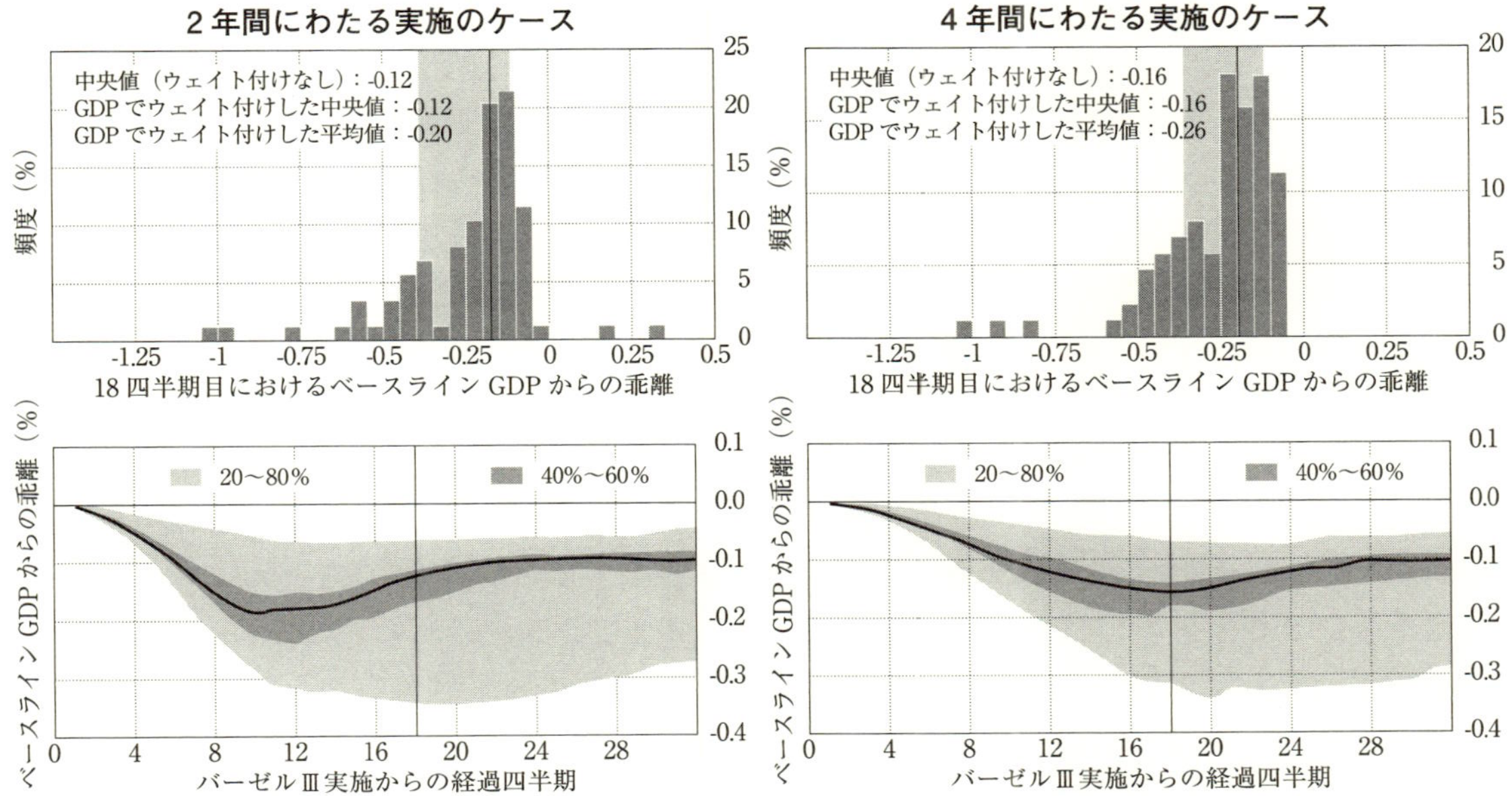

（出所）BCBS, *Assessing the macroeconomic impact of the transition to stronger capital and liquidity requirements*, 2010に基づき著者が作成.

ペーパーでは、資本規制と流動性規制間の相乗効果は勘案していない。これは、一方の規制のクリアは、他方の規制のクリアを助ける側面も強いためである。

前記に加えて、短期インパクト・ペーパーでは、バーゼルⅢの段階的導入期間として、2年間、4年間、6年間の三つのオプションを用意し、それぞれのインパクトを比較している。その結果、2年間よりも4年間にわたる実施の方が、ネガティブ・インパクトはかなりマイルドになるものの、ここからさらに6年間に延長しても、追加的な緩和効果はほとんど得られないとしている。これはつまり、4年間にわたるバーゼルⅢの実施がベストであることを示すものだ。

一方、仮に資本規制のインパクトに関し、先のＩＩＦの推測結果と比較するという目的で、実際の引き上げ幅に合わせてそのインパクトを求めると、足許の最低所要 Tier 1 資本比率（4％）から、資本保全バッファー分も加えた水準（7％）まで3％ポイント増加しているので、年次ベースのＧＤＰ成長率に対する下押し効果は、0・12％と言うことになる。ＩＩＦの推計では、同下押し効果は0・9％程度なので、その大きさは、ＩＩＦの推計と比較すれば、8分の1程度と非常に小さなインパクトとなる。両者の違いを、監督当局側の主張と銀行側の主張の違いと片付けてしまえばそれまでだが、その論拠を探求すれば、具体的にはどのような違いに行き着くのであろうか。

両者の違いの理由を探るため、まずはバーゼル委員会が用いた方法論について、簡単にみてみよう。インパクト算出に当たっての基本的な考え方は、実はＩＩＦが用いているものとまったく同じだ。すなわち、最初に、所要自己資本比率の引き上げが貸出金利や貸出ボリュームに与える影響を過去の統計データ等から導出した上で、次のステップとして、こうした貸出金利やボリュームの変化をインプットとしてマクロ経済モデルに投入し、マクロ経済の主要インディケータの変化をみるというものである。もちろんここで用いているマクロ経済モデルは、中央銀行が金融政策決定に活用しているモデルであり、少なくともＩＩＦが用いているものと比べれば、マクロ経済の動きをより包括的で、ダイナミックに捉えているものだと考えられる。ただし、そのようなモデルのパフォーマンスが、（たとえば、市場のコンセンサス・ビューと比較して）実際に優れているか否かは、必ずしも明らかではない。

それよりも、ＩＩＦの方法論と比較した、短期インパクト・ペーパーが用いた方法論の最大の特徴は、①一つのモデルの結果を用いているのではなく、メンバー国当局から集まった89モデルの結果の中央値を用いていること、②さらに、日米欧といった地域特性を勘案することなく、全世界一律の結果を導出していること、だといえよう。前者については、同ペーパーの結果が、一つの厳格な方法に基づき算出されたものではなく、たくさんある分析結果の、最大公約数的なものだということである。誠に国際機関らしい、加盟国メンバーに対して平等な手法のようにみえる。しかしながら、果たして本当にそうであろうか。

短期インパクト・ペーパーの Annex 5をみると、使われたモデルの作成国が掲載されている。これをみると、89のモデルのうち、日本を対象としたものが４なのに対し、米国は９、欧州（除くロシア）は47となっている。これでは、仮に日本や米国の金融経済構造が欧州のそれと異なっていたとしても、日本や米国は単なるアウトライアーとして扱われてしまい、短期インパクト・ペーパーの結果にはまったく反映されないこととなってしまう。エマージング諸国に押されているとはいえ、米国と日本を合わせたGDPは依然世界全体の4割近くを握っている。これが1／4程度のシェアの欧州によって、有効とされているデータから完全に除外されている可能性があるのだ。実際興味深いのは、同ペーパーの注2には、明確に、日本銀行とFRBが推計した三つのモデルが、明らかに他のモデルと比べて大きなマイナス値を示していることが述べられているのである。これは、明らかにサンプルデータの集め方に問題があることを、如実に示しているではないか。

こうした手法の問題を取りあえず措《お》くとして、短期インパクト・ペーパーと、IIFペーパーの結果の違いについては、短期インパクト・ペーパー（P4の注2）自体が、これが主に仮定の違いに起因すると述べている（なお、相違要因の精緻な指摘は、前記のような手法に基づく限り、実質不可能である）。具体的には、IIFペーパーでは、①バーゼルⅢ導入シナリオとの比較対象となるベースライン・シナリオにおいて、銀行のレバレッジが今次金融危機前の水準に戻る、②TBTFの存在が否定される結果、投資家の資本に対する要求収益率が高まる、③実質GDPと貸出総額の相関として、危機前のブーム期のものが採用されている、と仮定しているが、これについて、短期インパクト・ペーパーでは大きく異なる仮定を置いているということだ。

すなわち、①に関しては、欧米の金融機関のビジネス・モデル自体が見直しされる結果、バーゼルⅢ導入のいかんにかかわらず、以前のようなレバレッジや高収益ビジネス・モデルが復活することはありえないこと、②政府による救済は否定されるものの、その分バーゼルⅢ導入のお陰で金融システム自体が安定化するのだから、投資家が追加的収益率を要求することは考えにくいこと、③今次金融危機前のブーム期における実質ＧＤＰと貸出総額の相関の高さは、歴史的に見ても特殊であること、が、短期インパクト・ペーパーが異なる仮定を置く根拠となっている。この他、ＩＩＦ側は、カバーしている国の数が異なる（ＩＩＦが日米欧なのに対し、バーゼル委員会はエマージング諸国を含む30カ国をカバーしている）点も、違いを生んだ要因として指摘している（ＧＲＲ（２００９））。

また、ＩＩＦペーパーが、流動性規制が資金調達コストに与えるインパクトを重視しているのに対し、短期インパクト・ペーパーでは、同上昇分は銀行の健全性が強化されるプラス効果で相殺される面を重視するといった違いもある。前記の直接比較では、ＩＩＦの結果は流動性規制の効果を含む一方、短期インパクト・ペーパーでは流動性規制のインパクトを含んでいないが、実はこの比較はバーゼル委員会自体がペーパーの中で行っている（Ｐ４の注２）もので、そういう意味では、短期インパクト・ペーパーでは、流動性規制導入による追加的なインパクトはほとんどないと考えているのかもしれない。

前記で示した両者の違いを示す要因のうち、特に日本という視点から気になるのは、最初のポイント①である。たしかにバーゼル委員会が主張するとおり、バーゼルⅢ導入の如何にかかわらず、銀行のビジネス・モデルは、グロース・モデルから、ディフェンシブに近いものに大幅に変更になったと言える。これまでの高い収益率を諦めて、これをより安定的な経営のためのコストだと考えれば、最低所要自己資本比率の引き上げに伴うコストの大きな部分が、もしかしたら、銀行努力によって吸収されるかもしれない。

もっとも、これが当てはまるのは、欧米の金融機関のみである。邦銀はどうか。邦銀は、すでに今次金融危機前から、ディフェンシブに近い産業と化し、収益率はすでに、これ以上下げようがないほど下がっている。こうした状況下で、欧米金融機関と同じように、高いマージンを削って、高い自己資本水準のコストを賄うことができない。このように、短期インパクト・ペーパーの結果は、国ごとの違いの特性を無視したために、特に日本のように他国とは異なる銀行ビジネス・モデルをもっている国にとっては、相当無理な結論が出されている。

各国がこれまで歩んできたパスによってインパクトが随分と異なる点は、たとえば、同ペーパーの中で敢えて紹介されている日本銀行ペーパーの結果にも、よく顕れている。日本銀行が用いたモデルでは、銀行危機時代に日本が実際に経験した事象に基づくことで、単に貸出スプレッドの拡大のみによって貸出が減少するのではなく、貸出基準が厳しくなり、経済学の言葉を借りれば「信用割当」が発生する、つまり「貸し渋り」や「貸し剥がし」が発生することで、貸出が減少するプロセスを取り込んでいる。このモデルの結果は非常に衝撃的で、1%ポイントの自己資本比率の引き上げが、最悪累積で1・2%ポイントのGDP押し下げ効果を持たらすとの結論を導き出している。これは、短期インパクト・ペーパーの結果の6倍であり、IIFペーパーが出したインパクトと近い。

短期インパクト・ペーパーでは、前記のような例も丁寧に説明し、日本の深刻な銀行危機の際に発生した状況もAnnexの中で丁寧に説明している。その上で、導出した結果面では、見事に日本銀行の分析結果を無視している。バーゼル委員会（あるいは震源地国）の戦術面での強《したた》かさに、ただただ感心する一方で、前記のような事態を経験し、これを当局が「日本の意見」として出したにもかかわらず、結果的に完全に無視されたことを、我々としてどのように受け止めるべきかは、本来もっと議論されるべきであろう。

もちろん、震源地国と日本の議論は、多分に規制をどちらの国の銀行に有利に運ぶかという、非常に政治的な要素を帯びたものである。また、「信用割当」効果をモデル内に取り込むことに関しては、識者の間でも異論はある。そういう意味で、前記の敗北は、もしかしたら、日本の戦術面の失敗に止まるものなのかもしれない。ただその一方で、日本の多くの金融関係者は、規制の強化がマクロ経済にもたらす潜在的なマイナス・インパクトを肌身を持って感じているはずだ。日本銀行の試みは、これを客観的なデータに基づき示したものである。銀行危機やデフレ等、多くの不幸な事象面で、日本が世界をリード？　する中、震源地諸国の思惑で、危機先進国である日本の貴重な事例が活かされないのは、不幸というよりは、大変危険な事態だと言えるかもしれない。特に、日本の当局関係者は、日本銀行の結果に基づけば、バーゼルⅢの導入がＧＤＰ成長率を毎年１％弱程度押し下げるかもしれない中で同規制が導入されることを、国民にどのように説明するのか、もう少し考えるべきなのではないか。

◆バーゼル委員会の長期インパクト・ペーパー

「長期インパクト・ペーパー」では、基本的にUKFSAが2009年に出したBarrel et al. "Optimal regulation of bank capital and liquidity: how to calibrate new international standards" で示された考え方をベースに、最適な自己資本比率の水準を求めている。これは、このペーパーの後に紹介する日本銀行ペーパーも同様である。そこで最初に問題となるのは、「最適な」自己資本比率水準とは何かという問題である。

同ペーパーが定義する最適な自己資本比率水準とは次のようなものである。すなわち、金融機関に対する所要自己資本比率水準の引き上げがマクロ経済に対しマイナス・インパクトを及ぼす一方で、同時に将来金融危機がふたたび発生する蓋然性を減らすという意味での便益ももたらす。大事なのは、この便益がコストを上回る幅を最大化させるようなポイントに、自己資本比率をセットすればよいというものである（前掲図表3−7）。

まず、長期インパクト・ペーパーの結果のみを示すと次のようになる（図表5−5）。資本規制と流動性規制の双方を考慮した場合では、仮に金融危機がマクロ経済に対しパーマネントな影響を与えないと考えれば、便益が最大化する自己資本比率（コアTier 1比率）は9〜10%となり、パーマネントの影響を考慮したケースでは13%程度となる。このように、このペーパーは、バーゼル

図表5-5　バーゼルⅢ導入に伴うマクロ経済へのインパクト（バーゼル委員会・長期インパクト・ペーパー試算）

流動性規制の要件を満たしつつ、所要自己資本比率を高めた場合

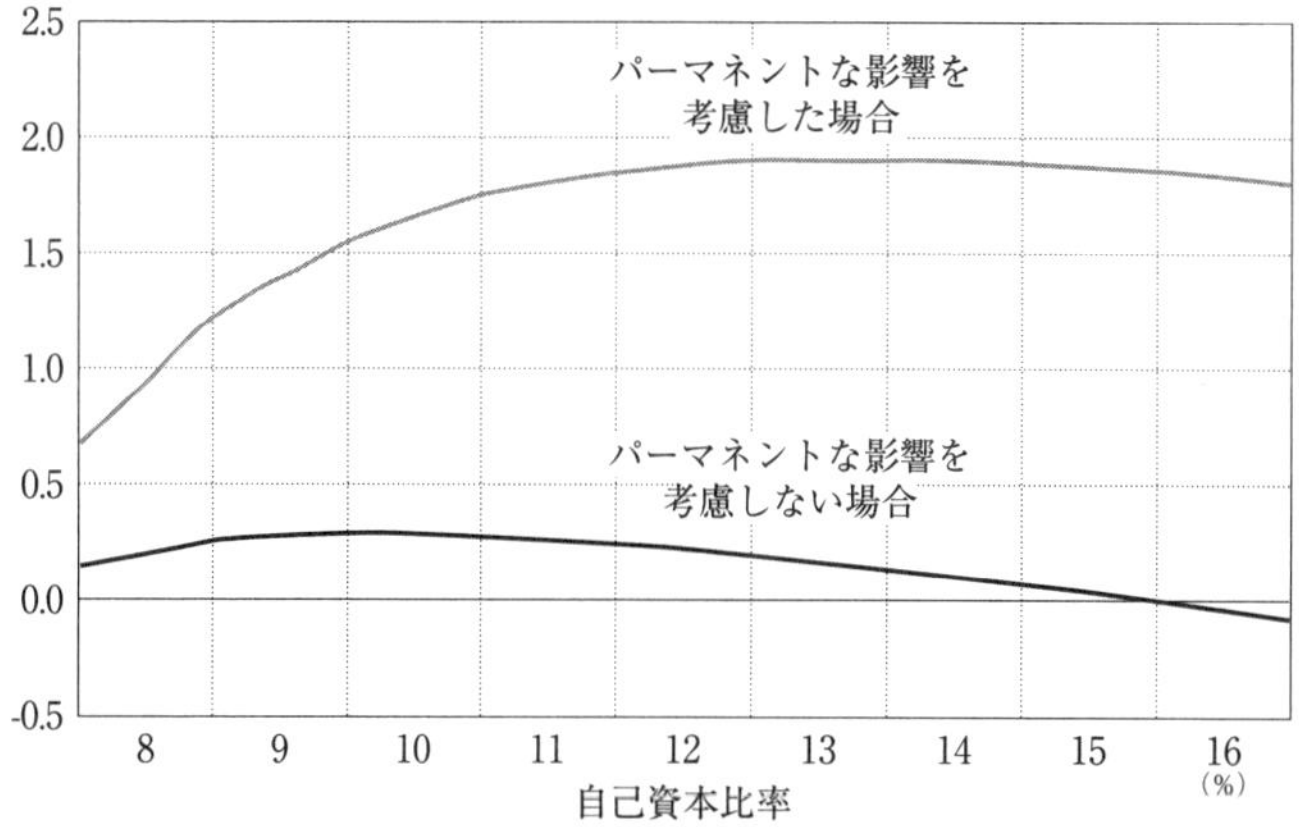

流動性規制を考慮せず、所要自己資本比率のみを高めた場合

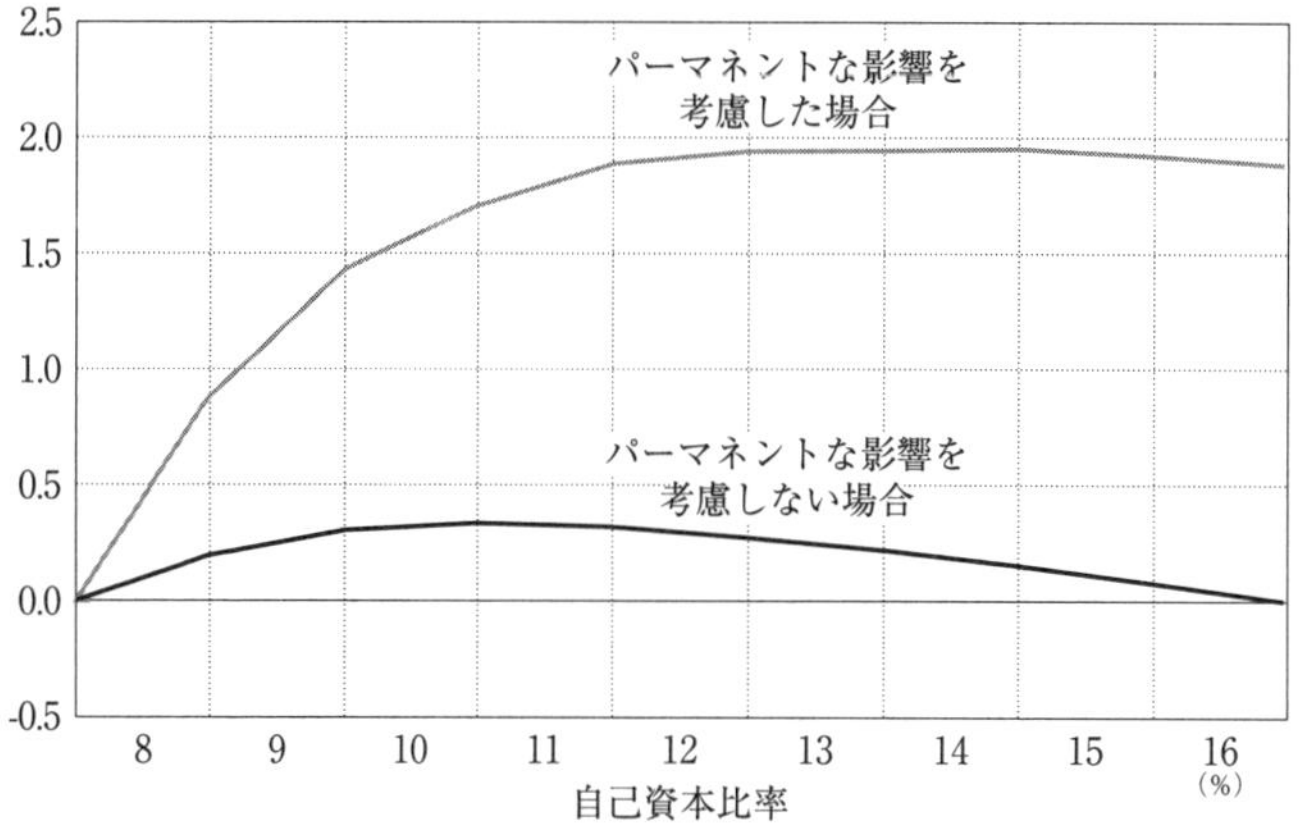

（出所）BCBS, *An assessment of the long-term economic impact of stronger capital and liquidity requirements*, 2010に基づき著者が作成．

委員会（厳密には米英を中心とした震源地国当局）としては、最低所要コアTier 1比率を、できれば9～10％の水準まで引き上げたいというメッセージを明確に伝えている。現実には、最低所要コアTier 1比率は、資本保全バッファーまで含めても7％にとどまったわけだが、その議論の過程では、ドイツ・フランスや日本の考えが、米英の考えと真っ向から対立し、結局米英が考えていた当初案よりも引き下げられた内容になったことが伝えられている（たとえば、日本経済新聞（2010b））。ただし、米英としては、まだ決まっていないSifisに対する追加的資本賦課によって、達成できなかった水準に近づけようとしているのかもしれない。

以下では、前記のような結果がどのように導き出されたのかについて、みてみよう。まずは、便益の定義を考えることとしよう。長期インパクト・ペーパーでは、バーゼルⅢの便益は、新たな金融危機の再発を防ぐこととなっているので、これを数量化しようとすれば、金融危機の再発によって失われる額と、バーゼルⅢの導入によって、どの程度、危機発生の蓋然性を抑制することができるのかを求める必要がある。仮に、金融危機が発生すれば、累積でGDPの1割程度（日本のケースであれば約50兆円）が失われる一方、バーゼルⅢ導入の結果、その発生確率は5％（20年に一度）から1％（100年に一度）に下がるのであれば、そのベネフィットは、50兆円×4％ということで、2兆円ということになる。

金融危機の再発によって失われる額に関し、長期インパクト・ペーパーでは、なんとGDPの約6割という数字を置いている。この数字の大きさを聞いて、常識人であれば、まずは自分の耳を疑うであろう。これは決して、第二次世界大戦や関東大震災といった事象の影響ではないのである。それなのに、なぜこのような大きな額が出てくるのであろう。

実は長期インパクト・ペーパー自体が求めたインパクトは、ＧＤＰの約６割どころではなく、これをさらに上回る約１６０％なのである。同ペーパーはこうした数字をみせつつ、学者等の分析の結果が平均的に約６割なので、やや自分たちの見方を和らげる形で６割にしましたという体裁を取っている。こうした数字は、危機発生前のトレンド的成長率に比べ、金融危機の結果下方にシフトした成長率がもたらす累積的効果を捉えている。すなわち、仮に危機前までのトレンド成長パスが年率３％程度で、危機の結果これが一次的に１％まで落ち込み、その後徐々に成長率が回復して、５年後に漸く危機の前の成長パスに戻ると仮定すれば、本来のトレンド成長パスに比較して、この５年間の間に失われたＧＤＰのパイの総額が、金融危機のインパクトなのである。

それでも、トレンド成長率が２％程度の中で、仮に初年度にＧＤＰがマイナス５％程度となり、元のトレンドに戻るまでに５年間要したとしても、そのトータルの損失額はせいぜいＧＤＰの２割止まりである。それが、１６０％という膨大な数字に膨れ上がるには訳がある。つまり、いくつかの国（含む金融危機後の日本）は、永遠に危機前のトレンドには戻らないのである。こうした国のケースでは、将来の成長ギャップは一定の割引率で現在価値に引き直されて、インパクトの累積額に追加される。ちなみに、同ペーパーに示された学者の分析の中で、日本の銀行危機に関するものは、そのインパクトを何とＧＤＰの５倍以上（５２５・７％）としているものもある。たしかにこのような計算がなされれば、ＧＤＰの１・６倍程度の数字になってもおかしくない。

さらに長期インパクト・ペーパーでは、学者等の分析の一例として、今次金融危機のインパクトに触れたHaldane（2010）の例を示している。これによれば、仮に今次金融危機に伴いＧＤＰ成長率が下方屈折し、その効果がパーマネントに残ると仮定するならば、そのインパクトはＧＤＰの３５０％に達するとしているのだ。

前記のような議論をみて、多分多くの読者は、何かおかしいと感じたはずだ。それは、危機のインパクトを求める際にその土台となる、危機前の成長トレンドパスのことだ。重要なポイントなのは、本当に危機前までの数年間の成長トレンドパスが、金融危機のインパクトを測る際の基準になるかということである。たとえば、米国のグリーンスパン前ＦＲＢ議長が*The Crisis*（2010）の中で述べているとおり、米国では、ベルリンの壁が崩壊した89年以降、潜在的にはバブルが蓄積してきた可能性がある。日本においても、たとえばプラザ合意以降の高成長は資産バブルに煽られた結果だということは、多くの識者のコンセンサスとなっているはずだ。それにもかかわらず、そうしたトレンドをベースにした上で、そこからの落ち込みを金融危機のコストとして認識することが果たして相応しいであろうか。こうした説明は、左のイメージ図をみても明らかであろう。いったいどの時点からの成長トレンドパスを、本来戻るべき成長パスだと考えるかによって、そのインパクトの推計は完全に異なってくるのである（図表５－６）。

短期インパクト・ペーパーでは、ＩＩＦの推計に対し、ベースシナリオが危機前のレバレッジや

図表5-6　バーゼル委員会が示す金融危機がマクロ経済に与える影響に関する考え方（イメージ図）

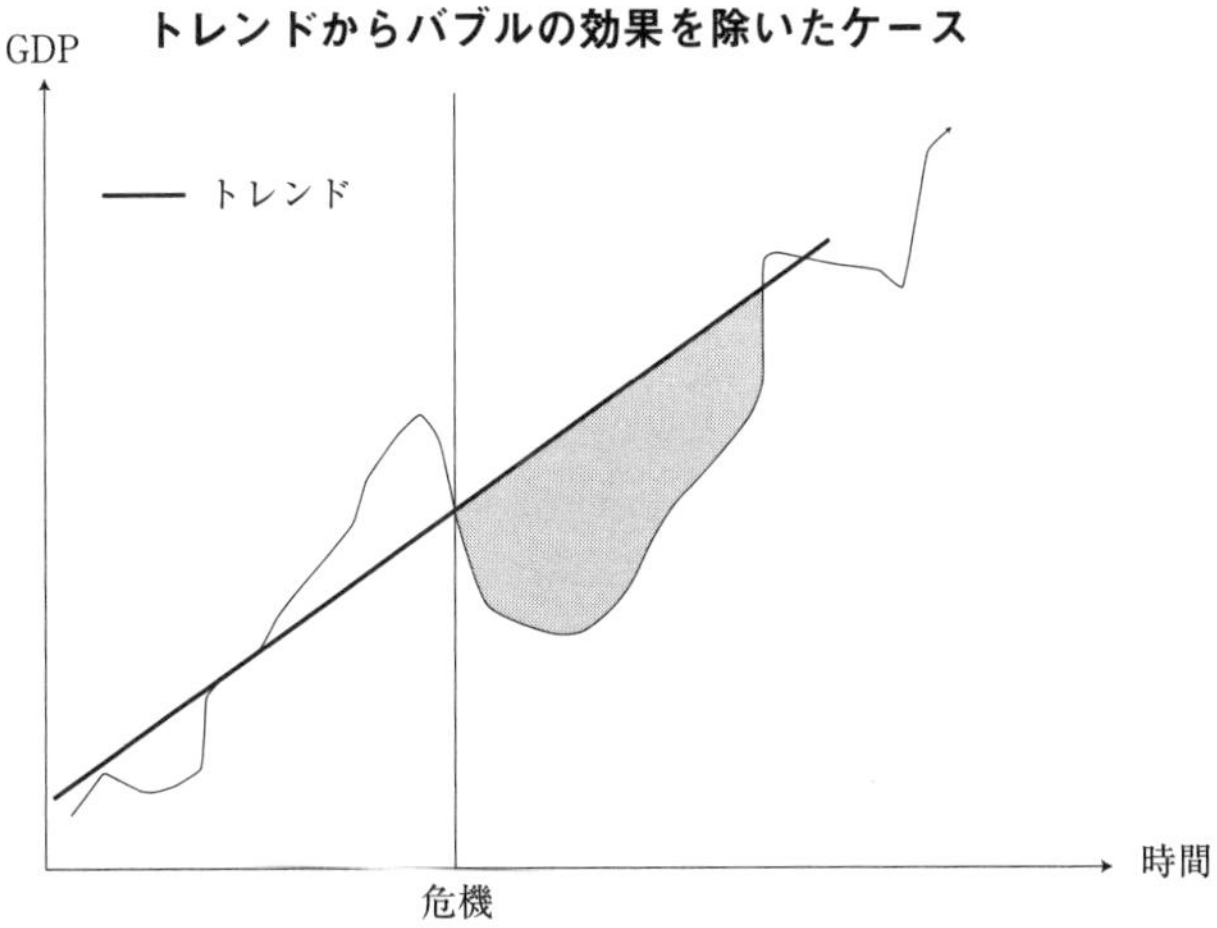

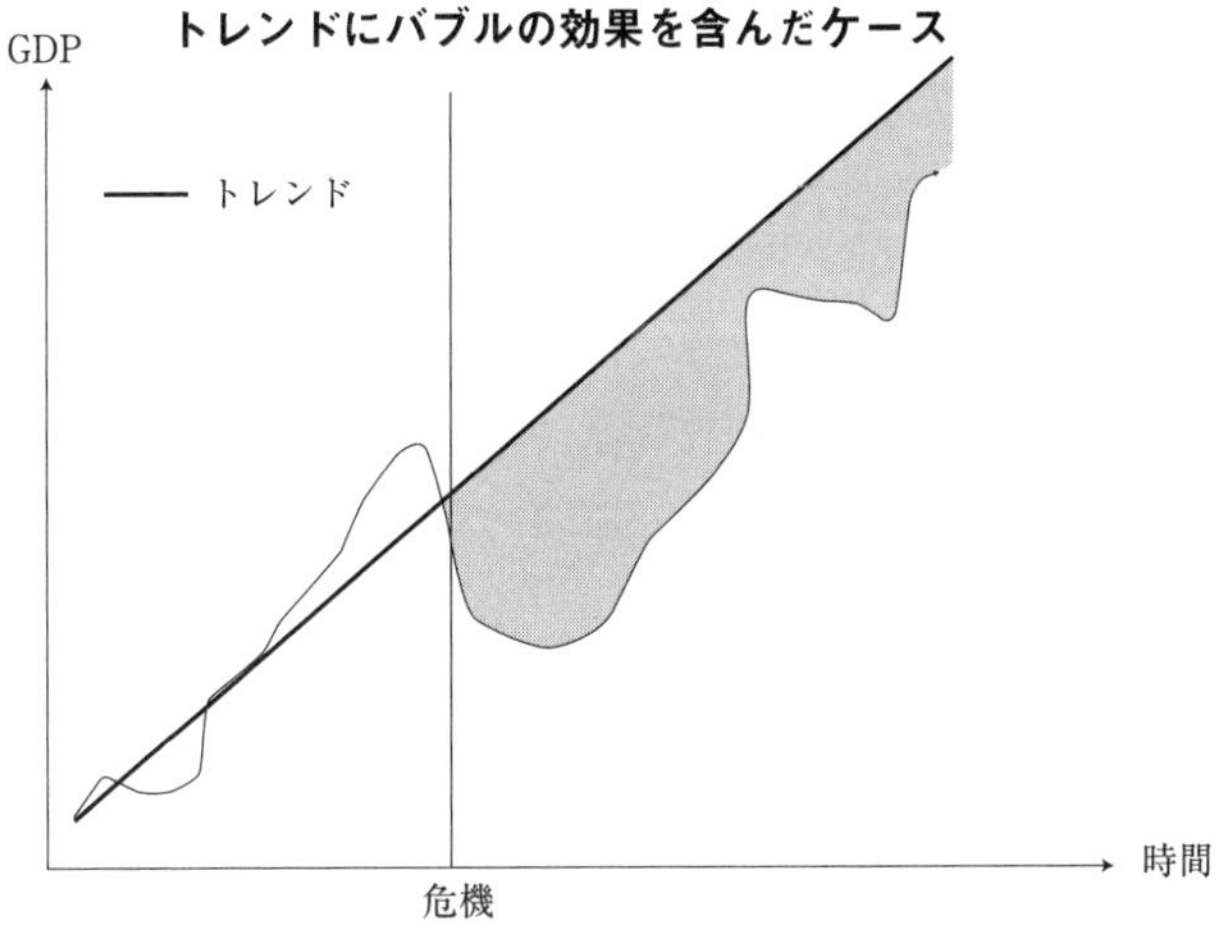

（出所）BCBS, *An assessment of the long-term economic impact of stronger capital and liquidity requirements,* 2010に基づき著者が作成.

マージン水準に戻ることを非現実的だと非難してきたバーゼル委員会が、一転長期インパクト・ペーパーでは、危機がなかった場合に辿るべき成長トレンドパスとして、危機前の成長トレンドをそのまま持ってくるのは、余りにもご都合主義ではないであろうか。

前記の考え方は、もしかしたら、金融危機の捉え方にも強く影響されているのかもしれない。すでに第2章で詳述したとおり、仮に金融危機の原因を、個別金融機関のガバナンスやリスク管理の問題に帰すことが可能であれば、多分金融危機のインパクトは、それ以前のトレンドをベースに測ればよいということになる。もっとも、仮にその原因がより本源的なマクロ経済の不均衡に基づいているのであれば、その不均衡がもたらした過剰な成長部分を取り除いた上で、金融危機のインパクトを考える必要がある。さらに、大きな金融危機は、単に長期の金融緩和政策に起因する資産バブルのみではなく、ときには日本のように、人口の老齢化に伴う潜在成長率の下方屈折がよく認識されない中での過剰設備投資によってもたらされる。この場合、金融危機は、単にマクロ経済の成長力を本来あるべき実力に戻しただけとみることもできる。逆にそうした中で、昔の成長率を取り戻そうとすれば、ふたたび資産バブルを発生させる必要が生じてしまう。このように、特に金融危機の結果、成長が下方屈折しているケースにおいては、その因果関係をもう少しよく考えてみる必要がある。

なお、それでも学者による分析の平均的結果がGDPの60％程であり、結局長期インパクト・ペーパーが実際に用いる計数もここまで下げているのだから、問題ないではないかという考えもあるかもしれない。もっとも、ここでもう一つ重要な疑問がある。それは、学者の分析結果サンプルの選び方である。図表5－7に示すとおり、同ペーパーでは、学者の分析結果のサンプルとして13のケースを用いている。そのうち4ケースは、金融危機のパーマネントな効果を想定しないもので、残りの9ケースは想定したものとなっている。前者の中央値は19％、後者の中央値は158％である。そして、この長期インパクト・ペーパーは、同グループが金融危機のコストとして用いると計数として、なんと、この2つのグループを合算したすべてのサンプルの中央値である63％を用いている。

さすがに、学者の平均的な分析結果と聞いて、ある程度納得した読者でも、前記の計算方法をみれば、ふたたび唖然としてしまうのではないか。まったくインパクト水準の異なる二つのグループを単純に合算して、ちょうど真ん中の値を選んだものが、このペーパーにおけるもっとも重要な仮定の計算方法なのである。さらに、パーマネント効果のサンプル数が9なのに対し、同効果を勘案しないサンプル数が4なのだから、中央値は最初から、パーマネント効果を勘案したものにならざるを得ない。この非常に偏った選択手法が、実質的に金融危機のコストに関するバーゼル委員会の見解を決め、そしてこれがバーゼルⅢで求められる自己資本比率水準に大きな影響を及ぼしているというのは、（やや言い過ぎかもしれないが）余りにお粗末ではないだろうか。こうした内容をみると、本書においてあれだけ非難してきたレバレッジ比率の国際的導入を提唱してきた、米国ＦＤＩＣのブレアー長官に対しても、「あなたがバーゼル委員会を信じられない気持も分かる」と思わ

図表 5-7　バーゼル委員会が用いた金融危機がもたらす累積的経済損失に関するアカデミックによる分析結果

	累積的経済損失（GDP に対する比率、%）
パーマネント効果を勘案しないもの	
Hoggarth *et al.*（2002）	16
Laeven and Valencia（2008）	20
Haugh *et al.*（2009）	21
Cecchetti *et al.*（2009）	18
上記結果の中央値	19
パーマネント効果を勘案したもの	
うち累積的経済損失を求めたもの	
Boyd *et al.*（2005）：Method 1	63
Boyd *et al.*（2005）：Method 2	302
Haldane（2010）	200
うち経済危機前後の GDP の違いを求めたもの	
Cerra and Saxena（2008）	158
Turini *et al.*（2010）	197
IMF（2009）	210
Furceri and Zdzienicka（2010）	95
Furceri and Mourougane（2009）	42
Barrel *et al.*（2010a）	42
上記結果の中央値	158
全サンプルの中央値	63

（出所）BCBS, *An assessment of the long-term econonic impact of stronger capital and liquidity requirements,* 2010に基づき著者が作成.

ず頭を下げたくなってしまう。

また、前記の３本のペーパーは、主として日本における銀行危機のインパクトの貢献により、大きなインパクトが算出されていると考えられるが、これが果たして金融危機の結果なのか、あるいは銀行規制強化の結果なのかは、その時期が重なっているだけに区分は困難だと想定される。そうした中で、長期インパクト・ペーパーでは、結果として90年代における日本の失われた10年をすべて金融危機のインパクトと捉える一方、短期インパクト・ペーパーでは、日本の当局の主張を無視し、日本の失われた10年に果たした規制強化の影響をまったく織り込まない点も、日本の事例をご都合主義的に用いたと言われても、仕方がないであろう。

次に、長期インパクト・ペーパーが想定している金融危機発生の蓋然性についてみてみよう。同ペーパーでは、主要国において金融危機は、平均20～25年に一度発生しており、その発生確率を４・５％程度と置いている。バーゼルⅢが、こうした金融危機の発生蓋然性を抑制する程度については、ＵＫＦＳＡや後述する日本銀行が開発したモデルが用いられている。これらモデルは、過去世界で生じたさまざまな金融危機事象を取り出してきた上で、こうした金融危機が、当該国の金融システム全体の自己資本比率や流動性比率とどのような関係にあるのかを特定化している。すなわち、金融システム全体の自己資本比率や流動性比率を説明変数とした上で、これらによって金融危機発生の蓋然性を示したのが、これらのモデルである。このモデルによって、バーゼルⅢが自己資本比率や流動性比率をどの程度引き上げれば、金融危機の発生確率を、現行の４・５％から、どの程度引き下げられるかを推し量ることができる（なお、自己資本比率や流動性比率の引き上げが、自動的に金融危機の発生を抑制するという考え方自体に大きな欠陥があり得る点は、すでに第4章第2節で議論した）。

最後に、バーゼルⅢ実施に伴うコストであるが、これは、短期インパクト・ペーパーの結果も活用しつつ、バーゼルⅢ導入後の長期定常状態下における、資本コスト上昇が投資や消費に与える影響を求めている。

さて、これは、バーゼル委員会から出たカリブレーションに係る二本のペーパーいずれにも言えることだが、これらペーパーが政策決定において占める重要性を考えれば、（特にＩＩＦペーパーと比べた場合の）用いたデータや具体的手法に係る不透明性と、さらに、これらペーパーが出した結果が、最終的にバーゼルⅢのカリブレーションの中でどのように活かされたのかに係る曖昧さは、大いに問題だと言える。前者については、外部の第三者が同じ結果をある程度再現できる程度に、データとその計算手法が明らかにされない限り、バーゼル委員会がご都合主義的に数字を出しているとの疑惑は晴れないであろう。また後者に関しては、これだけ鳴り物入りでカリブレーションなるものが実施されたにもかかわらず、ここで得られた結果が規制の中で最終的にどのように用いられたのかが分からなければ、結局何のためのカリブレーションだったのかという疑問が残ることになる。

5　最適自己資本比率に関する日本銀行の推計

日本銀行は、2010年5月に“Calibrating the Level of Capital: The Way We See It”というペーパーを出している。同ペーパーでは、前記の長期インパクト・ペーパーで紹介した枠組みとほぼ同じものを用いて（というよりは、前記長期インパクト・ペーパーの分析が、日本銀行のモデルを採用したというのが、より正確な記述である）、それぞれの金融機関にとって最適な自己資本比率と流動性比率の組み合わせを、景気の局面ごとに出している。このように言ってしまうと、同ペーパーの結論も、バーゼル委員会が出した長期インパクト・ペーパーの結論とほぼ同じではないかと思われるかもしれないが、実はその内容は大きく異なるのである。

バーゼル委員会ペーパーとの最大の違いは、まさに金融危機がマクロ経済にもたらすマイナス・インパクトに係る仮定である。バーゼル委員会の長期インパクト・ペーパーではGDPの63%を仮定していたが、日本銀行ペーパーではGDPの9・5～10%と仮定しているのである。日本銀行の仮定は、過去の学者の分析や日本における経験をベースにしているのだが、これだけであれば、バーゼル委員会のペーパーと何ら変わらないはずである。このように、すでに長期インパクト・ペーパーのセクションで示したとおり、最適自己資本比率を決める上でもっとも重要な要素の一つである金融危機のインパクトは、相当恣意的な決定が可能なのである。著者の考えでいえば、多分日本

図表5-8　景気局面ごとの最適自己資本比率（日本銀行試算）

1. 資産（不動産）サイクルのピーク

L2＼L1	5	10	20	30	40
10	24.5	17.7	11.4	8.5	6.8
20	19.1	14.7	10.2	7.8	6.4
40	13.3	11.1	8.3	6.7	5.6
60	10.3	8.9	7.1	5.9	5.1
80	8.4	7.5	6.2	5.3	4.6

2. 資産（不動産）サイクル上の通常期

L2＼L1	5	10	20	30	40
10	20.1	14.8	9.7	7.3	5.9
20	15.9	12.4	8.7	6.7	5.5
40	11.3	9.4	7.1	5.8	4.9
60	8.8	7.6	6.1	5.1	4.4
80	7.2	6.4	5.3	4.6	4.0

3. 資産（不動産）サイクルのボトム

L2＼L1	5	10	20	30	40
10	15.5	11.8	7.9	6.1	4.9
20	12.6	10.0	7.1	5.6	4.6
40	9.1	7.7	5.9	4.8	4.1
60	7.2	6.3	5.1	4.3	3.7
80	6.0	5.4	4.5	3.8	3.4

（注）自己資本比率は，資本と利益剰余金の合計を資産で除したもの．また，L1は現金・有価証券が資産に占める比率，L2は預金が負債に占める比率．
（出所）Kato, Kobayashi, and Saita, *Calibrating the Level of Capital: The Way We See It,* 2010に示された結果に基づき著者が作成．

銀行の仮定は、バブル的要因による上振れ分を調整した上で金融危機前の成長トレンドパスを置いた結果なのかもしれない。そうであるならば、ここで用いた仮定は、バーゼル委員会が出した長期インパクト・ペーパーの仮定よりは、はるかに現実的な仮定だと言えよう。

日本銀行ペーパーの結論は次のとおりである（図表5－8）。それぞれの図表は、景気の局面ごとにおける、二つの流動性比率の組み合わせに応じた最適自己資本比率を示している。これだけをみても、目指すべき自己資本比率が、現状と比べてどう

図表 5-9　日米欧銀の資本、流動性比率

	邦銀	米銀	欧銀
現金	7,765	976	369
有価証券	120,279	1,311	1,483
資産合計	800,269	11,846	31,147
L1（%）	16.0	19.3	5.9
預金	602,690	5,896	10,160
負債合計	775,078	10,515	29,231
L2（%）	77.8	56.1	34.8
Tier 1 資本比率（%）	6.8	11.4	8.0

（注）邦銀は10億円，米銀は10億ドル，欧銀は10億ユーロ．
（出所）Institute of International Finance, *Interim Report on the Cumulative Impact on the Global Economy of Proposed Changes in the Banking Regulatory Framework,* 2010に基づき著者が作成．

なのかはよく分からない。そこで、まずは、先に示したＩＩＦの日米欧の計数に基づき、日米欧各地域における最適自己資本比率からの乖離幅をみてみる（図表５－９、図表５－10）。これによれば、日本の現状の自己資本比率は、通常時における最適自己資本比率に近く、好況時にはやや過剰、不況時はやや不足という結果になる。全体には、現状の水準は概ね最適自己資本比率に近い。

同様の作業を、大手行や大手地銀等個別行について行った結果が、図表５－11である。これをみると、やはり大手行の多くが最適水準に近いほか、大手地銀については、最適水準を大幅に上回っていることが分かる。

一方、欧州についてみると、ＩＩＦの計数に基づく限り、現実の自己資本比率は最適水準を大幅に下回っている。また米国では、現実の比率は最適水準を大幅に上回る結果となっている。

このように、同じ当局であっても、我が国の当局の一つである日本銀行が出した結論は、バーゼル委員会が出した結論とは大きく異なっている。繰り返しになるが、日本銀行の結果に基

図表5-10　日米欧における最適自己資本比率からの乖離

1. 資産（不動産）サイクルのピーク

L2 \ L1	5	10	20	30	40
10	24.5	17.7	11.4	8.5	6.8
20	19.1	14.7	10.2	7.8	6.4
40	13.3 【欧銀：8.0】	11.1	8.3	6.7	5.6
60	10.3	8.9	7.1 【米銀：11.4】	5.9	5.1
80	8.4	7.5	6.2 【邦銀：6.8】	5.3	4.6

2. 資産（不動産）サイクル上の通常期

L2 \ L1	5	10	20	30	40
10	20.1	14.8	9.7	7.3	5.9
20	15.9	12.4	8.7	6.7	5.5
40	11.3 【欧銀:8.0】	9.4	7.1	5.8	4.9
60	8.8	7.6	6.1 【米銀:11.4】	5.1	4.4
80	7.2	6.4	5.3 【邦銀:6.8】	4.6	4.0

3. 資産（不動産）サイクルのボトム

L2 \ L1	5	10	20	30	40
10	15.5	11.8	7.9	6.1	4.9
20	12.6	10.0	7.1	5.6	4.6
40	9.1 【欧銀:8.0】	7.7	5.9	4.8	4.1
60	7.2	6.3	5.1 【米銀:11.4】	4.3	3.7
80	6.0	5.4	4.5 【邦銀:6.8】	3.8	3.4

図表 5-11　邦銀大手行、主要地銀の最適自己資本水準からの乖離

	MUFG	みずほ FG	SMFG	住友信託	横浜	千葉
自己資本／資産比率(1)	4.90	3.60	5.19	6.72	6.25	5.69
現金・有価証券／資産比率	29.68	25.31	25.88	24.52	16.65	20.40
預金／負債比率	68.25	55.87	75.65	73.09	91.77	89.79
通常時の最適自己資本／資産比率(2)	4.6 ～ 5.1	5.1 ～ 6.1	4.6 ～ 5.3	4.6 ～ 5.3	5 ～ 6	約５
ギャップ(2) − (1)	▲ 0.3 ～ 0.2	1.5 ～ 2.5	▲ 0.59 ～ 0.11	▲ 2.12 ～ ▲ 1.42	▲ 1.25 ～ ▲ 0.25	▲ 0.69

（注）2009年９月末計数に基づく．また通常時の最適自己資本／資産比率は，図表５－８のマトリックスをベースに推計したもの．

づけば、邦銀の場合、平均すれば、現状の自己資本比率が最適水準に近いことを示唆している。このように自国当局が、現状の比率を最適に近いと認識している中で、そこからさらに大幅な資本の積み増しを求められることが、いったいどのような結果をもたらすのかは、単に銀行や当局のみではなく、日本国全体がもう少しよく考えるべき問題ではないだろうか。

6 バーゼルⅢの問題がもたらす影響

本節では、これまでみてきた、さまざまな当局が公表してきたインパクト分析では必ずしも考慮されていなかった、バーゼルⅢ導入がもたらす金融機関行動の変化、さらにはこうした変化がマクロ経済に及ぼす影響に関し考察する。

バーゼルⅢがもたらす金融機関行動の変化として、よく指摘されているのは次の三点である。第一は、第4章第2節で指摘したように、高い自己資本比率を求められる結果として、リスクテイクに対しよりアグレッシブになること。第二は、やはり前記と同じ理由で、従来銀行がテイクしていたリスクの多くが、シャドーバンキングと言われる、当局による監督の行き届かない、ノンバンク・セクションにシフトすること。第三は、前記二点とは逆に、監督当局による過度な規制（資本規制や流動性規制に加えて、金融機関の行動規制等）の結果、金融機関がリスクテイクに対し過度に慎重となり、マクロ経済全体のダイナミズムが失われるというものである。

一点目に関しては、バーゼルⅢ導入の結果、新たな自己資本の大幅な調達が不可避となる中で、多くの金融機関では必然的に、ＲＯＥが大幅に低下してしまい、これを何とか少しでも回避しようという金融機関の必死な姿勢が出発点となる。ここで重要となるのは、バーゼルⅢが見逃しているリスクである。こうしたリスクをテイクすることで、金融機関は所要自己資本を節約しつつ、リターンの改善を図る、つまりはROEの改善を図ることができる。こうした規制裁定は、バーゼルⅠ、あるいはバーゼルⅡの下でも行われてきた。主にバランスシート上の資産のみに焦点を当て、貸出のリスクをすべて一律のリスク・ウェイトで扱ったバーゼルⅠ下では、規制の取り込みが弱かったオフバランスシートの取引や、同じ貸出でもよりリスクの高い貸出が、規制裁定の対象となった。一方、リスク・センシティブとなったバーゼルⅡでも、リスク・ウェイトが低かった証券化商品やトレーディング勘定取引が、規制裁定の対象となった。それでは、バーゼルⅢ下では、いったいどのような取引が規制裁定の対象となるのであろうか。

バーゼルⅢ下での規制裁定の第一候補は、国債への投資である。もちろん国債投資で、リターンを大幅に改善することは難しいが、それでも、リスク認識をほとんどする必要なく、一定のリターンを確保すると同時に、流動性リスク規制のクリアまで容易にしてくれる。国債、特に日本の国債に関しては、後述するとおり、潜在的には大きなデフォルト・リスクや市場リスクを抱えているものの、現状の規制ではこうした要素を、たとえば第2の柱を通じて十分に取り込む形になっていない。さらには、ギリシャ危機に端を発したソブリン危機発生以降は、バーゼルⅢはある意味で意図的に、ソブリン・リスクを過小評価するにように作りこまれているようにもみえる。こうした意味では、「規制裁定」というよりは、規制の「意図」に従った結果というべきかもしれない。このような環境下では、金融機関、特に日本の金融機関においては、貸出先不足から以前より増加する傾向にあった国債への投資を今後さらに加速する可能性すら考えられる。これは次章で詳説するとおり、明らかに新しい銀行危機の芽を日本の金融システムに植えつけるものだと言える。

規制裁定の第二候補は、エマージング諸国の貸出に係るリスクである。資産価格の上昇等、バブル的要素もあって貸出マージンが高いと想定される中国をはじめとしたエマージング諸国における貸出等に係るビジネスへの注力は、仮に当該諸国が、第3章第5節で説明したとおり、カウンターシクリカル資本バッファーの考えに基づき追加的な資本賦課を求められるのであれば、これを必ずしも規制裁定の動きと呼ぶことはできないであろう。もっとも、カウンターシクリカル資本バッファーが早期に実現に向かうとは考えにくく、もしそうであるならば、当面の間は、規制裁定の余地が残ることとなる。エマージング諸国では、本体が直接貸し出すのみではなく、現地の金融機関への資本参加や買収を通じた間接的なエクスポージャーも増えるかもしれないが、いずれにしても、規制裁定としての効果は同様である。

二番目のポイントであるシャドーバンキングへのリスクテイクのシフトだが、これは一般的にはヘッジファンド等への金融仲介活動のシフトが考えられる。もちろんEU等をはじめとして、現在各国はヘッジファンドに対しても規制の網を被せようとしているが、銀行や証券会社に比べれば、その程度には大きな限界がある。金融機関に対する規制負担が高まれば高まるほど、相対的にヘッジファンド等のシャドーバンキングを通じた金融仲介が有利となる形だ。

こうしたシャドーバンキングへの金融仲介活動のシフトがマクロ経済に及ぼす影響の方向性は、一概に決められないように思う。たしかに、当局による監督の行き届かない金融機関やファンドへの取引のシフトが、金融システム全体に潜むリスクに係る不確実性を高め、結果的に非常に重要なリスクの蓄積を当局が見過ごしてしまうリスクは高まるかもしれない。実際、今次金融危機において、その展開に大きな役割を果たした米国の投資銀行は、一応ＳＥＣが彼らを監督していたものの、実質的にはまったく監督がなされていなかったシャドーバンキングと同じような存在であったと言える。

一方で、たとえば今後シャドーバンキングの中心を占めると考えられるヘッジファンド等が、その個々のシステミックな意味での重要性が一定程度に抑えられる限りでは、銀行システムに大きなリスクを置いておくよりも、却ってヘッジファンド等にシフトした方が、システム全体の安定化に寄与するといった考えもあろう。実際今次金融危機では、当初あれほど心配されていた、ヘッジファンド発の金融危機は発生していない。

最後に第三番目のポイントである、銀行業界のダイナミズムの減退の可能性に関し考えてみたい。第４章で説明したとおり、今次金融危機を踏まえた当局対応の目的の一つが、金融業界を従来のグロース業種からディフェンシブ業種に変えようというものであれば、金融機関が果たす金融仲介機能も、リスクに対しより慎重になる、換言すれば、低い収益を安定的に確保するビジネスに向かうようになるかもしれない。規制対象金融機関と位置づけられることで、従来型銀行業務である、預金を預かり、貸出と国債で運用し、少しばかり安全な資産でトレーディング・ビジネスを行うという業務展開が普通になるかもしれない。これは、まるで邦銀大手行のビジネス展開と同じだと言える。唯一の違いは、リテールとホールセール貸出の力点の置き方の違い程度であろう。一方で投資銀行的業務は、その多くの部分の実施に係るハードルはかなり高くなる。

こうした中で、たとえば欧米の金融機関が、銀行危機後の日本の金融機関のように、新規ビジネスの開拓等に関し「あまりに大人しくなってしまう」リスクをどのように考えるべきであろうか。これは、マクロ経済全体に対するイノベーションに対し、金融機関が果たしてきた、あるいは今後果たすべき役割をどのように考えるかに強く依存する問題である。サブプライム危機が起こった後においても、その価値が認められてきた金融イノベーションのマクロ経済に対するポジティブな効果は、流石にここに来て、これを完全否定する声も目立ち始めている。

著者は、実は前記に係るネガティブ・インパクトが、バーゼルⅢが及ぼすインパクトとしては、一番重要なのではないかと考えている。たとえば邦銀が2000年代初頭以降テイクしていたリスクを、量という視点からみると、日本銀行の金融システムレポートに示された金融機関によるリスクテイク量試算結果に基づけば、我が国の銀行危機が漸く出口に差し掛かった2003年度の約11兆円から、2009年度も引き続き約11兆円となっており、この間は変化がほとんどみられないことが分かる（図表5－12）。また、一般に銀行の新規ビジネスに対する進出意欲の変遷をみても、1980年代の金融自由化時期には、トレーディング業務や、不動産ビジネスあるいは海外向け貸出の活発化、海外金融機関の買収等が目立ち、バブルが崩壊した1990年代でも、住宅ローンを始めとしたリテールへのシフトや、シンジケートローンや証券化への取り組み等がみられた。これ

図表5-12　我が国金融機関のリスクテイク量の推移

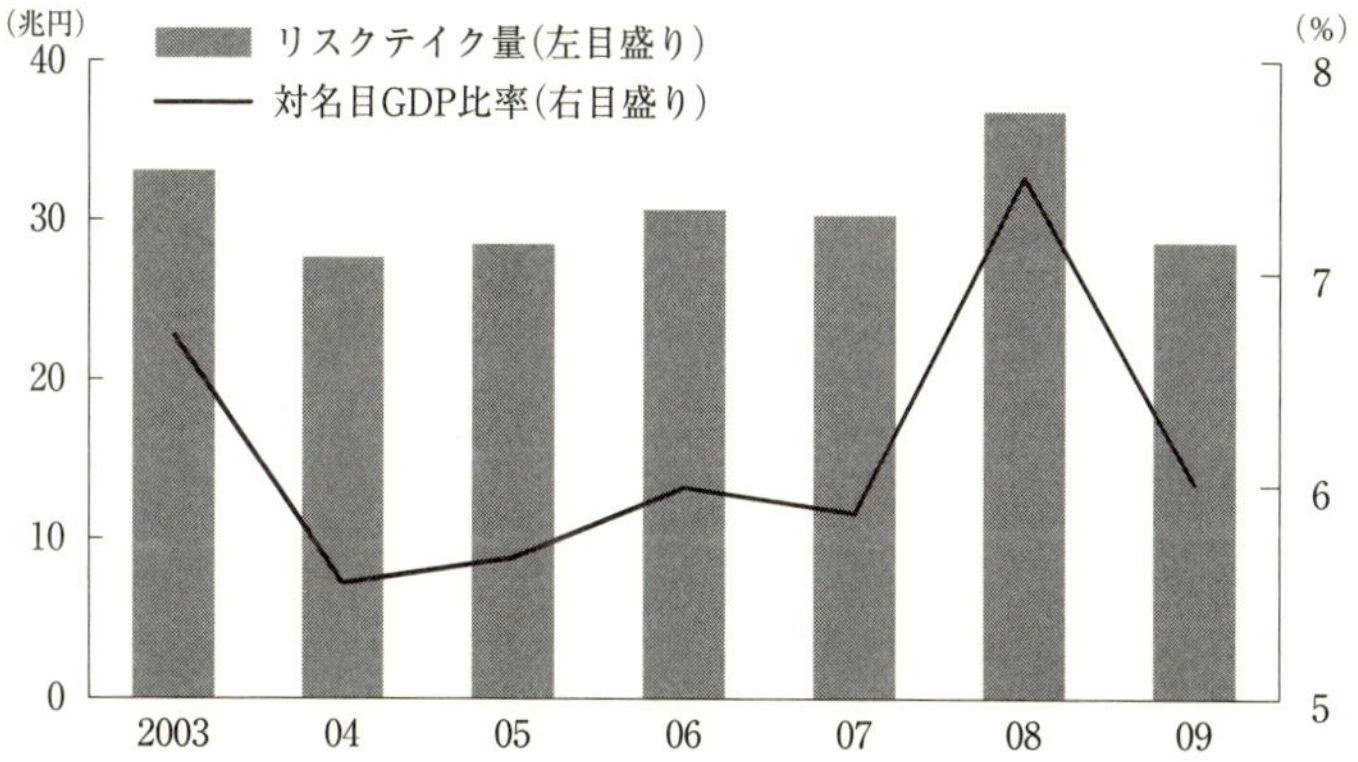

（注）日本銀行「金融システムレポート」2010年３月号に示された大手金融機関，及び地方銀行のリスクテイク量，及び同リスクテイク量を名目GDPで除した比率を掲載．
（出所）日本銀行「金融システムレポート」2010年３月号，内閣府「四半期別GDP速報」．

に対し、銀行危機が本格化し、これが収束すると同時に、バーゼルⅡの導入等銀行規制も強化された２０００年代以降は、新しい大きな動きは、投信窓販の拡大等による手数料拡大程度に止まっているなど、邦銀がリスクをとって、積極的に金融イノベーションを進めていこうとする姿勢は見受けられない。

大きな銀行危機の後に訪れる反動は、往々にして金融機関を「社会に対し害を及ぼさない」コアバンクのように位置づけようとするのかもしれない。ただし、この結果として、金融機関がマクロ経済の変化に及ぼすポジティブな側面はほとんど期待できなくなる。特に日本においては、金融機関の活発なリスクテイクの多くは結局、バブルの生成しかもたらさなかったわけで、その意味で二度と金融機関に対し積極的にリスクを取らせないような制度の設計は、国民感情として分からないでもない。しかしながら、現実問題として、依然日本を含め多くの国では、銀行が金融仲介の大きな部分を占め、同時に金融に係るさまざまな情報や人材が銀行に集積していることを考えれば、この業界に一定のイノベーションを通じたマクロ経済活性化を期待すべきではないか。特に欧米では、90年代以降この分野における金融機関の果たした役割は大きく、今次金融危機がそのすべてを否定するという結論まではまだ至っていないはずだ。欧米の当局は今一度、日本の金融機関が銀行危機以降辿った変遷をこうした視線から考えるべきかもしれない。日本の金融システムは、銀行危機に伴う規制の強化以降、その安定性を確実に増したが、一方でそのダイナミズムを確実に失った。今次金融危機への欧米当局の対応は、その方向性として、欧米の金融機関の「日本化」を確実に促すようにみえるが、彼らは本当にそうした状況を望んでいるのであろうか。

第6章

日本・邦銀に残された道

1　日本の視点に立ったバーゼルⅢの評価

◆バーゼルⅢの重い負担：金融機関

前章でみたとおり、バーゼルⅢは邦銀にとっては非常に大きなチャレンジである。それは一つに、所要自己資本比率の引き上げの理由自体が、必ずしも邦銀や日本の金融システムが抱えるリスク要因に基づくものではないためである。さらに、これまで低マージン下で経営を続けてきた邦銀にとって、大幅な所要自己資本の引き上げ、換言すれば資本コストの引き上げは、従来のビジネス・モデルを根本的に変えない限り、その存続を難しくするからである。

さらに、金融業のこうした苦境は、結果的にマクロ経済全体の苦境にもつながる。前章でも示したとおり、バーゼル委員会の公表したペーパーの中で示された日本銀行モデルの結果によれば、バーゼルⅢの実施は、今後日本のマクロ経済の成長率を毎年0・9％ポイント程度下押しする可能性があるのである。日本経済の潜在成長率は現在0・9～1・5％程度と言われている（Jones (2008)、Padoan（2010））が、この下押し効果が加われば、プラス成長を維持するのがやっとということになる。日本銀行が別途推計した最適自己資本比率（前掲図表5－8をみると景気サイクル上の通常期で6％程度で、仮にコアTier 1資本の控除項目の比率が3割程度だとすれば、バーゼルⅢ下では4％程度）を3％ポイントも上回る自己資本比率がバーゼルⅢの下で求められるのだがら、前記のような状況は仕方がないかもしれない。

なお、前記の日本経済に対する影響は、当然ながら、バーゼルⅢが適用される業界のスコープに強く影響される。日本銀行の推計は多分、バーゼルⅢが日本の銀行業全体に適用されることを仮定したものと考えられるが、これの適用が仮に、現状定義されている「国際的に活動する銀行」に限定されるのであれば、その影響も半分程度にまで落ちるかもしれない。

バーゼルⅢを日本の金融機関すべてに対しフル適用すべきか否かは、議論の分かれるところであろう。バーゼル合意は、あくまでも国際的に活動する金融機関を念頭に置いたものであり、そういう意味でその適用は国際的に活動する金融機関に限るべきだという議論はもっとものように聞こえる。実際バーゼルⅡでも、そのようなロジックに基づき、日本では、国際統一基準行と国内基準行というダブルスタンダードが導入されている。ちなみに、前者の最低所要自己資本比率は８％であるー方、後者のそれは４％に過ぎない。

もっとも、世界を広く見渡すと、各国の規制において、国際的に活動する金融機関と、国内に活動を特化した金融機関で、その適用を明確に分けている国はほとんどないのが実情だ。日本以外では、強いて言えば、現在バーゼルⅡを実施中の米国ぐらいであろうか。その米国においても、バーゼルⅡが直接的に適用されない金融機関に対し、日本のように大幅に低い所要自己資本比率が適用されるわけではない。もちろん日本でも、ほとんどの国内基準行が自己資本比率８％をクリアしているのは事実である。ただし問題なのは、こうした業界としての平均的な水準なのではなく、監督当局として、問題のある金融機関経営に、早期是正措置の一環として介入できるポイントがいったいどこにあるのかという点である。こうしたポイントが、国際統一基準行と国内基準行で異なる論拠は、いろいろとあり得るのかもしれないのだが、残念なのはこうした論拠に関し、未だ当局からの正式見解が出ていないことである。

このような曖昧な判断の下で、我が国が長くダブルスタンダードを維持し続けた結果、今や周辺のアジア諸国でさえ、日本の制度に対し懐疑的な目を向けているのが現実である。こうした中で、バーゼルⅢについても、その導入を国際統一基準行のみに限ることは、よほどの理由がない限り難しいのではないか。既述のとおりバーゼルⅢでは、自己資本比率のあるべき水準を、初めて前例踏襲型の8％という呪縛から離れ、金融システム安定化のネット便益最大化という絶対的視点から導き出している。その導出過程には、前章第4節「バーゼルⅢのインパクトに係るバーゼル委員会の推計」で議論してきたとおり、さまざまなバイアスが掛かっていると思われるが、それでも国際的ルールとして日本も合意した以上、これを国際統一基準行のみに適用するという論理はないように思う。このように考えれば、今後の議論で決まる、Sifis に対する追加的資本賦課は別としても、11月のソウル・サミットで合意されたコア Tier 1 の最低所要自己資本比率については、日本の金融機関すべてに対し適用されるとの覚悟を持つべきであろう。

◆バーゼルⅢの重い負担：当局のミクロ政策

また、バーゼルⅢのインパクトは、金融機関やマクロ経済に限られるわけではない。これは、日本の銀行監督当局である金融庁や、金融システムの安定維持に深く関与している日本銀行に対しても、これまでの金融監督行政や金融システム安定維持策に再考を迫るものだと言える。たとえば、検査等を通じた個別金融機関の健全性維持というミクロの世界では、従来金融庁が標榜してきたプリンシプル・アプローチを今後も維持するのか否かが焦点になる。プリンシプル・アプローチの元祖であるＵＫＦＳＡが同アプローチの見直しに迫られた要因（詳細は第４章第２節「個別テーマごとにみたバーゼルⅢの意義と問題点」〈金融規制の画一化・単純化／裁量余地の最小化〉参照）が、日本にまったく当てはまらないと豪語できるのであれば、日本での見直しは必要はないであろう。

その一方で、バーゼルⅡの第２の柱に基づくダイアログに不安を覚えるのであれば、何らかの対策は必要となる。たとえば、ＵＫＦＳＡのように、ダイアログに基づく第２の柱的アプローチは諦めて、one size fits all の厳しい規制を導入するのも一つの方法である。これに対し、検査官の対話能力を一層高めることで対応する方法もある。現在金融庁は後者を志向し、たとえば主要行のストレステストの高度化状況を厳しくチェックする等の努力をしている。これは正しい方向だと言えるが、問題なのは、こうした路線が果たしてサステイナブルなのか、十分な人材が割り当てられるシステムとなっているかであろう。金融庁には、ＵＫＦＳＡの二の舞とならないよう、厳しい自己チェックが期待されている。

次に日本銀行であるが、現在世界の中央銀行は、金融危機の結果として、日本銀行の資金流動性リスクの管理手法に近づいてきていると言える。貸出に際しての適格担保のメニューを拡大したり、緊急時における流動性供給手段の実効性を高めるだけでなく、金融機関の資金流動性管理状況のモニタリングについても、日本銀行ほどではないにしても、相当程度きめ細かい内容となってきている。ただし、日本銀行にとってジレンマなのは、これが本当に自らが望んだ方向なのかということだ。余りにきめ細かすぎるモニタリングは逆に、金融機関に対し「いざというときには日本銀行が助けてくれる」というモラル・ハザードをもたらしてしまう。これに対しては、すでに日本銀行が2010年7月に公表した「国際金融危機を踏まえた金融機関の流動性リスク管理のあり方」において、補完貸付の相手方の資格要件としての流動性リスク管理の重要性（補完貸付の常態的な利用により自律的な流動性リスク管理が蔑《ないがし》ろにされる可能性への懸念）を強調しているとおり、補完貸付等は本来の目的を踏まえた限定的な運用を心掛けるなど、金融機関の自律的な流動性リスク管理の強化を働きかけるような方向へと舵を切りつつある。

日本銀行にとってやや予想外だったのは、資金流動性リスクに対する現状のグローバル監督当局の対応が、ある意味で矛盾した方向に向かっているということではないだろうか。つまり、ある金融機関が資金繰りに苦しみ破綻に瀕している場合、以前であれば、まずはその原因が単なる流動性の問題なのか、あるいはソルベンシーの問題なのかを確認し、仮に前者の問題であれば、条件付きながらも、中央銀行のＬＬＲ機能が発揮されるという考えが、日本銀行を含め多くの中央銀行で共有されてきた。ちなみに、日本銀行は、１９９９年にＬＬＲに関する以下のような４原則（正確には、「信用秩序維持のためのいわゆる特融等に関する４原則」）を定めている。

原則１　システミック・リスクが顕現化する惧れがあること
原則２　日本銀行の資金供与が必要不可欠であること
原則３　モラルハザード防止の観点から、関係者の責任の明確化が図られるなど適切な対応が講じられること
原則４　日本銀行自身の財務の健全性維持に配慮すること

ところが、今回の金融危機以降のグローバル当局の議論をみると、ある金融機関が流動性危機に瀕した理由が何であれ、基本的には中央銀行のＬＬＲは想定しないことを前提に話が進んでいる。これは、第3章第3節「バーゼルⅢの概要①─所要自己資本の増加、資本の質の純化」でも議論したが、バーゼルⅢにおける所要自己資本水準の決定や流動性規制の形にも強く影響している。つまり、①ソルベンシーの問題ではなく、今次金融危機等のシステミックな要因によって資金繰りに窮した金融機関に対しては、ＬＬＲ機能を果たすことでシステムを守り、これをある程度前提としたシステム設計を図るのか、それとも、②ＬＬＲは否定しつつ、前記を含めて基本的には金融機関の

自助努力による対応のみを想定してシステム設計を図るのかの違いである。両者の違いはきわめて大きいにもかかわらず、この点の細部に係る議論がバーゼルⅢ論議の中でも置き去りにされている。

さらに気になるのは、LLR否定論がバーゼルⅢの論議の中では実質的に主流になる中で、現実の世界では逆に、ECBが中心となり、金融機関に対する非常に野放図な資金供給が続いていることである。この流れは必ずしもECBに止まらない。たとえば、米国や日本においては、欧州とは異なる理由から、金融機関の流動性状況を中央銀行が強力に支えている。それは、デフレ防止、あるいはデフレ克服を目的とした量的緩和政策である。量的緩和政策を強力に推し進めようとすればするほど、中央銀行が金融機関から買い入れる資産はリスク性のものとなり、結果的に金融機関の資金繰りを助ける一方で、逆に金融機関のモラル・ハザードを助長する可能性も高めてしまう。こうした矛盾は、端的には、現在中央銀行が資金供給の見合いとして受け入れる適格担保のメニューと、バーゼルⅢにおける流動性カバレッジ比率で定義された流動性資産の定義の違いに如実に表れている。金融機関に対し、流動性危機の際の第一線流動性準備として監督当局が期待する資産と、実際に中央銀行が適格担保として受ける資産が、後者が前者を大幅に上回る形で乖離している現状は、前記の金融システム設計に係る路線対立に加え、マクロプルーデンス政策と金融政策間のコンフリクトを反映しているのかもしれない。こうした中で、日本銀行としてはバーゼルⅢの考え方がどうあれ、今までどおりの方向性を目指すのか、あるいは、今後何らかの修正を図るのか（たとえば、先に示した4原則の原則1は、バーゼルⅢによってシステミック・リスク顕現化の可能性が最小化される中、モラルハザード防止の観点から、あえて取り上げないとするか）、この点に関する明確化が期待されている。

◆バーゼルⅢの重い負担：当局の制度設計、マクロ政策

前記のミクロ政策に加えて、バーゼルⅢは金融システム安定性を維持するための制度設計や、マクロプルーデンス政策の在り方にも大きな影響を及ぼし得る。まず制度面をみると、バーゼルⅢの適用範囲をどうするかは、既述のとおりである。また、金融機関の破綻処理体制に関しては、日本の場合、自らの銀行危機の際にかなりしっかりとしたものを構築したこともあり、今次金融危機で問題になった点にはすでに対応済みというスタンスである。

日本がすでに構築した破綻処理体制と、現在バーゼルⅢ等の議論の中で構築を目指している新しい破綻処理体制の一番大きな違いは、（クロスボーダー破綻処理という視点の有無を除けば）モラル・ハザードの問題、つまりはＴＢＴＦに対する考え方の整理だと言える。現在のバーゼルⅢの議論の中では、そもそもＴＢＴＦの存在が想定されておらず、結果的に従来ＴＢＴＦ視されてきた金融機関を含めた破綻処理の体制が想定されている。このため、この制度の中では、ＴＢＴＦ的モラル・ハザードを極力排除するための仕組みが備わっている。具体的には、ＴＢＴＦ的存在であるSifisに対し、これを定義した上で、より高い資本賦課を求めたり、さらには自らが破綻した際の影響度合いまで算出し、これに対し対策を立てさせる（生前遺言：living will）といったものである。

同時に、仮に大規模金融機関が破綻しても耐えられるように、システムとしてそうした事態に備えるバッファーの規模も大きなものとなっている。

これに対し、日本の制度は、こうしたＴＢＴＦに伴うモラル・ハザードを明示的に排する手段は、まだ何もないと言える。そもそも、今や主要アジア諸国も含め世界各国で主流となっている預金保険の可変料率制度（金融機関ごとのリスク・プロファイルに応じて、預金保険料率も差別化する制度）も、日本ではまだ導入されていない。さらに、我が国では、どのような金融機関がＴＢＴＦなのかに係るコンセンサスも形成されていない。唯一のヒントとなるのは、２００３年に破綻処理された足利銀行のケースである。このケースでは、地域経済における重要性を考慮した上で、国有化により、預金者に加えて劣後債権者を含む全債務者の債務を保証するなど、政府資金を用いた「救済」が行われた。こうした考えが今でも当てはまると考えれば、少なくとも各地域における一番行はＴＢＴＦの有力な候補ということになる（逆に２０１０年９月に破綻した日本振興銀行のように、「規模」は相応にあっても、「代替可能性」や「相互依存性」が低い先は、ペイオフの有力候補となる）。そうであれば、こうした先についても、他の金融機関比よりも高い自己資本比率を求めるのかといった議論が必要となる。

またバッファーの規模についても、改めて議論する必要がある。我が国では、将来のストレス事象への備えとして、金融機関への課税や、金融機関による基金の設立でこれに対処しようという欧米の動きに対し、預金保険による対応で十分という考えが支配的のようにみえる。我が国の預金保険機構は、1990年代における銀行危機で金融機関が相次いで破綻したことから、その基金には大きな赤字が生じていた。このため、1996年度には、緊急措置として保険料を前年の一気に7倍に引き上げ、その後ずっとこの額を据え置いてきたのである。こうした措置により、最近漸く基金の赤字解消にも目途が立ってきた。

ただし一方で、2010年4月には、政治的思惑から預金保険料率引き下げの話が金融大臣から飛び出すなど、預金保険料率のあるべき水準に関するコンセンサスはまだ形成されていないようだ。これについても、将来我が国が直面し得るストレス事象（この点は後述）の規模と併せて、しっかりと議論する必要がある。

最後に、バーゼルⅢ、特にカウンターシクリカル・バッファーが求める、マクロプルーデンス政策実施の主体についても、日本ではまだ、必ずしもコンセンサスは形成されていない。イメージとしては、金融監督行政を担う金融庁と、金融市場の番人であり、金融機関のリスク管理も考査を通じて監視し、さらにマクロ経済分析に強い日本銀行が、互いに協議しながら、一定の政策を形成していくのが現実的な手法なのであろう。もっとも、たとえば、カウンターシクリカル・バッファーの水準をどのように決めるのかといった、政策決定のプロセスに係る議論は、バーゼル委員会から具体的な案が提案されているにもかかわらず、日本の対応に関しては、少なくとも対外的にはまったく公表されていない。また前記のとおり、仮にマクロプルーデンス政策と量的緩和をはじめとした金融政策が、互いにコンフリクトを持つような場合において、どのように対処すべきなのかといった議論もなされていない。そういう意味では、今回のバーゼルⅢを契機に、日本の当局もこうした問題に対し真剣に向き合う必要が出てきている。

◆バーゼルⅢは日本にとって迷惑なだけなのか？

前記で議論したように、多くの日本の金融機関、特にその多くが国内基準行である地域金融機関や、さらには監督当局や中央銀行にとっては、バーゼルⅢという黒船は、今次金融危機の震源地国である欧米が、自分たちの都合のみで勝手に決めた本当に迷惑な制度ということになるのかもしれない。実際本書でも、そうした視点で、これまでずっと議論を続けてきた。こうした議論をいきなりひっくり返すようで、読者にはやや恐縮なのだが、ここで少し考えてみたい点は、金融危機の再発を防ぐというバーゼルⅢの根本思想は、果たして日本にとって、本当に迷惑な話だけなのか否かという点である。

前項で議論したとおり、金融危機に対する制度面での対応では、自らの銀行危機の経験を踏まえ、比較的しっかりとしたシステムをすでに構築した日本においても、まだまだ学ぶべき点が多い。これは既述のとおり、たとえば、ＴＢＴＦやモラル・ハザード問題への対応、危機に対し備えるバッファーの規模、マクロプルーデンス政策の運営主体や運営方法についてである。もちろん、震源地国より出された提案に日本がそのまま従う必要はないが、一方でこうした課題が日本にも厳として存在し、これに対する解をまだ見出していない以上、震源地国からの提案に対し、ただ「日本は違う」とだけ答えていても、国際的な議論の中では無視されるだけである。

同様に、ミクロ政策の分野でも、これはやや反面教師といった受け止めになるが、仮に我が国当局が、今次金融危機でその困難性が明らかになった、第２の柱に基づく金融機関との対話を通じたリスク管理高度化努力を今後続けているのであれば、その困難性を克服できるような、金融庁検査や日本銀行考査自体のエキスパティーズの一層の強化が必要となろう。さらに、日本銀行の個別金融機関に対する資金繰り指導や担保政策も、バーゼルⅢが示すモラル・ハザード防止や流動資産の限定的扱いに係る思想に対する自らのポジションを明確化すべきであろう。

また、個別金融機関のリスク管理のあり方に係るさまざまな提言に関しては、詳細は、大山（２００９）、大山ほか（２０１１）を参照して欲しいが、ほとんどのケースにおいて、邦銀にも当てはまる内容だと言える。そういう意味で、バーゼルⅢで提示された個別金融機関におけるリスク管理の是正、特にリスク管理手法としてのストレス・テスティングの強化や、企業体全体を見渡したリスク管理の強化、カウンターパーティ・リスク管理の強化等は、邦銀としても大いにバーゼルⅢから学ぶべきである。

それでは最後に、邦銀からの非難がもっとも集中している、所要自己資本水準の引き上げはどうであろうか。たしかに、第４章で議論したとおり、バーゼルⅢが拠って立つところの根拠は、特に邦銀が置かれた状況から考えれば薄弱であり、邦銀の危険なリスクテイクをむしろ促してしまう可能性すら考えられる。ただその一方で、将来起こりえる金融危機に備えるという視点から邦銀の所要自己資本水準を考えた場合、現状水準で素直に十分だとは言い切れない、気になる要因があるのも事実だ。

それは、我が国におけるマクロ経済分野における識者の議論と、バーゼルⅢ対応に係る議論の間にみられる、思考の分裂的状況のことだ。これまでみたとおり、バーゼルⅢが求める所要自己資本水準の引き上げについては、日本の金融機関のビジネス・モデルは欧米とは異なる、あるいは日本の危機体制はすでにしっかりとしたものができているといった理由で、日本の金融機関、あるいは一部日本の当局や学者（さらには「著者」）からも「NO」という大合唱が起きている。

その一方でである。マクロ経済学者や日本経済のアナリストの多くは、極端な財政赤字に苦しむ我が国の将来に対し、ほぼコンセンサスに近い形で、非常に悲観的となっているのだ。これまでは、我が国の恒常的な経常収支黒字のお陰で、財政部門がどんなに大きな赤字を出しても、これをホームバイアスが強い家計部門や企業部門の黒字が吸収してきた。このため、どんなに我が国の財政赤字が、国際的視点からみて驚くほど大きなものとなっても（図表6－1）、現状みられるような、異常な程の低金利で国債が捌《さば》けてしまうのである。ところが、人口の確実な老齢化に伴い、これまで永遠だと考えられてきた我が国の経常収支黒字も、そろそろ転機の時期が訪れようとしている。たとえば、2010年5月17日付日本経済新聞記事「10年代半ば、経常赤字に？」によれば、そこで紹介された主要エコノミトの4人中実に3人が、2013～18年にかけて、我が国の経常収支が赤字に転化すると考えている。

図表 6-1　主要国財政赤字の比較

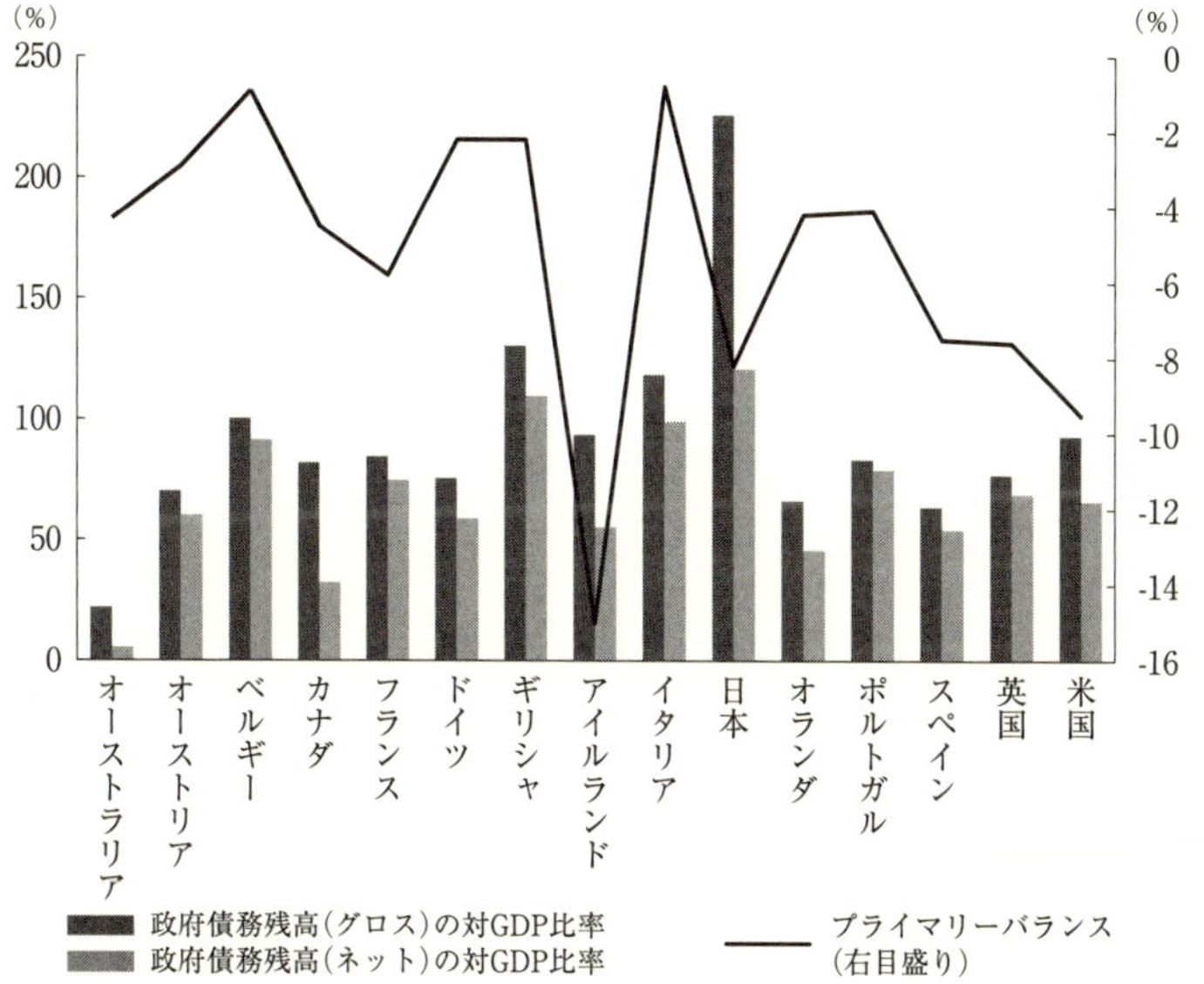

（出所）IMF, *Global Financial Stability Report,* Octboer, 2010に基づき著者が作成.

それにもかかわらず、これまで続いてきた事象の単純な延長線上に明日のマクロ経済状況を置き、その上で、極端な金融緩和政策で創出された大量のマネーが、そうしたあり得ない仮定にしがみついて、ある商品（すなわち国債）に流れ込む姿は、まさに日本が経験した80年代後半のバブルとまったく同じではないか。当時のバブルと比べて、今回のバブルの唯一違う点は、少なくともマクロ経済を分析する識者のほとんどが、ほぼ間違いなくこのバブルが崩壊すると断言している点である。今や、彼らの意見の違いは、こうした財政状況に破綻、あるいは破綻に近い状況が来るか否かといった問題ではなく、それが「いつなのか」という点に過ぎない。

経常収支が赤字に転化し、我が国の財政赤字の穴埋めを、ホームバイアスとはまったく無縁の海外からのファイナンスに依存しなければならないとすれば、どうなるか。それは、まさに今回ギリシャに起こった事象であり、国債価格の暴落（換言すれば、長期金利の大幅上昇）ということになる。問題なのは、これが日本の金融システムに与える影響である。たとえば、日本の金融システム、特に地域金融機関は、国債保有を通じて莫大な金利リスクをテイクしているのである。したがって、仮に国債価格が暴落すれば、潜在的に多くの金融機関で損失が大幅に膨らみ、新たな銀行危機が生じる可能性が高い（こうした中で短期金利が引き続き低位安定を続ければ、長短金利差が拡大し、逆に金融機関収益にとってはプラスに働くのではないかといった意見もあるかと思う。もっとも、上記のような国債価格の暴落は、海外からのファイナンシング困難化を想定しており、これは必然的に円安やインフレの進行、そして結果としての政策金利の引き上げを伴うと考えたほうが自然であろう）。

金融機関の側からみれば、多くの国債は現状満期保有となっており、仮に国債価格が暴落したとしても、それが著しい下落とみなされ減損対象になるまでは、問題ないのではないかといった声も出てきそうだ。だが、果たして本当にそうであろうか。第3章で説明したとおり、バーゼルⅢの考え方に従えば、ゴーイング・コンサーン・ベースのコアTier 1資本には、本来破綻に伴い価値が見込めない資産は、資本の計算に含めるべきではないということになる。この考えに素直に従えば、満期保有であっても、保有有価証券で生じている実質的な含み損は、当然ながら、コアTier 1資本から控除すべきと考えるべきである。そして、このバーゼルⅢが、仮にあまねくすべての金融機関に適用されるのであれば、地域金融機関であっても、前記の議論を振りかざして、金利に係るリスクを無視するわけにはいかなくなる。

こうした事情があるにもかかわらず、日本の金融機関は、現状の資本水準で本当に大丈夫だと言えるのであろうか。日本の金融システムが現在直面している状況は、もしかしたら、つい最近大きな金融危機を経験した欧米以上に、まさにバーゼルⅢの最大の目的である「次の金融危機をスムーズに乗り越える」体制を必要としているのではないか。たしかに、バーゼルⅢが特定化している金融危機の要因は、日本には存在しないかもしれないし、バーゼルⅢが想定するような「まずは結果ありきの」所要自己資本比率の「一律」大幅引き上げは問題だと言える。さらに、バーゼルⅢの導入は、現在の日本における「明日の金融危機」の本源的要因である国債保有を、むしろ促すかもしれない。ただそれでも、バーゼルⅢが掲げる「金融危機の再発を防止する」という目的と、そのためには、より高い自己資本水準が必要という考えは、津波が通り過ぎたばかりでその復興作業に忙しい欧米よりもむしろ、新たな津波が押し寄せようとしている日本にこそ必要なのかもしれない。

不思議なのは、前記のような二つの議論（日本のマクロ経済状況とバーゼルⅢ）の乖離に関し、これを強く認識している識者が少ないという点だ。先日私は、銀行規制やマクロ経済に関するハイレベルの識者が多数集まる会議に参加する機会を得た。そこで、著者にとってもっとも印象的だったのは、最初の二つの部会（銀行規制とマクロプルーデンス政策）が、前記で示したのと同じ理由で、邦銀にとってバーゼルⅢは非常に迷惑な話であり、また現在国際的に議論されているマクロプルーデンス政策面でも日本は比較的進んでいるといった議論がなされた後、ポリシーミックスを扱う三番目の部会が平気で、日本の財政状況に関する非常に悲観的な展望を纏めたことである。多分、第一／第二部会と、第三部会が扱った双方のテーマに習熟した識者が少なかったということかもしれないが、一方で日本の国債バブルの破裂が不可避と議論しながら、その横で、日本の金融システムの自己資本水準はすでに十分高く、マクロプルーデンス体制もしっかりとしているので心配ないといった議論がなされると、まるでこの会議そのものが思考の分裂に陥ったのではないかと見えてしまうのだ。

2　現実を踏まえた対応

バーゼルⅢの基本的な骨格はすでに定まり、その適用範囲の広さにもよるが、邦銀は基本的に今後、バーゼルⅢとともに生きていかねばならなくなる。バーゼルⅢには既述のとおり問題が多い半面で、結果として求められる、より高い所要自己資本水準が多くの邦銀にとっても必要である可能性は高い。またバーゼルⅢの適用を国際統一基準行のみに止めるロジックがないことも、すでに議論済みだ。このように考えれば、邦銀としては、できるだけ早いタイミングで、バーゼルⅢが求めるような高い所要自己資本を前提とした新しい経営モデルを模索する必要があると言える。同時に、当局としても、バーゼルⅢを踏まえた新しい政策対応が必要だと言える。以下ではまず、バーゼルⅢが我が国のすべての金融機関に適用されると仮定した上で、これが結果的に邦銀の経営スタイルにどのような影響を及ぼすのかを考えてみたい。

◆邦銀の経営スタイルへの影響

邦銀の経営に第一に効いてくるのは、所要自己資本の引き上げに伴う資本コストや管理コストの上昇である。その上昇幅が非常に大きいだけに、既存の邦銀の小さなマージンなど簡単に吹き飛んでしまう可能性がある。具体的に一定の仮定を用いて、バーゼルⅢによって圧縮され得る資本収益率をみたのが図表６－２である。この図表は、第４章でみたＩＩＦの推計に基づき、最低所要Tier 1資本比率が、現在バーゼルⅢで見込まれている７％に至る時点での銀行業界のＲＯＥを最近の計数と比較したものだ。ちなみにＩＩＦでは、バーゼルⅢの基本シナリオとしては、最低所要Tier 1比率が現行の４％から６％まで引き上げられることを想定するが、米国及び欧州に関しては、各地域独自の規制から、米国では２０１３年から、また欧州では２０１５年から、同比率がさらに７％（現行バーゼルⅢが想定している水準）まで引き上げられることを想定している。なお日本は、こうした地域独自の引き上げは想定されていないため、この分のみ調整した計数を掲載している。

これをみると、邦銀のＲＯＥは、危機前の８・８％から、バーゼルⅢ導入後には４％強程度にま

図表6-2　バーゼルⅢ導入が銀行ROEにもたらす影響（IIF試算）

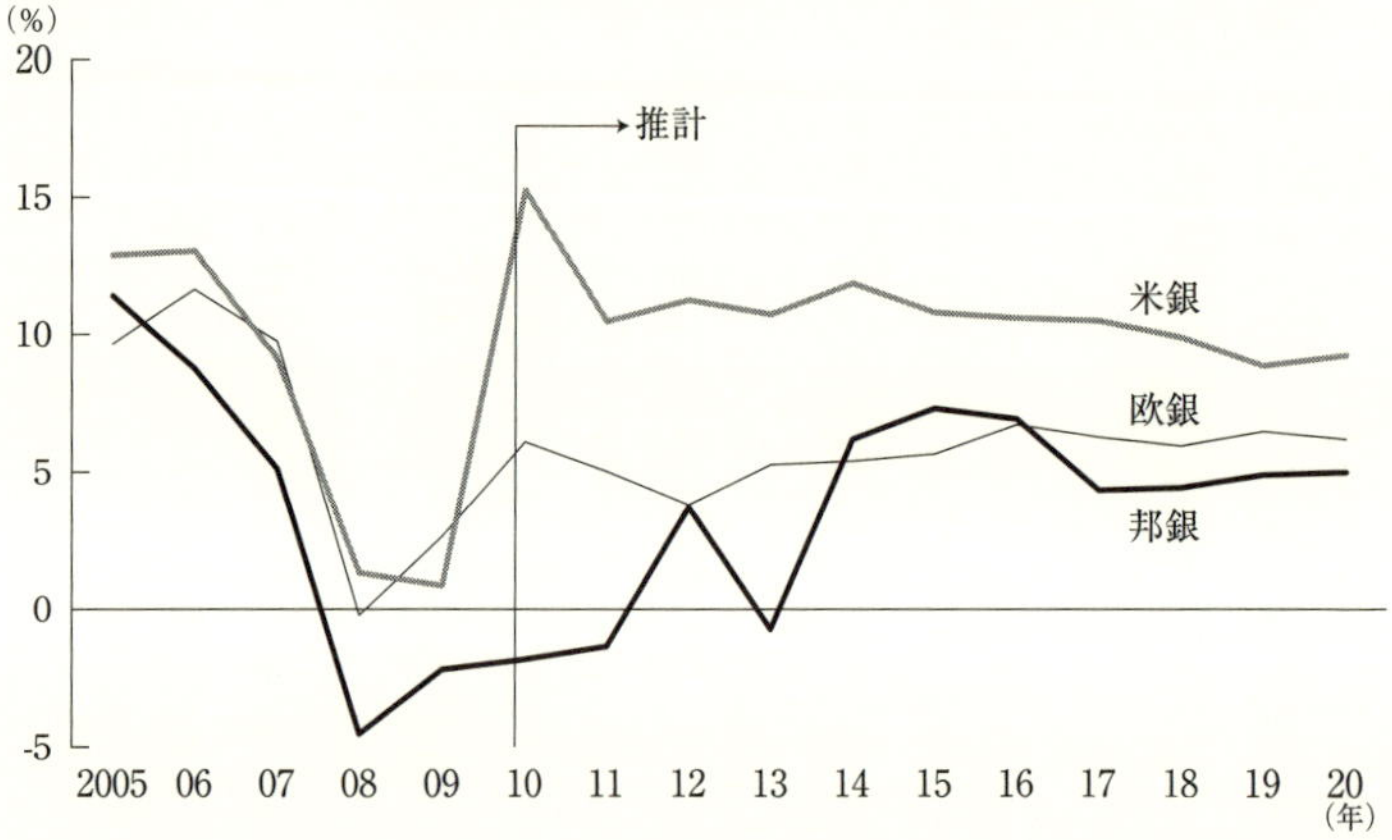

（出所）Institute of International Finance, *Interim Report on the Cumulative Impact on the Global Economy of Proposed Changes in the Banking Regulatory Framework,* 2010に基づき著者が作成.

で下がることが分かる。こうした懸念もあってか、業種別平均株価の銀行株は２０１０年10月27日、２００３年４月以来の低水準にまで下落したことが伝えられている（「銀行株の下げ鮮明」、10月28日付日本経済新聞）（図表６－３）。また、邦銀３メガのＰＢＲは１を下回る状況が続いている。このように、市場からの金融機関に対する収益改善圧力は、すでにバーゼルⅢ導入以前から非常に高いものとなっている。

一方、バーゼルⅢ自体、まだ詳細が固まっていない部分も多く、こうした側面は、金融機関の行動をより慎重にさせると考えられる。さらに、第４章でみたとおり、バーゼルⅢの導入はマクロ経済に対しても下押し圧力を加える結果、これが回り回って、金融機関の与信ポートフォリオに対しネガティブなインパクトを与えると考えられる。仮に、日本銀行が推計したように、

図表6-3　東証株価指数（全産業と銀行業）の推移

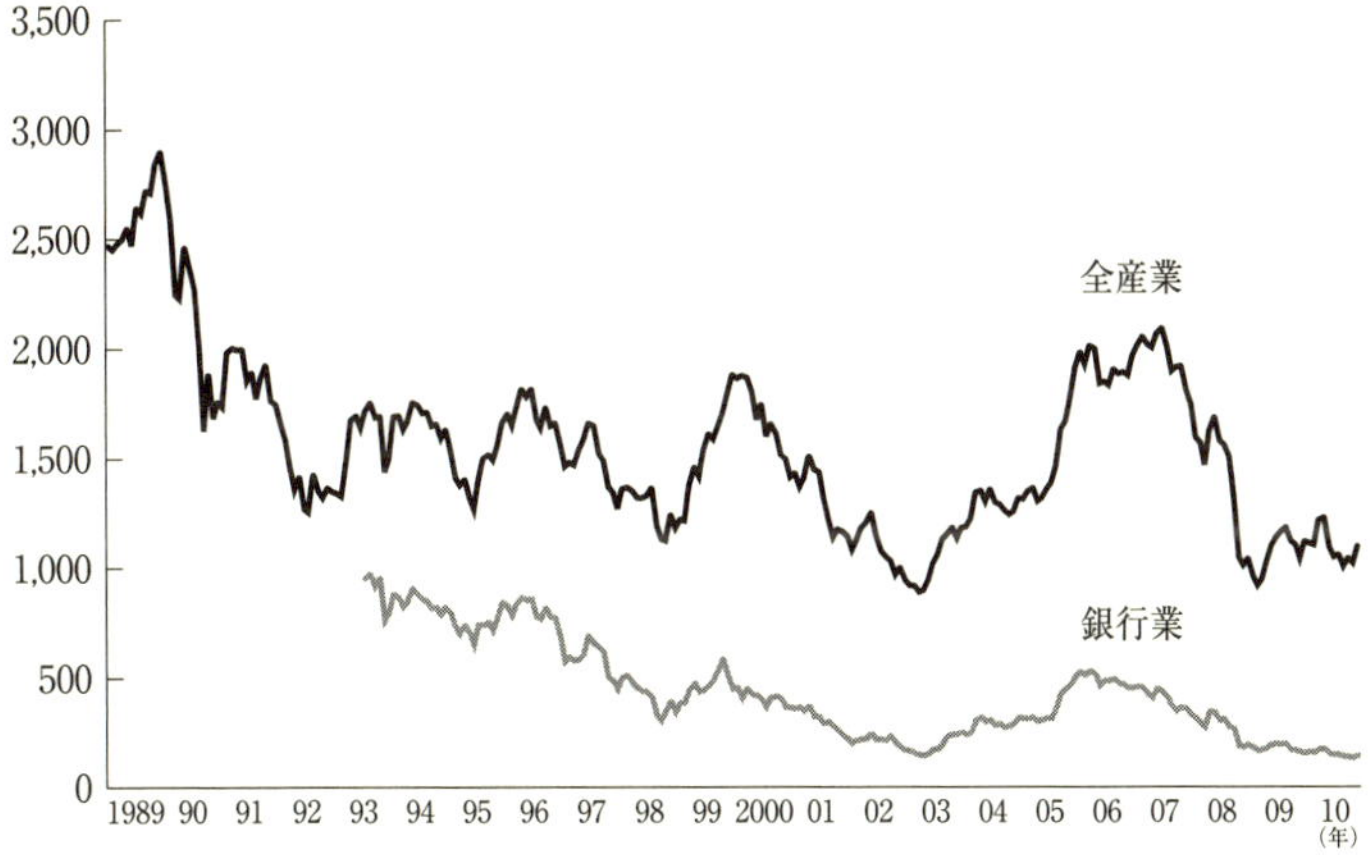

（出所）Bloomberg, L.P.

バーゼルⅢがマクロ経済に及ぼすネガティブな影響が０・９％ポイント程度だと考えれば、これがさらに邦銀の与信コストを上振れさせることになる。ちなみに、日本銀行の「金融システムレポート」（２０１０年３月号）では、１％台前半の名目ＧＤＰ成長率をベースライン・シナリオとした上で、ゼロを若干下回る成長が10～12年度まで続くストレス・シナリオ下で邦銀の信用コストに与える影響を試算している。これをみると、ストレス・シナリオでは、ベースライン・シナリオに比べ、概ね50bp強程度高まる姿が示されている。当然、バーゼルⅢ実施に伴うＧＤＰ成長率の押し下げのケースとでは、前提条件は異なると考えられるが、それでも一つの目安として、バーゼルⅢに伴うＧＤＰの下押しが金融機関の信用コストを30bp程度上昇させると考えておかしくないであろう。

この結果、銀行業界に起きることは何か。一つは当然ながら、収益力の引き上げ努力であるが、これまでの延長線上の努力を除けば、最初に考えられるのは、すでに第5章第6節「バーゼルⅢの問題がもたらす影響」で指摘したとおり、現状の規制が過小評価しているリスク、あるいは十分認識されていないリスクのアグレッシブなテイクである。特に後者に関しては、現在大手行がその戦略上こぞって強調しているように、アジアを中心とした海外戦略の強化ということになる。このほか、経費削減という意味では、合併等を通じた規模の拡大圧力が一層強まることも考えられる。最後に、バーゼルⅢが主に銀行をターゲットにしていることを考えれば、直接的な規制負担の影響を受けない、ノンバンクとのより積極的な連携ということも考えられる。バーゼルⅢの実施後も、引き続き銀行が優位を維持する分野はどこで、逆にノンバンクの方が優位となる分野はどこかをしっかりと見極めた上で、互いの長所を活かしあうような連携が必要となる。そうした中で一つ言えることは、銀行が果たす役割はこれまでに比べて確実に縮小するということである。

具体的なイメージは以下のとおりである。銀行がテイクできるリスクは、基本的には、リテールや中小企業向け貸出を中心とした分散化効果が効き、結果として規制上のリスク・ウェイトが低い分野と、資金決済の裏側を活用した一部トレーディング分野、そして膨大なリテール・ネットワーク網を活用した資金決済分野と資金運用商品提供に限定されることとなろう。この他、大手金融機関等は、海外向け大企業貸出やプロジェクト・ファイナンス、海外金融機関への出資等を通じたビジネスが加わることとなる。さらには、信用情報収集に係る大手行の比較優位を考えれば、バーゼルⅢによって大幅にリスク・ウェイトが引き上げられた「証券化取引」とはみなされないような、組成した信用リスクを移転する取引等（シンジケートローンやローン・パーティション、あるいは新しい形の証券化取引等）も活発化に向けて模索が始まるかもしれない。

一方で、銀行ビジネスとして確実に消えていくもの（あるいはいくべきもの）は、低マージンな一方集中リスクの高い大企業向け貸出であり、株式等の高リスク資産の保有であり、さらにはほとんどリターンが得られない預金の調達であろう。これらは、単純にノンバンク等他の業態にシフトさせるか、あるいは単に消えるか、あるいはビジネスの方法を大幅に変えるしかないであろう。そしてこの結果、後述するように、我が国における銀行業の規模やその数は、必然的に大幅に縮小しなければならないと言える。

最後に、大手行とそれ以外の先の銀行機能についても、考えてみたい。本節の冒頭において、ここでは、バーゼルⅢのすべての金融機関に対する適用を仮定すると述べたが、システミックに重要だとみなされるSifisと、それ以外の先とでは、自ずと課せられる規制負担は異なると考えられる。すなわち、前者に対しては、これまで合意された、バーゼルⅢが求める最低所要自己資本比率に加え、システミック・リスクまで考慮に入れた追加的資本賦課部分も求められることになるからだ。

そこで問題になるのは、Sifisの定義である。既述のとおり、これまでのところ日本の金融機関に関しては、国際的に、三大メガと野村証券がSifisと定義されることが有力のように伝えられているが、仮にそうだとした場合、重要なのは、これらメガ行やメガ証が自らの業務をバーゼルⅢに合わせて、どのように変えていくかであろう。具体的には、非Sifis基準の金融機関と競争するビジネス分野が、Sifisの中に止まる必要があるかということである。メガ行やメガ証では、Sifisにしか提供できないビジネスとは何か、非Sifis先も提供できるビジネスにおいて、非Sifis先に対し確保しているビジネス上の優位幅が規制コスト（つまり資本コスト）の差を正当化するものとなっているか、といった問いかけを続ける中で、自らが特化すべきビジネスを取捨選択する必要がある。

◆バーゼルⅢを踏まえた当局・金融機関のあるべき行動

以下では最後に、バーゼルⅢの実施や、その結果生じ得る銀行行動やビジネス・モデルの変化を踏まえた上で、日本の当局としてどのような政策を実行すべきなのか、さらには個別金融機関において、どのような方向性でビジネスを志向すべきなのかに関する著者の意見を述べたいと思う。

最初に、バーゼルⅢを踏まえた日本の当局のあるべき行動であるが、基本的には、バーゼル委員会の主要メンバーとして、バーゼルⅢの大枠を認めつつも、潜在的な問題点や不要な点はできるだけ糺《ただ》していくことが、望ましい姿だと考えられる。その上で、日本の金融市場の魅力を戦略的に増していくためには、日本の金融市場が、世界で唯一、（one size fits all 的な規制ではなく、）金融機関による第2の柱に基づく自主的なリスク管理強化努力に対し、もっとも理解を示す国であることを強調していくべきではないか。

また本章の冒頭で述べた理由により、バーゼルⅢは基本的に、信用金庫、信用組合等といった銀行業界以外のいわゆるコミュニティバンクを除き（この点は後述）、国内のすべての金融機関に対し適用すべきである。バーゼルⅢ実施により、これまで国際的にみても非常に特殊であったダブルスタンダードの世界から決別すべきであろう。そして追加的資本賦課は、Sifis の定義に係る国際的合意にも依存するが、基本的には、メガ金融機関をベースとしつつも、地域経済における Sifis に対してもメガ等に準じた水準を課すべきではないか。なお、所要自己資本の水準引き上げのロジックに関しては、バーゼルⅢが指摘するような考えにはやや距離を置きつつも、一方で日本独自の要因を認めた上で、日本の金融システムの安定性を維持する上でも、こうした高い自己資本比率水準が必要であることを主張すべきだと考える。この点、バーゼルⅢが日本に当てはまらない点のみをもってこれを批判する一方で、バーゼルⅢの目的を踏まえれば本来日本に適用すべき点には敢えて目を瞑るような、ご都合主義的なプルーデンス政策は国際的に決して受け入れられない。したがって、日本としては、バーゼルⅢべったり路線とは一線を画しつつも、日本は日本で独自の形で規制を強化する必要がある。

第5章で議論したとおり、バーゼルⅢが求める所要自己資本比率の引き上げが日本経済に与えるインパクトは、その潜在成長力に比べ相当な大きさに達することが予想される。そうした中で一部の読者は、なぜ敢えて、地域金融機関まで含めて、バーゼルⅢを完全実施する必要があるのかと訝《いぶか》るかもしれない。この点、既述のとおり、所要自己資本比率引き上げのロジックが日本にとって正当化できない限りでは、これを問題視する姿勢を貫くべきであろうし、またそうした中で、敢えて地域金融機関にまでバーゼルⅢを適用するという考えは出てこないであろう。もっとも、所要自己資本比率の引き上げが、真に日本的な環境からみても正当化できる場合、これを敢えて行わないことは、将来の日本の金融システムを大きな危険に晒すことにつながる。そして、その危険のコストが大きければ大きいほど、その代償として、所要自己資本比率引き上げに伴うマクロ経済へのマイナス・インパクトは甘受せざるを得ないと著者は考える。

右記に加えて、日本独自の規制強化の動きの中で求められる、もう一つ重要な視点は、日本の金融産業を国際的視点からも強化するという「戦略的視点」である。東京金融市場の国際競争力の強化といった命題は、96年に橋本内閣のときに始まった日本版金融ビッグバン以降ずっと掲げられ続けてきたものの、北大西洋金融危機以降の日本経済の疲弊状態や、中国との経済規模逆転、その結果としての国際メディアによる極端な日本パッシングの中で、いつの間にか、完全に忘れ去られてしまった。そして実際問題として、外部の目からみた、日本の金融センターとしての実力も確実に落ちている。ちなみに、City of London が公表している、世界の主要な金融センターをランキングする Global Financial Centres Index（GFSI）の２００９年版をみると、東京が前年の7位から一気に15位にまで落ちていることが分かる（図表６－４）。東京は同統計を取り始めて以来、初めてトップ10から落ちたのだ。ロンドンやＮＹに肩を並べるどころか、シンガポールや香港にも大きく引き離されているのが実態である。

そのような中で、ふたたび東京金融市場の国際競争力強化などといった、まるでカビが生えたよ

図表6-4　GFCIランキング

	2009年調査	前年ランク
1	ロンドン	1
2	ニューヨーク	2
3	シンガポール	3
4	香港	4
5	チューリッヒ	5
6	ジュネーブ	6
7	シカゴ	8
8	フランクフルト	9
9	ボストン	11
10	ダブリン	13
15	東京	7

（出所）City of London, *Global Financial Centres Index*, 2009 に基づき著者が作成.

うな議論を蒸し返してどうなるという見方もあるかもしれない。ただ一点言えることは、マクロ経済状況が大きく悪化し、中国をはじめとした近隣アジア諸国に経済規模やダイナミズムで日本が凌駕されつつある中でも、実は90年代以降、日本版金融ビッグバンが目指した目的である、フリー、フェア、グローバルの三つの原則面で、すでに多くの施策が実現されていることである。実際にこうした制度面では、東京の金融市場は他の主要金融市場に比べても、遜色のないレベルにまで来ているのではないか。具体的には、①資金運用手段の充実と金融商品の多様化、②金融機関の競争促進と相互参入、③効率的で公正・透明な市場の整備、④金融システムの安定化、⑤金融関連税制・会計制度の改革（全国銀行協会（２０１０））がそれである。

そうであるにもかかわらず、なぜ東京金融市場の国際的な評価は高まらないのか。一つは間違いなく、後背地である日本経済の実力の相対的な低下がある。これは逆にいえば、これまでの東京市場の地位が、経済の規模によって底上げされていて、そこがはげ落ちたということだ。その他の理由としては、やはりメディアによく指摘されているように、国際的に高い法人税や所得税や、英語を話す人材確保の難しさ、さらには空港からのアクセス等交通や住居コストの高さがある。とりわけ、「外国人に対し排他的な文化」が依然金融センターとしての評判を下げているとの Global Financial Centres Index ２００９年版の指摘は、それなりの説得力を持つ。要は、マクロ経済の規模という相対的優位性が落ちる中では、制度面のみではなく、税や文化面でも東京の環境を大きく変えない限り、東京が国際金融センターとして栄える可能性はないのだ。

ただ逆にいえば、金融制度面での体制を整えつつあると同時に、交通インフラ面でも、羽田空港の国際化・24時間化が２０１０年10月から漸く始まり、さらには野村證券のように人事の思い切ったグローバル化を進める企業も出てきて、大手町界隈にも外国人金融マンの数が目立って増えた今、東京市場の国際金融センター化のために成し遂げなければならないターゲットが絞られてきたのも事実である。たとえば外国人に対する個人所得税を優遇するだけでも、国際金融センターとしての魅力は非常に高まるのではないか。金融関連の技能を持つ外国人に対する個人所得税の優遇措置は、金融・英語に優れた人材の確保という面でもプラスに働くはずだ。実際ＧＦＳＩを決める要素の中でももっとも重要だと考えられているのは、「スキルを持つ人材確保の容易性」なのである。

こうした動きに、さらにもう一つ重要なプッシュを加えるのが、先に指摘した、one size fits all的規制から距離を置き、金融機関による多様なリスク管理対応を尊重する当局姿勢のアピールである。主要先進国の中では、多分このような姿勢を打ち出せるのは、やや経済規模の小さいカナダやオーストラリアを除けば日本のみのはずだ。決して規制当局としての王道を踏み外さず、日本としてみるべきリスクはみるという姿勢を声高に宣言すれば、いくら欧米当局がこうした動きを面白くないと感じても、これを真正面から否定することは難しいのではないか。ただそのためには、金融庁検査官自体のグローバル化も一段と進める必要がある。公権力を行使する公務員ということで、外国人を職員として採用することは難しいかもしれないが、それでも、グローバルな視点からの監督やモニタリングを今後一層強化していくことが求められる。

また東京金融市場の魅力を増すためには、金融ビジネスの慣行や環境面でも、まだまだやるべきことはたくさんある。特に、多くのプレーヤーが特定のマーケットのみでダンピングを繰り広げる構図は、サービスの付加価値に見合った適正な利潤の確保や新しい市場の開拓を難しくするという意味で、海外金融機関が東京を拠点にビジネスを展開する誘因を大きく減じてきたと考える。この点では、以下の項で説明するような、適正マージンの確保を促すような施策が不可欠だと考える。

こうしてみると、日本版ビッグバンは、東京金融市場の魅力を増すための、単なる「始まり」なのであって、実際に東京がアジアで香港やシンガポールに伍していくためには、それ以外にもやるべきことはたくさんあることが分かる。ただし既述のとおり、その中にはすでに正しい方向に向かって動き出そうとしているものもたくさんある。大事なのは、東京金融市場に欠けている魅力を強く認識した上で、これを是正するための不断の努力をこれからも続けていくことである。

◆「長期的ゴーイング・コンサーン資本」概念の導入

著者は、日本の当局は、金融システムの安定性強化を目的とした新たな規制を通じて、金融機関が適正な競争の中で適正なマージンを確保できるような事業環境を整備すべきだと考える。具体的には、当局が、金融システムの安定化にとって重要な「長期的ゴーイング・コンサーン資本」という概念を導入し、同資本の一定水準以上の維持を日本のすべての金融機関に対し求めることで、現状の日本の金融にみられるオーバーバンキング状況を排し、競争を通じた経営統合を促すと同時に、金融機関に対し適正なリスク開拓のインセンティブを高めることもできるのではないかと思っている。以下にその概要を示そう。

まず、「長期的ゴーイング・コンサーン資本」概念であるが、これは第3章第3節で説明したバーゼルⅢ中の「ゴーン・コンサーン資本」と区別した「ゴーイング・コンサーン資本」とは異なるものである。そこでは、ゴーン・コンサーン資本が、実際に金融機関が破綻した際に損失吸収バッファーとして使用可能な資本を指す一方で、ゴーイング・コンサーン資本は、政府救済が必要となる法的破綻一歩手前の状況でも損失吸収バッファーとして機能する資本を指した。一方で、ここで新しく定義する「長期的ゴーイング・コンサーン資本」とは、将来的にゴーイング・コンサーンとして事業を維持することで、今後積み上がることが期待される資本、換言すれば将来収益の現在価値を意味する。これは、株価に反映されるネットバリューの概念や、会計上の「のれん」の概念に近い。あるいは、将来の所得に依存するという意味では、すでに自己資本として算入されている繰延税金資産とも似た側面を持つ。

もっともその評価手法は、あくまでも、当局が金融システムの安定性強化を目的に用いるという意味で、当局が判断する基準に基づくリスク（これは換言すれば、株主ではなく、当局のリスク・アピタイトに基づき評価されたリスクということになる）に係るコストや他のコストを控除した収益ということになる。それはたとえば、統合リスク管理におけるリスク・リターン指標に用いられるＥＶＡに近い概念だと言える。先行き10年間の収益ということであれば、一定のディスカウント率で割り引いた先行き10年間のＥＶＡの合計が、ここでいう長期的ゴーイング・コンサーン資本となる。

ちなみにＥＶＡとは、スターン・スチュアート社が登録商標とした業績評価指標であり、税引き後営業利益から投下資本に加重平均資本コスト（k）を乗じたものを差し引くことによって次のように計算される（Stewart（1991））。

ＥＶＡ＝税引き後営業利益－k×投下資本

仮に当局が、10年後の日本の金融システムの安定性に強く関心があるとしよう。この場合、ある金融機関が現在取っているビジネス行動が今後10年間継続する、つまり足許のリスク資本コスト控除後リターンが今後10年間継続することを前提に、この間蓄積する新規資本を「長期的ゴーイング・コンサーン資本」と定義するのである。リスク資本コスト控除後リターンは、可能な範囲で、細かく設定したビジネス分野ごとに計算することが望ましい。その上で、当局としては、それぞれの分野のリスク資本コスト控除後リターンがマイナスになっていないことを確認すると同時に、全体の合計が一定水準以上になるよう義務付けるべきである。具体的なイメージとしては、たとえば分野ごとのリスク資本コスト控除後リターンのマイナスが2年連続で続いた場合や、「長期的ゴーイング・コンサーン資本」がコアTier 1資本のたとえば2割を切った場合には、金融庁が業務改善命令を発動し、深刻な場合には、早期是正措置の対象にするといったことも考えられる。

前記で示した長期的ゴーイング・コンサーン資本の水準は、資本コスト率の仮定に大きく左右される。また、仮に業界のコンセンサスに比較的近いと思われる水準に資本コスト率をセットした場合でも、我が国金融機関のEVAは過去ほとんどの期間においてマイナスであったとの試算結果も出ており（菅、大野（2010））、そうした意味で、前記で掲げたような例示を少なくとも現在の産業構造を前提に達成することはきわめて難しいと思われる（図表6－5）。

ただし、前記のような結果は、それだけ現在の国内金融市場におけるダンピングの程度がひどく、これが我が国金融システムの安定性を少しずつ蝕んでいる証左と受けることもできるのだ。仮に前

図表6-5　我が国大手金融機関のEVAの推移

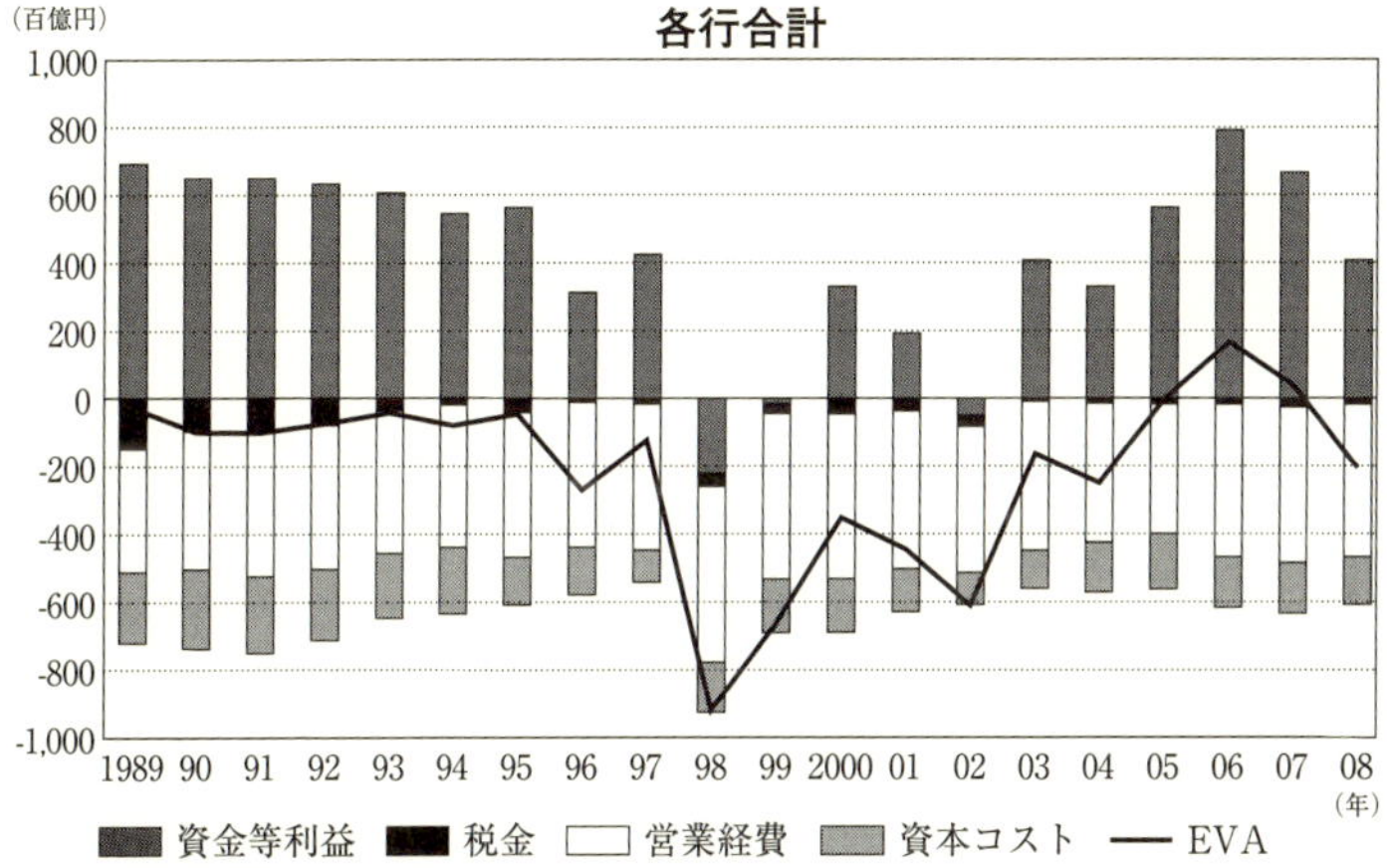

（出所）菅，大野「EVAからみた大手銀行の合併」2010年6月.

記で示したような規制が導入されれば、リスクに係るコストを大きく割り込むような「ダンピング」競争を続けることは難しくなる。この結果、収益率は改善するかもしれないが、当然ながら全体のパイは縮小する。その結果起きることは、リターン対比でみたリスク管理や経費管理の巧拙が、結局金融機関の選別を強めるということである。同じ企業に貸し出すにしても、同企業に係る信用リスクが精緻な手法で計測されれば、その分（当局的視点から求められる）保守性マージンを勘案する必要がなくなる。また、多様な先に貸出を行っていれば、分散化によりリスクを抑制することもできる。さらに、規模が大きければ、その分経費等のコストを節約することもできる。このように、限られた市場の中で争う金融機関にとっては、こうした規制の中で生き残る術として、リスク管理を精緻化し、リスク分散を進め、経費を抑制することが決定的に重要となる。

またリスク資本コスト控除後リターンのモニタリングは、必ずしも資産サイドに止まらない。たとえば、預金ビジネスでも、仮に預金吸収コストが預金利鞘（市場運用利回りマイナス預金利率）経費を上回っているのであれば、この分は預金に対する手数料の徴求等でカバーするよう、金融機関に対し求めるべきである。この場合でも、預金受け入れに伴う経費水準や、関連性の強い決済ビジネスに伴う手数料収入水準が、預金者に求めるべき手数料の水準に大きな影響を及ぼすことになる。

もちろん今でも、前記に挙げた要素は、長い目でみれば、金融機関の選別を進める上でもっとも重要な要素だと言える。ただし、現状の環境下では、こうした要素が金融機関の経営に差をもたらす、さらにはパフォーマンスが悪い先の市場からの退出をもたらすには、非常に長い期間を要する。我が国金融システムの最大の問題の一つとして、「収益力の低さ」は非常に長い間にわたり指摘され続けているが、これが改善される予兆は今でもまったく見えず、むしろパイが一段と小さくなる中で悪化する兆しさえ見られ始めている。この点たとえば、日本銀行が出す「金融システムレポート」（最近のものとしては、2010年9月号の「4　わが国金融機関の経営課題と日本銀行の取り組み」参照）では度々、我が国金融機関の収益力の低迷が金融システムの新たな金融・経済ショックに対する対応力を弱める可能性があるとして、その強化の必要性を強く訴えている。結局、ある金融機関にとっての致命的な問題（つまり、恒常的な低収益の問題）が明らかでも、現状の会計制度や監督規制を前提とする限り、同金融機関の淘汰は非常にゆっくりとしか進まないのである。一方この間、こうした金融機関が仕掛けるダンピング競争は、確実に、本来であれば健全であるはずの金融機関の財務まで蝕み、この結果、金融システム全体の健全性を損なうことになる。

新しい「長期的ゴーイング・コンサーン資本」に係る規制は、まさにこのような金融システムの疲弊化を防ぐために導入するのが最大の目的である。さらに、細分化された業務分野ごとに、リスク資本コスト控除後リターンがプラスであるかを確認することで、細分化された市場ごとにみたダンピング競争の回避、つまりは、ある金融機関が他の金融機関に及ぼすシステミック・リスクの軽減を目指すものでもある。そういう意味で、この新しい規制の精神自体は、実は、仮に新たな金融危機が来ても耐えられるような強靭な金融システムを構築するという、バーゼルⅢの精神とまったく同じなのである。

こうした規制の導入は、金融産業の効率性や安定性を大きく改善する一方で、マクロ経済に対し、一次的に大きな下押し圧力を加えることもたしかである。バーゼルⅢの導入と同時並行的に進めることになれば、求める「長期的ゴーイング・コンサーン資本」の水準如何ではあるが、先にみた日本銀行のインパクト試算を、一時的には上回るものになるかもしれない。それでも著者は、こうした新しい規制の導入が、明日の日本の金融業とともに、日本のマクロ経済そのものを強化するために必要だと考える。その理由は次のとおりである。

第一の理由は、今のうちに、日本の金融システムの基盤をしっかりと強化しておかないと、次の危機を乗り越えることは非常に難しいと考えるからである。そのような危機がいったいいつ来るのかはまだ誰にも分からない。それでも客観的事実として、日本の識者の多くが、こうしたシナリオ（すなわち国債バブルの崩壊）の何らかの形での現実化がほぼ不可避であることで意見の一致をみているのは本章の冒頭で指摘したとおりだ。仮にやや楽観的に見積もって、こうした危機が来るまで、まだ10年間あるとしよう。この場合、国債バブル崩壊といった大きなストレス事象下でも耐えられるような金融機関を今後10年間というタイムスパンの中で増やしていくためには、今すぐにでもダンピング競争を止めさせ、経営効率改善を主目的とした経営統合を通じて規模を増していくしか方法はないと考える。状況はそれだけ差し迫っていると考えるべきではないか。

第二の理由は、長い目でみたマクロ経済の強化のためには、リスクに応じた調達資金プライシングに耐えられる産業体質の強化が結局は必要だからである。残念ながら、現状日本銀行が進める量的緩和政策は、デフレの悪化を食い止めるというマクロ政策的視点からは、取り得る唯一のオプションなのであろうが、マクロ経済全体の潜在成長率を高めるよう産業構造を改革するという構造政策の視点からは、旧来型産業を温存するという意味で確実にマイナスに働く。この点最近日本銀行が開始した、成長基盤強化のための資金供給制度は、量的緩和に伴う前記の弊害を自らの裁量によ り改善しようというものだ。もっとも、この制度により、こうした成長産業を支えるためにこれまで頑張ってきた金融機関は、新たなダンピング・プライス（？）に直面し、結局適正なリターンを取ることを諦めざるを得ない状況に追い込まれている。また、日本銀行が指定した成長産業にしても、金融政策的視点ではなく、産業政策的視点から見た、優遇措置からのexitに係る方針が示されない限り、結局スポイルされてしまうのではないか。このように、日本銀行のこの新しい政策も、デフレの一段の悪化を防ぐという金融政策上は正当化できても、潜在成長力を高める構造政策、あるいは金融システムの安定化を促進するマクロプルーデンス政策という視点からは、却ってマイナスに働く要素の方が強いと言える。

最後に第三の理由は、金融機関のリスク・リターン環境の正常化こそが、海外金融機関からみた日本市場の魅力を増し、結果的に多くの海外金融機関を日本に呼びよせ、東京の金融マーケットを、NYやロンドンと並ぶものにする唯一の道だからである。もちろんそのために、他にも前記に挙げたような条件を一つ一つ満たしていく必要があるが、最終的には、国内市場で公正な競争が展開できる環境が整備されているか否かがもっとも重要な要素なのではないか。

◆国債バブル対応

前記に加えて、日本の金融当局ができるだけ早いタイミングで実施すべきことがもう一つある。それは、明示的な「国債バブル対応」である。前記の議論の中でも、こうしたバブルが弾ける次の危機に備えて、個別金融機関の財務体質を今から強化しておくべきことを述べた。これに加えて、当局としては、仮にこうしたストレス事象が現実化した場合でも、そのシステミック・リスクの拡大を最小限に抑えるような金融システム・デザインを考えるべきである。そのためには、先に示した「長期的ゴーイング・コンサーン資本」概念に基づく、金融機関経営体力強化や経営統合圧力強化に加えて、リスク管理分野でも、検査・考査を通じて、金利リスク顕現化に対する備えをもっと強化させるべきであろう。

地域金融機関がテイクしている金利リスクの大きさについては、日本銀行もたとえば金融システムレポートを通じて、絶えず警告している(たとえば「金融システムレポート」〈2010年9月号〉の「3　金融システムの頑健性：自己資本基盤の増強とリスクの蓄積」内の「(2)蓄積が進む金利リスクと残存する株式リスク」参照)。また金融庁も2010検査事務年度の検査基本方針において、統合的リスク管理に関し、新たにバーゼルⅡ・第2の柱で考慮すべき主要なリスク(銀行勘定の金利リスクや与信集中リスク等)に係る適切な管理態勢整備の必要性を記載するなど、その重要性を強調している(週刊金融財政事情2010年10月18日号)。それでも、同リスクはバーゼルⅡ下のアウトライアー基準では捉えられても、自己資本比率の数字には直接反映されない、さらに多くの先では、会計上の満期保有区分で所有している等の理由から、こうした警告に対し、必ずしも真剣に耳を貸しているようにはみえない。さらに根本的な問題としては、貸出先が伸びない中で、預金だけがどんどん集まり、さらにこれまで期待してきたオルタナティブ投資等が、今次金融危機で軒並み痛手を被るような状況下では、選択肢として国債を買うぐらいしか残っていないという現実もある。

ただし、本章の冒頭で議論したとおり、日本の現在の財政状況や、経常収支の将来的な推移を考えれば、国債バブルが将来弾け、国債金利が高騰するリスクは、少なくともバーゼルⅢがその準備の必要性を説く、「20～30年に一度起きる」、あるいは「次に来る危機」のもっとも相応しい候補と言えるわけで、これに対して、何もしていないというのは、個別金融機関の問題であると同時に、当局の怠慢だと言われても仕方がない。やはりこうした事態に直面した当局としては、何らかの手法を用いて、個別金融機関に金利リスクの大きさを強く認識させ、これに対する備えを持たせるべきである。同時に、こうした備えの負担が、国債という潜在的に大きなリスクを持つ資産への投資、さらには他に投資先のない預金の取り込みといった金融機関行動を控えさせ、さらに国債投資姿勢の慎重化がマイルドな金利上昇を招き、これが政府の財政赤字に対する早い段階における警告として機能するのである。

この点、米国の銀行監督当局が現在実際に採用している金利リスクに対する視点が非常に興味深い。米国としても、日本ほどではないにしても、財政赤字が急速に悪化し、そのファイナンスに対する不安が次第に高まっている状況である。したがって、少なくとも財政当局の視点からみれば、金融機関の国債保有を慎重化させるような行動は取りたくないはずだ。それにもかかわらず、たとえば、米国の監督当局は、米国金融機関の多くも金利リスクを取り過ぎていることに着目して、金融機関に対し、４００bp上昇を前提としたストレステストの実施を求めているのだ（ＦＲＢ（２０１０）、ＦＤＩＣ（２００９））。４００bpの根拠は、戦後の長い歴史の中でみれば、この程度の上昇は数度生じているというものである。

日本においても、より長期の視点から、大幅な金利上昇の可能性まで考慮したストレステストを金融機関に実施させることで、その資本充実度を検証させ、不足している先には自己資本の積み増しを求めるべきではないか。２００８年夏場頃まではほとんどゼロに近かった、南欧諸国のソブリンＣＤＳスプレッドの対ドイツ比も、２０１０年夏場頃には、ギリシャで８００～９００bp程度、スペインやアイルランドでも２００bp程度に達している。仮に日本が経常収支赤字に陥り、ユーロという砦やドイツというスポンサーがいない中で、あのギリシャをもはるかに上回る財政赤字比率を抱えながら、赤字の一部を海外ファイナンスに依存しようとすれば、４００bpの上昇でさえ、比較的穏やかな仮定だと考えることもできるのではないか。

仮に長期金利の４００bp上昇を想定した場合、日本の金融機関には何が生じるか。日本銀行の「金融システムレポート」（２０１０年９月号）によれば、地域金融機関が現在抱えている金利リスク量（１００bpvの上昇の結果生じる損失）は２００９年度現在で約６兆円であり、Tier 1 資本の30％超を占めているという。この数字を単純に4倍すれば、24兆円の損失が発生し、地域金融機関のTier 1 資本はすべて飛び、現行 Tier 1 資本20％分の債務超過が発生することになる。

なお当局としては、仮にこうしたストレス事象が発生したときに備え、金融機関に応分の負担を求めつつも、最後の部分は当局が責任をとる体制を明確にすべきであろう。これは、本書の第４章第３節「政策評価の枠組みに沿ったバーゼルⅢの評価」で指摘している政策である。この点では、日本で現在のバーゼルⅢ議論の主流派である米英とは、大きく一線を画すことになる。すなわち、日本では、より現実的な視点から、条件付きＴＢＴＦ概念を導入した上で、こうした先に、通常時であれば、所要自己資本比率上も、またリスク管理上も、より高い水準を求める一方で、ある一定の閾値を超える非常時においては、当局が金融システムのバックストップとして、何らかの救済を行うことをあらかじめ決めておくべきである。実際、国債バブルが弾けるようなときは、金融機関の自己責任などと叫んでいる余裕はないであろう。そうした中で、当局と金融機関が慌てず対応できるように、今からその下地を作っておくことが重要ではないか。

さらに、折角バーゼルⅢが、バブル対策としてのマクロプルーデンス政策の体制作りや、カウンターシクリカル・バッファーのようなアイデアを出してきたのだから、これに対応するような、マクロ・ストレスのインパクトを軽減する方策も日本の当局として考えるべきであろう。具体的には、日本のホームバイアスに伴う国債バブルを突然破裂させるのではなく、徐々に空気を抜くように軽減していくことが重要である。そのためには、先に指摘したように、日本の金融機関の国債に対するリスク意識を徐々に高め、その投資姿勢を慎重化させると同時に、たとえば日本の機関投資家の非常に強いホームバイアスも徐々に和らげるような政策的な措置の導入も不可欠ではないかと思う。

たとえば、一つのアイデアとしては、超長期の負債を持つ生保に、やはり超長期の海外インフラ投資を促すような規制・税制、あるいは会計上の措置を施すことで、資本輸出を促し、これにより、国債バブルを緩和すると同時に、円高も緩和するような政策も考えられるのではないか。いずれにしても、金融庁や日本銀行は、折角バーゼルⅢ自体が促しているのだから、こうした政策を検討、実行できるようなマクロプルーデンス政策体制を早期に整備すべきである。

◆個別金融機関の対応

最後に、こうした厳しい環境下で、個別金融機関はいかなる対応を取るべきかを考えてみたい。正直、前記で議論したような環境を前提にすれば、金融機関が取れるオプションは非常に限定されてくる。一つは、当然ながら、リスクに見合った収益率を高める必要が出てくる。全体のパイが伸びない中では、これは不可避的に縮小均衡を招くことであろう。そうした中で、縮小均衡の悪循環を避けるためには、資本の論理、あるいは当局の後押しに基づく、合併等ノンオーガニックな手法による規模の拡大しかないのではないか。こうした合併では、その時点における株価が合併比率を決めるという点では、それぞれの金融機関は結果的に自らの株価に対しても敏感にならざるを得ない。これは、これまで余りに無視され続けてきた株主にとっては朗報だと言えよう。

もちろん規模の拡大だけが収益率強化の道ではない。ただそれでも、日本の金融機関のようにその業務範囲が限定的で、さらに今次金融危機がそうしたビジネス・モデルを金融システム安定化という視点から肯定化した以上、収益率強化のための近道は、規模の追求による経費削減であることは否定できないのではないか（もちろん、規模が拡大すれば、それだけで経費率が落ちるわけではないが）。それでは、どの程度の規模になるまで、こうした統合は続く必要があるのだろうか。この点一つ参考になるのは、２００８年に日本銀行が公表した「金融システムレポート」（２００８

図表6-6　資産規模が銀行収益に与える影響（日本銀行試算）

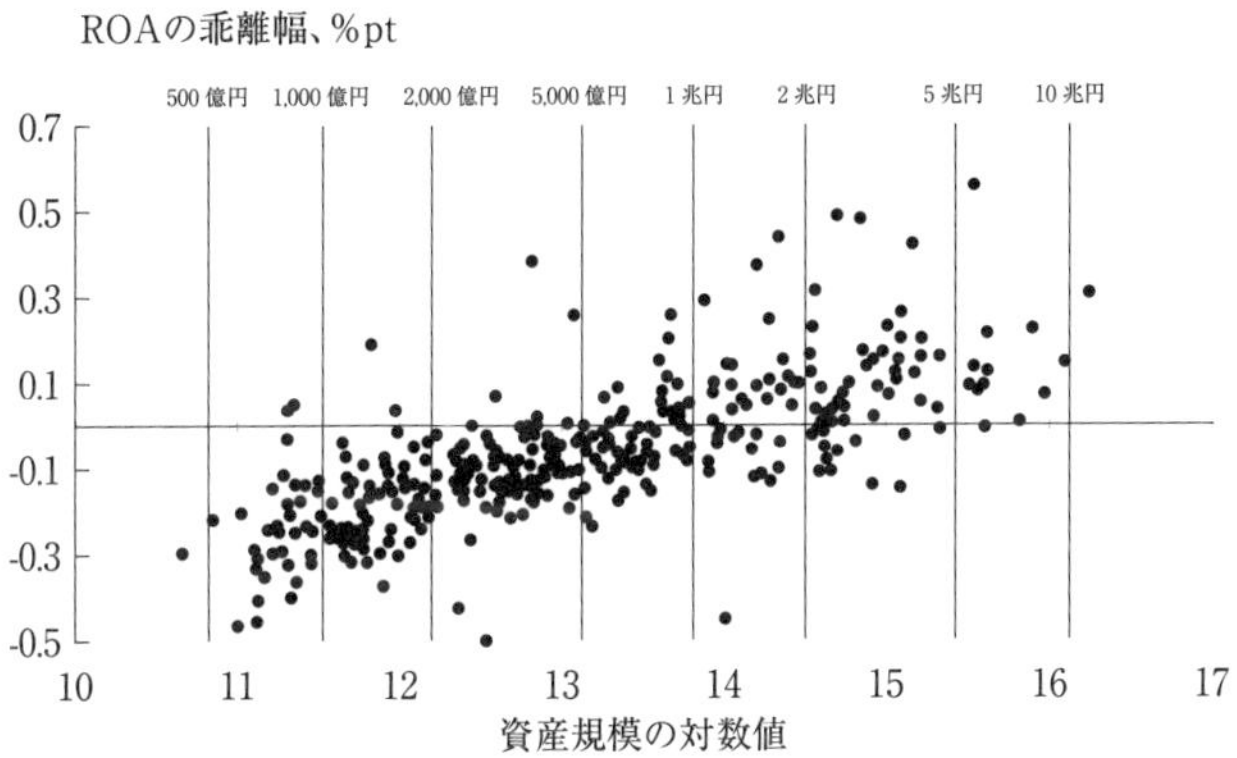

（注１）平均費用＝業務費用／業務収益
（注２）ROAはコア業務純益ベース.
（注３）散布図は2007年度のもの.
（出所）日本銀行「金融システムレポート」2008年９月号.

年９月号）に掲載された、地域金融機関の費用・利潤構造に関する分析である。これによれば、「資産規模の大きい金融機関の方が、費用・利潤の両面で規模の経済性の平均的な効果を享受している度合いが大きい」ということになる。具体的には、「１０００億円以下の先と１兆円を超える先とを比較すると、規模の経済性の影響により０・３％ポイント程度ＲＯＡに差が生じる」ことが指摘されている。同時に、資産規模が10兆円程度に近づくにつれ、資産規模拡大に伴う限界的効果も次第に小さくなり、10兆円程度ではほとんどその効果がみられなくなる結果も示している（図表６－６）。

前記の分析を踏まえれば、地域金融機関の最適規模の一つの目安として、たとえば10兆円程度の規模が考えられる。これは現在でいえば、地銀トップである横浜銀行（約12兆円、２００９

年度〈以下同じ〉）、ふくおかフィナンシャルグループ（約11・８兆円）、千葉銀行（約10・３兆円）の資産規模程度であり、通常の地域金融機関にとってみれば、相当の大きさだと言える。なお、前述の日本銀行ペーパーでは同時に、地域における金融機関による市場占有度が高まれば、その分貸出利鞘も改善することが示されている。こうした点まで勘案すれば、たとえば北海道、東北、北陸、中国、四国等といった貸出残高合計が10兆～16兆円程度の地域においては、一行が市場を寡占するような構造が必要かもしれない。現行の地域金融機関のＲＯＡは０・１～０・２％と非常な低位に止まっているが、規模の拡大や市場占有度を高めることで、たとえば０・３％ポイント程度高めることができれば、仮にバーゼルⅢの導入がＲＯＥに下押しプレッシャーを加えたとしても、これを相当程度相殺することができるだろう。

なお、特定の大きな地域金融機関が地域市場を独占するようになれば、独占の弊害が出るのではないかとの心配も出てこよう。こうした懸念を薄めると同時に、特に地域コミュニティのニーズに対しきめ細かく答えるという視点から、バーゼルⅢや長期的ゴーイング・コンサーン資本の適用対象とし、大型化や一定の収益率維持を働きかける先は、主に銀行という業態に絞り、信金や信用組合にはこうした制約を課すべきではないと、著者は考える。当然後者に対しても、現状程度の規制監督は継続するものの、金融危機等を想定した、それ以上のものは課さない。その代わり、ＴＢＴＦの潜在的対象は、大型化した地域金融機関に限定するというのが著者の考えである。

経営の効率化と同時に、リスク管理の強化も当然ながら重要となる。特に、ストレステストの強化を通じて、新しい時代の危機への対応能力を早くから高めておくことが重要となろう。この場合重要なのは、経営として意識すべきリスク許容度を明確化し、これをストレステストを通じて、経営戦略の武器として活用することである。この場合のストレステストは、当然ながら、あらゆる可能性を考慮した上でのフォワード・ルッキングで、客観的、さらには網羅的なストレス・シナリオをベースとする必要がある。あらゆる可能性の中には、日本発のみではなく、海外発のリスクシナリオや、一度発生したリスクの一定期間にわたる波及を含むものでなければならない。多くの金融機関は、このようなシナリオを果たして自らが作成することができるのか、疑問に思うかもしれない。著者としては、こうしたシナリオ作りは決して容易ではないが、これに向けた不断の努力により、相当程度実用に供するストレス・シナリオの作成は可能となるし、逆にそうした努力を十分に行っている先はまだ少ないのではないかと考える。図表6－7には、こうしたストレス・シナリオを作成するために必要なステップが簡単に纏められている。

第4章第3節でも議論したとおり、厳しいリスクシナリオに対する準備状況を監督当局と議論して、これができている先に対してのみ、監督当局は実質的に、金融危機下における損失分担を想定すべきである。そのためには、各金融機関において、そのような議論に耐えられるようなストレス・シナリオを用意する必要がある。同時に、厳しいシナリオ下でも、生き残っていけるような資本を用意しておく必要がある。先ほどの金利リスクの大きさでも示したとおり、実は多くの地域金融機関は、それなりに蓋然性のあるストレス・シナリオ下でも債務超過に陥る可能性があるとも考

図表6-7-(1)　あるべきストレステストの姿

ストレス・テスティング実施体制

・望ましいストレス・テスティングの実施体制のイメージは次のとおり。

ストレス・テスティングを巡るガバナンスの確立
ストレス・テスティング実施体制の整備
統合リスク管理体制との一体化

フォワード・ルッキングで客観的なストレス・シナリオの作成

金融危機の早期警戒インディケータの作成
世界のストレス事象に係る最新情報整理
ストレス・イベントDBを用いたシナリオ・ストーリーの作成
日米欧のマクロ経済モデルを用いたシナリオ展開の確認

▼

ストレス・シナリオのリスク・パラメータへの落とし込み

▼

ストレス・シナリオが与える
ポートフォリオに与えるインパクトの推計

▼

経営としての対応の決定

えられる。その場合、監督当局が求めるような十分なストレステスト体制ができているか否かに加えて、当局のリスク許容度も織り込んだシナリオにも耐えられるような十分な資本を有しているか否かは、単にリスク管理の問題というだけではなく、今後の経営統合の必要性を示すリトマス紙にもなり得る点には留意する必要がある。

　最後に、ナショナルSifisと定義される可能性の高い（さらにはグローバルSifisに分類される可能性もある）、メガ金融機関に残された道は、二つだと考える。すなわち、一つは、前記の路線の中でスーパー国内基準行になるか、あるいは、国内ビジネスの大半部分を切り捨てた上で国際業務を中心に生きるかである。理由はすでに本章の第1節で議論したとおりである。いずれにしても、現在のビジネスプロファイル

図表 6-7-(2)　あるべきストレステストの姿

フォワード・ルッキングで客観的なストレス・シナリオの作成フロー①

Step1. 目的等の決定
1.1 ストレステストの目的、リスク管理上の位置付け、スコープ、ストレステスト実施に際しての経営の役割等を決定
1.2 ストレステスト実施プロセスの設計・文書化
　—シナリオ作成プロセスを明確に定め、これを文書化することで、シナリオ作成過程の適切性の検証を容易化

Step2. シナリオ条件の設定
2.1 ストレス・シナリオで想定するストレス程度（損失額と蓋然性）の決定（＝リスク・アピタイトの決定）
2.2 自行のウィークスポットを押さえる（ポートフォリオ・アプローチ）
　—シナリオ作成に際しては、まずは、自行のポートフォリオの特性（取引先の特性、地域経済の特徴、資産タイプの特徴）に対応した重要なリスク要因（金利、株価、為替、不動産価格、債務者の格付に影響を与える債務者財務指標、各種金融市場価格等）を抽出し、これが大きな影響を受けるシナリオを重視する

フォワード・ルッキングで客観的なストレス・シナリオの作成フロー②

Step3. シナリオ作成
3.1 足許の状況を踏まえてフォワード・ルッキングなストレス・シナリオ概要を作る
　—足許の様々なストレス・イベント情報を以下の手段①､②を用いて収集し、これに基づきストレス・シナリオ概要を作成する。
　①主要国のストレス事象に係る最新情報（当局や金融機関等が作成したもの）を整理してこれを用いる
　②主要国における金融危機発生の蓋然性に関する早期警戒インディケータを作成して、これを用いる

3.2 上記で選定されたイベントのうち、Step 2 で設定された以下の条件に合致するものを、4～5つ程選定する
　—ウィーク・スポットをヒットするシナリオ
　—2.1 で想定したストレス程度に近いか、これを上回るシナリオ

フォワード・ルッキングで客観的なストレス・シナリオの作成フロー③

3.3 選定されたシナリオごとに、シナリオ展開を作成する
　—ストレス・イベント発生後のシナリオ展開（マクロ経済インディケータの推移等）は、以下の③､④を用いて決定する
　③過去の一連のストレス事象を緻密に分析した上で観察される一定のパターンを用いる。この際、シナリオが有する異なる次元ごとの特徴と相似する過去のイベントのインパクトを参考とする
　④主要国ごとにマクロ経済モデル（構造型､誘導型）を作成して､シナリオ展開（特に変数間､地域間の整合性）をチェックする

3.4 上記シナリオを当局シナリオ等と比較・検証する

Step 4. シナリオに基づいたインパクト算出
4.1 マクロ経済インディケータ推計値をリスク・パラメータ値に落とし込む
4.2 保有ポートへのインパクトを確定する

Step 5. シナリオに対する対応オプションの選定
5.1 異なるインパクト・蓋然性に応じた対応オプションをあらかじめ決めておき、原則これに応じた対応を行う

図表6-8　邦銀が有する強み、弱み

強み	弱み
世界第2位の規模を持つマザーマーケット	海外競争力の低さ
リスク管理態勢の整備	リスクを嫌う保守的傾向がもたらす革新の欠如
国内的には優秀な人材を獲得しやすい	スペシャリストの不足、グローバル人材の不足
評価・報酬体系が過度に成果主義になっていない	評価・報酬体系は過度に横並び的、硬直的
長期的視点に立った顧客へのサービス提供	短期的ニーズやニーズの変化に対する機動的対応能力の不足
顧客品質の高い業務の実現	対顧客業務の安定を優先するため、リスクテイク能力や金融商品の構築力が不足

（出所）経済同友会『第16回企業白書』等に基づき著者が作成.

を大幅に変更することが不可避となる。中途半端のまま業務を継続すれば、たとえメガであっても、国際的にも、さらに国内的にも、生き残ることは難しくなるかもしれない。特に、仮に地域金融機関の大型化・経営の効率化が進めば、追加的資本賦課というハンディキャップを負いながら、こうした金融機関と日本の各地域で戦うことは、大手行であっても厳しくなる。その一方で、国際金融市場における市場シェアを拡大していくためには、自らの比較優位を見極めながらの展開が必要となるが、残念ながら、こうした邦銀としての比較優位を利用した金融ビジネス・モデルが、国際的に成功を収めた例がないのも事実だ。

実は、図表6－8に示すような、これまで日本の金融機関の比較優位だと考えられてきた点は、一方で、邦銀が真の国際的金融機関として脱皮していくための大きな障害でもあった。そうした中で、大手行が国際的金融機関として成功していくためには、相当程度、これまで比較優位と考えられてきた面を切り捨てていく覚悟が要求される。要は、これまでのビジネス・モデルにおいて、成長や安定性をもたらしてきた「成功要因」をどこまで捨てて、新しいビジネス・モデルに求められる要因を取り込んでいくことができるのかが、まさに今後の大手行の、国際的金融機関としての成功のカギを握るのだ。それは、もしかしたら、日本の金融機関としての存在を辞めることに繋がるかもしれない。しかしながら、国際的金融機関とはまさに、国境に対する拘《こだわ》りを薄めることから始める必要があるのではないか。この結果、たしかに東京に本店を構える大手金融機関は少なくなるかもしれないが、それでも確実に日本の金融市場と世界の金融市場を結ぶパイプは太くなり、金融機関がプレーする場としての、東京金融市場の世界における位置づけは、より重要となるはずだ。

あとがき

昔から旅行が好きだった。なかでも欧州は、一度長期間滞在する機会を持ったこともあり、東欧や小国を含め、ほとんどの国を一度は訪れたことがある。そうした中でまだ訪れたことがない西欧の国が、数カ国だけあった。アイスランドとギリシャ、そしてアイルランドがそれである。

２０１０年中こそ、その一カ国に旅行しようと思っていた矢先に、危機が発生した。いつもならば観光客で埋もれているであろう重厚な建築物が立ち並ぶメイン・ストリートが、デモ隊に占領され、警官隊との乱闘や略奪の場と化し、催涙ガスが立ち込めていた。つい数年前までの、欧州統合の成功の余韻に酔っていた、あの甘い気だるい雰囲気が、まるで嘘のようだ。

危機と言われる事象は、「突然」不意にやって来るものなのだなと、改めて感じてしまった。もちろん昔から、ユーロの制度的欠陥を指摘する向きはあったし、南欧諸国のマクロ経済不均衡を問題視する学者もいた。それでも、つい数年前まで私たちがみてきた「欧州統合の偉業下での経済的安定」という圧倒的な現実の前では、どんなにロジカルな理論を展開したところで、誰も聞く耳をもたなかった。

まさにこれが、経済的ユーフォリアが社会的正義と結びついたときに、その危険性を一段と増す一つの証左なのであろう。米国を発火点とした北大西洋金融危機においても、「金融イノベーションが実現したマイノリティーの住宅保有」という、言葉自体が「正義」に酔っているようなテーゼが、不均衡の拡大に重要な役割を果たした。功利主義に対立する価値基準としての「社会的正義」は当然重要だが、これが不均衡を覆い隠すだけでは、結局いつかははじけるバブルと化してしまう。「社会的正義」が「プライスレス」と捉えられている限り、こうした状況は続くのかもしれない。北大西洋金融危機は、人類が初めて、「金融危機」にプライスをつけるきっかけとなった。もっともその人類が、「社会的正義」にまでプライスをつけることは多分不可能なのだろう。なぜなら、「社会的正義」とは本来が絶対的存在、つまり「プライスレス＝バブル」的存在だからだ。そうした中で我々が出来ることと言えば、「社会的正義」が何らかの要因をきっかけに膨張することがないよう、祈ることだけなのかもしれない。

翻って日本の状況はどうか。本書の最終章でも記したが、この日本も既に、バブルのガスは充満しつつある。日本の場合、他国のバブルと異なり、80年代の金融バブルや現在の国債バブルのケースでも、「社会的正義」がバブルの正当化に果たしている役割は一見小さいようにみえる。むしろ、これまで長く続いてきた状況を「是」とする強い雰囲気が、バブルの膨張に役立っているようだ。もっとも、よくみると日本の国債バブルも、「日本人の強力な愛国心（つまりホーム・バイアス）と輸出競争力をバネに、国債の国内消化を助け、人口が老齢化する中でも豊かな社会を持続する」というテーゼに支えられていないだろうか。逆に言えば、本来ホーム・バイアスが力尽きる前に、大胆な財政の改革が求められるにもかかわらず、消費税の引き上げや社会保障費の削減が「弱者いじめ」だということで半ばタブー化しているのが今の状況ではないか。

我々日本人は、本年も穏やかな正月を迎えることができた。2010年中は、政治の混迷が続き、GDPの中国との逆転が生じる中で、日本の国際的なステータスが驚くほど急速に縮小した1年であった。それでも、まだ、マクロ経済は正常に動いている。欧州の多くの国の首都では、暴徒がショッピングウィンドーのガラスを割る中でも、日本の年末年始は、AKB48や嵐に沸き、箱根駅伝に釘付けになる平和な時間が過ぎていった。ただ、アテネやダブリンの2年前のクリスマスは、たぶん今の日本以上に、明るく平和だったのかもしれない。

映画の話で恐縮だが、「ターミネーター」という映画をご存知であろうか。未来からいきなり殺人機械であるターミネーターが襲来し、その機械軍団に対する抵抗勢力リーダーとなるジョンを身ごもる主人公の女性サラを抹殺しようというストーリーだ。ターミネーターは最後に無事に破壊されるのだが、それだけでは機械軍団に地球が支配される未来は変わらない。そこで印象に残るのが最後のシーンだ。主人公の女性サラは、殺人機械が地球を支配する未来に向けて、その機械軍団に対する抵抗組織を作るべく、一人米国からメキシコに向かうのである。彼女にとっては自明な、ターミネーターに支配された未来は、当然ながら多くの人の理解を完全に超えるところにあった。だからこそ、彼女は、未来に向けて、孤独な戦いを強いられるのでる。

この映画をみたとき、やや奇異ではあるが、私たちも彼女のような勇気を持つ必要があるのではないかと感じた。これまで日本で長く続いてきた状況に慣れ切った日本人の多くは、けっして、それとは異なる悪い方向をみたがらない。それでも、避けては通れない厳しい現実は厳然と私たちの前に広がっている。そういう意味では、映画と同じである。悲劇的な未来は半ば不可避だと考えるべきであろう。

そうした中でどうするか。海外に逃げることも一つの方法かもしれない。ただ、この日本で生まれ育った日本人として、少しでも多くの者が、将来ほぼ確実に来るであろう「危機」に向かって、少しずつ、その危機に耐え、それを乗り切るための準備をすべきではないかと感じる。サラが一人、メキシコに向かったように、我々も、自分たちの国境に向けて、進むときが来ている。将来の危機との戦いに向けた、準備を始めるのである。

本書の執筆にあたっては、非常に多くの方のお世話になった。特に、神津多可思氏（リコー社会経済研究所主席研究員）、小林俊氏（日本銀行金融市場局企画役）、三澤正明氏（全国銀行協会金融調査部参事役）からは、全編にわたり、非常に詳細で貴重なコメントをいただいた。奥由香氏（カナダ大使館主席行政官）、才田由美氏（有限責任監査法人トーマツ／マネージャー）、前田栄治氏（日本銀行政策委員会室秘書役）、服部邦洋氏（有限責任監査法人トーマツ／マネージャー）からも、大変示唆に富むコメントをいただいた。また、高島裕美子氏（有限責任監査法人トーマツ／アソシエイト）からは、図表の作成をはじめ、様々な分野で多大な支援を得た。鈴木真都佳氏（有限責任監査法人トーマツ／シニア・スタッフ）、小椋裕子氏（有限責任監査法人トーマツ／シニア・アソシエイト）からも非常に貴重な校閲上のアドバイスをいただいた。さらに、八ツ井博樹氏（有限責任監査法人トーマツ／シニア・マネージャー）、福原加奈氏（有限責任監査法人トーマツ／スタッフ）には、一部図表の計数推計で助けてもらった。この場を借りて、厚く御礼を申し上げたい。このように多くの方々のコメントや助けをいただいたが、本書で示した考えはもとより私見であり、ありうべき誤りはすべて著者に帰するものである。

出版にあたっては、岡田光司氏をはじめとする東洋経済新報社出版局の方々に大変お世話になった。バーゼルⅢという、最近に至るまで、次々と新しい内容が飛び出してくる規制をテーマにした本の執筆を、なんとかタイムリーな形で実現できたのも、ひとえに出版社のスタッフの方々によるご尽力の賜物であると思う。

最後に、毎年これが最後と言いながら、２００８年、２００９年に引き続き、２０１０年中も長期間にわたり、週末の大半を執筆のみに費やしてしまった著者を、陰で支えてくれた妻・真理子に改めて心から感謝したい。

２０１１年１月

大山　剛

参考文献

・江川由紀雄（2007）『サブプライム問題の教訓』商事法務
・大槻奈々（2010）「日本振興銀行破綻で初のペイオフ発動」UBS クレジット・ウィークリー、2010年９月14日
・大山剛（2009）『グローバル金融危機後のリスク管理』金融財政事情研究会
・大山、桑原、田辺、作井、小西、八ツ井、岸本（2011）『ストレステストのすべて』金融財政事情研究会（近刊予定）
・鎌田康一郎、那須健太郎（2010）「レバレッジ規制の有効性に関する一考察」日本銀行ワーキングペーパーシリーズ、2010年３月
・菅和志、大野太郎（2010）「EVA からみた大手銀行の合併」PRI ディスカッションペーパーシリーズ、財務総合政策研究所、2010年６月
・絹川直良（2008）「東アジア各国短期金融市場におけるベンチマーク金利と LIBOR」経営論集、第18巻第１号、文京学院大学
・金融庁（2010）「平成22検査事務年度検査基本方針」
・金融庁（2010）「FSF 報告書における先進的開示事例を踏まえた我が国の預金取扱金融機関の証券化商品等の保有額等について」2010年９月
・金融庁／日本銀行（2010）「バーゼル委市中協議文書、自己資本の質、一貫性及び透明性の向上に関する規制の概要」2010年１月
・金融庁／日本銀行（2010）「バーゼル委市中協議文書　プロシクリカリティの抑制の概要」2010年１月
・金融庁／日本銀行（2010）「バーゼル委市中協議文書　流動性規制の導入」2010年１月
・経済同友会（2009）「第２部　日本の繁栄維持に不可欠なグローバル化推進にあたっての日本企業の諸課題」第16回企業白書、2009年７月
・全国銀行協会（2010）*Comment on the Basel Committee's Consultative Documents: "Strengthening the Resilience of the Banking Sector," and "International Framework for Liquidity Risk Measurement, Standards and Monitoring,"* 2010年４月
・全国銀行協会（2010）「銀行を取り巻く環境の変化」全国銀行協会HP http://www.zenginkyo.or.jp/service/bank/environment/
・総合研究開発機構（2009）「次の危機に備えた金融システムの構築」NIRA 研究報告書、2009年10月
・日本銀行（2008）「金融システムレポート」2008年９月号
・日本銀行（2009）「今次金融経済危機における主要中央銀行の政策運営について」2009年10月
・日本銀行（2010）「国際金融危機を踏まえた金融機関の流動性リスク管理のあり方」
・日本銀行（2010）「金融システムレポート」2010年３月号
・日本銀行（2010）「金融システムレポート」2010年９月号

・日本経済新聞（2010a）「10年代半ば、経常赤字に？」日本経済新聞2010年5月17日付記事

・日本経済新聞（2010b）「動き出す新自己資本規制」日本経済新聞2010年9月15日付記事

・日本経済新聞（2010c）「（ニュースの理由）金融機関に上乗せ資本規制」日本経済新聞2010年11月16日付記事

・服部泰彦（2006）「銀行の経営破綻と預金流出」立命館経営学第45巻4号、2006年11月

・別所昌樹、北野淳史（2009）「バーゼルⅡの枠組みの強化に関する市中協議文書について（その1）」金融、2009年3月号

・三菱東京UFJ銀行（2006）「巨大金融公社GSEに対する規制改革審議のその後」

・吉藤茂、宮本健、山下篤志（2009）「自己資本規制強化議論と邦銀」週刊金融財政事情、2009年7月6日号

・BCBS（Basel Committee on Banking Supervision）2000. *Sound Practices for Managing Liquidity in Banking Organisations*

・BCBS（Basel Committee on Banking Supervision）2008a. *Basel Committee on Banking Supervision annouces steps to strengthen the resilience of the banking system*

・BCBS（Basel Committee on Banking Supervision）2008b. *Principles for Sound Liquidity Risk Management and Supervision*

・BCBS（Basel Committee on Banking Supervision）2009a. *Revisions to the Basel II market risk framework*

・BCBS（Basel Committee on Banking Supervision）2009b. *Guidelines for Computing Capital for Incremental Risk in the Trading Book*

・BCBS（Basel Committee on Banking Supervision）2009c. *Enhancements to the Basel II framework*

・BCBS（Basel Committee on Banking Supervision）2009d. *Strengthening the resilience of the banking sector, Consultative Document*

・BCBS（Basel Committee on Banking Supervision）2009e. *International framework for liquidity risk measurement, standards and monitoring*

・BCBS（Basel Committee on Banking Supervision）2010a. *Countercyclical capital buffer proposal, Consultative Document*

・BCBS（Basel Committee on Banking Supervision）2010b. *The Group of Governors and Heads of Supervision reach broad agreement on Basel Committee capital and liquidity reform package*

・BCBS（Basel Committee on Banking Supervision）2010c. *Assessing the macroeconomic impact of the transition to stronger capital and liquidity requirements*

・BCBS（Basel Committee on Banking Supervision）2010d. *An assessment of the long-term economic impact of stronger capital and liquidity requirements*

・BCBS（Basel Committee on Banking Supervision）2010e. *Proposal to ensure the loss absorbency of regulatory capital at the point of non-viability*

・BCBS（Basel Committee on Banking Supervision）2010f. *Group of Governors and Heads of Supervision annouces higher global minimum capital standards*

- BCBS（Basel Committee on Banking Supervision）2010g. *Calibrating regulatory minimum capital requirements and capital buffers: a top-down approach*
- BCBS（Basel Committee on Banking Supervision）2010h. *Basel III: A global regulatory framework for more resilient banks and banking systems*
- BCBS（Basel Committee on Banking Supervision）2010i. *Basel III: International framework for liquidity risk measurement, standards and monitoring*
- BCBS（Basel Committee on Banking Supervision）2010j. *Guidance for national authorities operating the countercyclical capital buffer*
- BCBS（Basel Committee on Banking Supervision）2010k. *Results of the comprehensive quantitative impact study*
- Bernanke, Ben 2010. *Lessons from the failures of Lehman Brothers,* Before the Committee of Financial Services, U.S. House of Representatives, Washington, D.C.
- Blundell-Wignall, Adrian & Paul Atkinson 2008. *The Sub-prime Crisis: Causal Distortions and Regulatory Reform,* Reserve Bank of Australia, Conference 2008
- Borio, Claudio and Mathias Drehmann 2009. *Assessing the risk of banking crises—revisited, BIS Quarterly Review,* March
- CGFS（Committee on the Global Financial System）2009. *The Role of Valuation and Leverage in Procyclicality*
- Chicago Fed 1996. *Bank capital for market risk: A study in incentive-compatible regulation, Chicago Fed Letter,* Number 104
- City of London 2009. *Global Financial Centres Index 5*
- Davis, E Philip 2003. *Towards a Typology for Systemic Financial Instability,* Brunel University and NIESR
- FDIC 2009. *Nowhere to Go but Up,* Supervisory Insights Vol. 6, Issue 2, Winter
- FRB 2010. *Interagency Advisory on Interest Rate Risk Management*
- FSA（Financial Services Authority）2006. *Stress Testing Thematic Review*
- FSF（Financial Stability Forum）2008. *Report of the Financial Stability Forum on Enhancing Market and Institutional Resilience*
- Greenspan, Alan 2010. *The Crisis*
- GRR（Global Risk Regulator）2010. *Basel III reforms to have modest economic impact,* Global Risk Regulator, September
- Haldane, A. 2010. *The $100 billion question,* speech at the Institute of Regulatin & Risk, North Asia（IRRNA）, Hong Kong, 30 March
- Himino, Ryozo 2009. *A counter cyclical Basel II,* Risk Magazine, March
- Huertas, Thomas F. 2010. *Living Wills: How Can the Concept be Implemented?* FSA
- IIF（Institute of International Finance）2008. *Final Report of the IIF Committee on Market Best Practices: Principles of Conduct and Best Practice Recommendations*
- IIF（Institute of International Finance）2009. *Reform in the Financial Service Industry: Strengthening Practices for a More Stable System*

- IIF (Institute of International Finance) 2010. *Interim Report on the Cumulative Impact on the Global Economy of Proposed Changes in the Banking Regulatory Framework*
- IMF (International Monetary Fund) 2008a. *Global Financial Stability Report (GFSR),* April
- IMF (International Monetary Fund) 2008b. *Financial Stress and Economic Downturns, Chapter 4 of World Economic Outlook (WEO),* October
- IMF (International Monetary Fund) 2009a. *How Linkages Fuel the Fire: The Transmission of Financial Stress from Advanced to Emerging Economies, Chapter 4 of World Economic Outlook (WEO),* April
- IMF (International Monetary Fund) 2009b. *Detecting Systemic Risk, Chapter 3 of Global Financial Stability Report (GFSR),* April
- IMF (International Monetary Fund) 2010. *Global Financial Stability Report (GFSR),* October
- IMF (International Monetary Fund), BIS (Bank for International Settlements) and FSB (Financial Stability Board) 2009. *Guidance to Assess the Systemic Importance of Financial Institutions, Markets and Instruments: Initial Considerations*
- Jones, Randall 2008. *Japan's economic challenges,* OECD Observer, May-June
- Kato, Ryo, Shun Kobayashi and Yumi Saita 2010. *Calibrating the Level of Capital: The Way We See It,* Bank of Japan Working Paper Series
- Kiff, John and Paul Mills 2007. *Money for Nothing and Checks for Free: Recent Developments in U.S. Subprime Mortgage Markets,* IMF Working Paper, WP/07/188
- Kindleberger, C. P. 1978. *Manias, Panics, and Crashes, A History of Financial Crises,* Basic Books, New York
- Laeven, Luc and Fabian Valencia 2008. *Systemic Banking Crises: A New Database,* IMF Working Paper WP/08/224
- Masters, Brooke 2010. *Impact of bank rules likely to be 30% tougher,* Financial Times, September 16
- Nakaso, Hiroshi 2001. *The financial crisis in Japan during the 1990s: How the Bank of Japan responded and the lessons learnt,* BIS Papers No.6
- NIRA 2009. *Preparing for the Next Financial Crisis—Proposal for a new financial system beyond present stopgap measures,* National Institute for Research Advanced Report, October
- Oyama, Tsuyoshi 2009. *Post-Crisis Risk Management: Bracing for the Next Perfect Storm,* John Wiley & Sons
- Oyama, Tsuyoshi 2011. *Missing Viewpoints of Current Global Regulatory Discussions—the Non-epicenter View,* A chapter of *Banks at Risk: Global Best Practices in an Age of Turbulence,* John Wiley & Sons
- Padoan, Pier Carlo 2010. *Structural Policies to Enhance Growth Potential in Japan: The OECD's view,* March
- Paulson, Henry 2010. *On the Brink: Inside the Race to Stop the Collapse of the Global Financial System,* Business Plus（有賀裕子訳『ポールソン回顧録』日本経済新聞社）

- Reinhart, M. Carmen and Kenneth S. Rogoff 2008. *This Time is Different: A Panoramic View of Eight Centuries of Financial Crises,* National Bureau of Economic Research
- Sato, Takafumi 2009. *Tightening capital rules could increase risk-taking,* Financial Times, June 30
- SSG（Senior Supervisors Group）2008. *Observation on Risk Management Practices during the Recent Market Turbulence*
- Stewart, G. Bennet 1991. *The Quest for Value,* HarperBussiness（日興リサーチセンター訳『EVA 創造の経営』東洋経済新報社）
- The Vancouver Suns（2010）*Canada confirms opposition to global bank tax,* May 18
- TIME 2007. *The Great California Fires,* TIME magazine, October 25
- TIME 2010. *A Changing Order,* TIME magazine, February 15
- UBS 2010, *Investment Research,* March 9
- Walter, Stefan 2010. *Basel II and Revisions to the Capital Requirements Directive,* BIS speeches

著者紹介

有限責任監査法人トーマツ 金融インダストリーグループ パートナー．1985年一橋大学経済学部卒業，日本銀行入行．97年ジョージ・ワシントン大学金融学修士．94～97年国際通貨基金政策開発局出向．01～08年，日本銀行金融機構局にて，大手金融機関考査やリスク管理高度化，バーゼルⅡ実施の業務に携わる．05年金融機構局参事役．08年6月まで，バーゼル委員会傘下の多くのバーゼルⅡ実施に係るグループに日本銀行代表として参加．08年８月に日本銀行を退職し，10年６月より現職．09年１月よりGARP（Global Association of Risk Professionals）東京地区理事．著書として『グローバル金融危機後のリスク管理』（金融財政事情研究会，2009年），『Post-crisis Risk Management—Bracing for the Next Perfect Storm』（John Wiley & Sons, 2009，前記著書の英語訳）などがある．

バーゼルⅢの衝撃

2011年３月３日　第１刷発行
2011年４月14日　第２刷発行

著　者　大山《おおやま》　剛《つよし》
発行者　柴生田晴四

〒103-8345
発行所　東京都中央区日本橋本石町１-２-１　東洋経済新報社
電話　東洋経済コールセンター03(5605)7021

印刷・製本　東洋経済印刷

Printed in Japan　ISBN 978-4-492-65439-2　http://www.toyokeizai.net/